新时代外国语言文学
新发展研究丛书

总主编　罗选民　庄智象

经济话语新发展研究

王立非　王新玲　任　杰 / 著

清华大学出版社
北　京

内 容 简 介

本书共分为五个部分，下设 12 章。第一部分介绍经济话语产生的时代背景，提出经济话语的定义、分类与理论体系，综述国内外经济话语研究现状，论述经济话语的跨学科理论视角。第二部分探讨宏观经济话语，包括国际组织经济话语、国家经济话语和国际贸易话语。第三部分探讨中观经济话语，包含企业年报话语、企业网站话语和企业组织话语。第四部分探讨微观经济话语，包含企业家话语和商务谈判话语。第五部分为结语，提出加快新时代中国特色经济话语能力建设的建议。

本书适合高校商务英语专业以及其他专业师生阅读，对社会英语读者和从事国际商务的人士也有参考价值。

图书在版编目（CIP）数据

经济话语新发展研究 / 王立非，王新玲，任杰著 . —北京：清华大学出版社，2021.11
（新时代外国语言文学新发展研究丛书）
ISBN 978-7-302-57333-3

Ⅰ. ①经… Ⅱ. ①王… ②王… ③任… Ⅲ. ①语言学—研究 Ⅳ. ① H0

中国版本图书馆 CIP 数据核字 (2021) 第 018008 号

策划编辑：郝建华
责任编辑：郝建华 倪雅莉
封面设计：黄华斌
责任校对：王凤芝
责任印制：丛怀宇

出版发行：清华大学出版社
　　　　　网　　　址：http://www.tup.com.cn, http://www.wqbook.com
　　　　　地　　　址：北京清华大学学研大厦 A 座　　邮　　编：100084
　　　　　社 总 机：010-62770175　　邮　　购：010-62786544
　　　　　投稿与读者服务：010-62776969, c-service@tup.tsinghua.edu.cn
　　　　　质量反馈：010-62772015, zhiliang@tup.tsinghua.edu.cn
印 刷 者：大厂回族自治县彩虹印刷有限公司
装 订 者：三河市启晨纸制品加工有限公司
经　　销：全国新华书店
开　　本：155mm×230mm　　印　张：24.25　　字　数：381 千字
版　　次：2022 年 1 月第 1 版　　印　次：2022 年 1 月第 1 次印刷
定　　价：145.00 元

产品编号：088111-01

中国英汉语比较研究会
"新时代外国语言文学新发展研究丛书"
编委会名单

总主编

罗选民　　庄智象

编　委

（按姓氏拼音排序）

蔡基刚	陈　桦	陈　琳	邓联健	董洪川
董燕萍	顾曰国	韩子满	何　伟	胡开宝
黄国文	黄忠廉	李清平	李正栓	梁茂成
林克难	刘建达	刘正光	卢卫中	穆　雷
牛保义	彭宣维	冉永平	尚　新	沈　园
束定芳	司显柱	孙有中	屠国元	王东风
王俊菊	王克非	王　蔷	王文斌	王　寅
文秋芳	文卫平	文　旭	辛　斌	严辰松
杨连瑞	杨文地	杨晓荣	俞理明	袁传有
查明建	张春柏	张　旭	张跃军	周领顺

总　　序

　　外国语言文学是我国人文社会科学的一个重要组成部分。自 1862 年同文馆始建，我国的外国语言文学学科已历经一百五十余年。一百多年来，外国语言文学学科一直伴随着国家的发展、社会的变迁而发展壮大，推动了社会的进步，促进了政治、经济、文化、教育、科技、外交等各项事业的发展，增强了与国际社会的交流、沟通与合作，每个发展阶段无不体现出时代的要求和特征。

　　20 世纪之前，中国语言研究的关注点主要在语文学和训诂学层面，由于"字"研究是核心，缺乏区分词类的语法标准，语法分析经常是拿孤立词的意义作为基本标准。1898 年诞生了中国第一部语法著作《马氏文通》，尽管"字"研究仍然占据主导地位，但该书宣告了语法作为独立学科的存在，预示着语言学这块待开垦的土地即将迎来生机盎然的新纪元。1919 年，反帝反封建的"五四运动"掀起了中国新文化运动的浪潮，语言文学研究（包括外国语言文学研究）得到蓬勃发展。中华人民共和国成立后，尤其是改革开放以来，外国语言文学学科的发展势头持续迅猛。至 20 世纪末，学术体系日臻完善，研究理念、方法、手段等日趋科学、先进，几乎达到与国际研究领先水平同频共振的程度，取得了令人瞩目的成绩，有力地推动和促进了人文社会科学的建设，并支持和服务于改革开放和各项事业的发展。

　　无独有偶，在处于转型时期的"五四运动"前后，翻译成为显学，成为了解外国文化、思想、教育、科技、政治和社会的重要途径和窗口，成为改造旧中国的利器。在那个时期，翻译家由边缘走向中国的学术中心，一批著名思想家、翻译家，通过对外国语言文学的文献和作品的译介塑造了中国现代性，其学术贡献彪炳史册，为中国学术培育做出了重大贡献。许多西方学术理论、学科都是经过翻译才得以为中国高校所熟悉和接受，如王国维翻译教育学和农学的基础读本、吴宓翻译哈佛大学白璧德的新人文主义美学作品等。这些翻译文本从一个侧面促成了中国高等教育学科体系的发展和完善，社会学、人类学、民俗学、美学、教育学等，几乎都是在这一时期得以创建和发展的。翻译服务对于文化交流交融和促进文明互鉴，功不可没，而翻译学也在经历了语文学、语言学、文化学等转向之后，日趋成熟，如今在让中国了解世界、让世界了解中国，尤其是"一带一路"建设、人类命运共同体构建，讲好中国故事、传递好中国声音等方面承担着重要使命与责任，任重而道远。

20世纪初，外国文学深刻地影响了中国现代文学的形成，犹如鲁迅所言，要学普罗米修斯，为中国的旧文学窃来"天国之火"，发出中国文学革命的呐喊，在直面人生、救治心灵、改造社会方面起到不可替代的作用。大量的外国先进文化也因此传入中国，为塑造中国现代性发挥了重大作用。从清末开始特别是"五四运动"以来，外国文学的引进和译介蔚然成风。经过几代翻译家和学者的持续努力，在翻译、评论、研究、教学等诸多方面成果累累。改革开放之后，外国文学研究更是进入繁荣时代，对外国作家及其作品的研究逐渐深化，在外国文学史的研究和著述方面越来越成熟，在文学理论与文学批评的译介和研究方面、在不断创新国外文学思想潮流中，基本上与欧美学术界同步进展。

外国文学翻译与研究的重大意义，在于展示了世界各国文学的优秀传统，在文学主题深化、表现形式多样化、题材类型丰富化、批评方法论的借鉴等方面显示出生机与活力，显著地启发了中国文学界不断形成新的文学观，使中国现当代文学创作获得了丰富的艺术资源，同时也有力地推动了高校相关领域学术研究的开展。

进入21世纪，中国的外国语言学研究得到了空前的发展，不仅及时引进了西方语言学研究的最新成果，还将这些理论运用到汉语研究的实践；不仅有介绍、评价，也有批评，更有审辨性的借鉴和吸收。英语、汉语比较研究得到空前重视，成绩卓著，"两张皮"现象得到很大改善。此外，在心理语言学、神经语言学和认知语言学等与当代科学技术联系紧密的学科领域，外国语言学学者充当了排头兵，与世界分享语言学研究的新成果和新发现。一些外语教学的先进理念和语言政策的研究成果为国家制定外语教育政策和发展战略也做出了积极的贡献。

习近平总书记指出："要着力推进国际传播能力的建设，创新对外宣传方式，加强话语体系建设，着力打造融通中外的新概念新范畴新表述，讲好中国故事，传播好中国声音，增强在国际上的话语权。"为贯彻这一要求，教育部近期提出要全面推进新工科、新医科、新农科、新文科等建设。新文科概念正式得到国家教育部门的认可，并被赋予新的内涵和定位，即以全球新技术革命、新经济发展、中国特色社会主义新时代为背景，突破传统的文科思维模式与文科建构体系，创建与新时代、新思想、新科技、新文化相呼应的新文科理论框架和研究范式。新文科具备传统文科和跨学科的特点，注重科学技术、战略创新和融合发展，立足中国，面向世界。

新文科建设理念对外国语言文学学科建设提出了新目标、新任务、新要求、新格局。具体而言，新文科旗帜下的外国语言文学学科的发展目标是：服务国家教育发展战略的知识体系框架，兼备迎接新科技革命的挑战能力，彰显人文学科与交叉学科的深度交融特点，夯实中外政治、文化、社会、历史等通识课程的建设，打通跨专业、跨领域的学习机制，确立多维立体互动教学模式。这些新文科要素将助推新文科精神、内涵、理念得以彻底贯彻落实到教育实践中，为国家培养出更多具有融合创新的专业能力，具有国际化视野，理解和通晓对象国人文、历史、地理、语言的人文社科领域外语人才。

进入新时代，我国外国语言文学的教育、教学和研究发生了巨大变化，无论是理论的探索和创新，方法的探讨和应用，还是具体的实验和实践，都成绩斐然。回顾、总结、梳理和提炼一个年代的学术发展，尤其是从理论、方法和实践等几个层面展开研究，更有其学科和学术价值及现实和深远意义。

鉴于上述理念和思考，我们策划、组织、编写了这套"新时代外国语言文学新发展研究丛书"，旨在分析和归纳近十年来我国外国语言文学学科重大理论的构建、研究领域的探索、核心议题的研讨、研究方法的探讨，以及各领域成果在我国的应用与实践，发现目前研究中存在的主要不足，为外国语言文学学科发展提出可资借鉴的建议。我们希望本丛书的出版，能够帮助该领域的研究者、学习者和爱好者了解和掌握学科前沿的最新发展成果，熟悉并了解现状，知晓存在的问题，探索发展趋势和路径，从而助力中国学者构建融通中外的话语体系，用学术成果来阐述中国故事，最终产生能屹立于世界学术之林的中国学派！

本丛书由中国英汉语比较研究会联合上海时代教育出版研究中心组织研发，由研究会下属 29 个二级分支机构协同创新、共同打造而成。罗选民和庄智象审阅了全部书稿提纲；研究会秘书处聘请了二十余位专家对书稿提纲逐一复审和批改；黄国文终审并批改了大部分书稿提纲。

本丛书的作者大都是知名学者或中青年骨干，接受过严格的学术训练，有很好的学术造诣，并在各自的研究领域有丰硕的科研成果，他们所承担的著作也分别都是迄今该领域动员资源最多的科研项目之一。本丛书主要包括"外国语言学""外国文学""翻译学""比较文学与跨文化研究"和"国别和区域研究"五个领域，集中反映和展示各自领域的最新理论、方法和实践的研究成果，每部著作内容涵盖理论界定、研究范畴、研究视角、研究方法、研究范式，同时也提出存在的问题，指明发展的前景。总之，本丛书基于外国语言文学学科的五个主要方向，借助基础研究与应用研究的有机契合、共时研究与历时研究的相辅相成、定量研究与定性研究的有效融合，科学系统地概括、总结、梳理、提炼近十年外国语言文学学科的发展历程、研究现状以及未来的发展趋势，为我国外国语言文学学科高质量建设与发展呈现可视性极强的研究成果，以期在提升国家软实力、构建人类命运共同体过程中承担起更重要的使命和责任。

感谢清华大学出版社和上海时代教育出版研究中心的大力支持。我们希望在研究会与出版社及研究中心的共同努力下，打造一套外国语言文学研究学术精品，向伟大的中国共产党建党一百周年献上一份诚挚的厚礼！

罗选民 庄智象

2021 年 6 月

前　言

经过 70 多年的发展，新中国的语言学科取得了令人鼓舞的巨大成就。迈入新时代，高校语言学界不忘初心，以新文科建设为引领，与时俱进，开拓创新，正在谱写服务国家高质量发展的新篇章。在这样的时代背景下，本书经过精心写作而成，并有幸入选由中国英汉语比较研究会、上海时代教育出版研究中心和清华大学出版社联合推出的"新时代外国语言文学新发展研究丛书"。

本书是国内第一本系统论述经济话语的学术专著，采用跨学科理论视角，尝试对经济话语的特点与规律、话语的经济价值，以及话语对经济产生的影响开展实证研究。"经济话语"的概念由笔者于 2017 年撰文正式提出并给出了定义。五年来，理论体系不断发展和完善，逐步从微观向宏观发展，从关注企业和个人商务话语扩展为关注国家经济话语和世界经济话语。经济话语是国家话语的重要组成部分，对国家宏观经济战略和经济增长，乃至世界经济走向都会产生深刻影响。作为典型的制度话语，经济话语是指国际经济组织、主权国家、政党、经济行业协会、各国政要、经济学家、企业家等提出经济主张，表达经济思想，促进经贸交流，沟通经济信息，增强经济话语权的话语行为，由经济话语体系、经济话语能力、经济话语权三部分构成。经济话语体系包含宏观、中观和微观经济话语三个子逻辑系统：宏观经济话语体系包括国际经济话语和国家经济话语系统；中观经济话语体系包括企业和机构经济话语系统；微观经济话语体系包括经济学者和商业人士的话语系统。经济话语能力是指维护国家经济利益所需的话语能力，包括话语表达能力、话语治理能力、话语动员能力、话语资源能力、话语沟通能力、话语技术能力等。经济话语权是经济话语体系和经济话语能力的终极目标，特指对世界经济或国家经济具有话语定义权、解释权、主导权和控制权等，分为经济话语权利和经济话语权力。前者以经济话语为基础，以国家经济利益为核心，寻求国内外经济事务应具有知情权、表达权和参与权；后者指对国际和国家的经济制度、经济资源、经济规则、经济事务、经济标准等做出评论、定义、裁判的能力和程度。如今，中国站在历史新起点，处于中国特色社会主义建设的新时代，为了建设现代化经济体系，形成更高水平的开放型经济新体制，改善人民经济和文化生活，促进生态文明建设，提升经济话语能力和国际经济传播能力，需要更多高水平的经济话语研究成果，助力高质量发展和国家治理能力现代化，这是话语研究学者的历史使命与责任担当。

本书共分为五个部分，下设 12 章。第一部分介绍经济话语产生的时代背景，由第 1–3 章组成，第 1 章提出经济话语的定义、分类、体系构建和研究方法；第 2 章综述国内外经济话语研究现状以及研究特点；第 3 章论述经济话语的跨学科理论视角。第二部分探讨宏观经济话语，包括第 4–6 章，第 4 章探讨国际组织经济话语；第 5 章探讨国家经济话语；第 6 章探讨国际贸易话语。第三部分探讨中观经济话语，包含第 7–9 章，第 7 章探讨企业年报话语；第 8 章探讨企业网站话语；第 9 章探讨企业组织话语。第四部分探讨微观经济话语，包含第 10–11 章，第 10 章探讨企业家话语；第 11 章探讨商务谈判话语。第五部分为结语，包含第 12 章，提出加快新时代中国特色经济话语能力建设的建议。

本书由本人设计总体框架，并负责撰写第 1、2、3、8、11 和 12 章；王新玲博士负责撰写第 4、5、6 章；任杰博士负责撰写第 7、9、10 章。书中第 7、10、11 章部分引用了部寒博士、李琳副教授和张斐瑞副教授发表的相关内容，在此一并表示衷心感谢。

本书适合高校商务英语专业师生阅读，对其他专业的本科生和研究生学习话语分析也是有益的参考，对社会英语读者和从事国际商务的人士也有参考价值。由于本书涉及的领域广泛，数据采集和分析难度较大，难免存在纰漏，热忱欢迎广大读者批评指正。

王立非

2021 年 12 月

目　　录

图 目 录

表 目 录

第一部分
经济话语研究背景

第1章

引论：新时代经济话语概念与体系构建

1.1　新时代中国经济新发展

　　2012 年，党的十八大宣布，我国进入中国特色社会主义新时代。新时代中国经济取得巨大成就，面对纷繁复杂的国际局势和新冠肺炎疫情的影响，经济运行总体平稳，经济结构持续优化。国家统计局数据显示，国内生产总值在 2016—2019 年间保持着 6.7% 的年均增速，2019 年国内生产总值达到 99.1 万亿元，占全球经济比重达 16%，对世界经济增长的贡献率达到 30% 左右，人均国内生产总值突破 1 万美元。2020 年，我国成为新冠肺炎疫情暴发以来全球唯一同期实现经济正增长的主要经济体。

　　商务部统计显示，截至 2019 年累计实际利用外资超过 2.2 万亿美元。2020 年，我国取得抗击新冠肺炎疫情的决定性胜利，实际利用外资 1443.7 亿美元，增长 4.5%。对外全行业直接投资 1329.4 亿美元，同比增长 3.3%。2020 年我国货物进出口总额 32.16 万亿元，增长 1.9%；其中，出口 17.93 万亿元，增长 4%；跨境电商进出口 1.69 万亿元，增长 31.1%。截至 2020 年 5 月，中国政府已先后与 138 个国家、30 个国际组织签署 200 份共建"一带一路"合作文件。《中国"一带一路"贸易投资发展报告 2020》数据显示，"一带一路"建设七年来，我国同沿线国家的贸易往来持续增长，2019 年，中国与 138 个签署"一带一路"合作文件的国家货物贸易总额达 1.9 万亿美元，占中国货物贸易总额的 41.5%，服务进出口总额 1178.8 亿美元。我国已与 26 个国家和地区相继签署了 19 个自贸协定，2020 年区域全面经济伙伴关系协定（RCEP）签署，为区域经济一体化注入强劲动力，为双边企业投资合作创造更优营商环境。

1.2　经济话语的定义

1.2.1　话语的定义

从语言学的意义上理解，话语指大于句子的意义单位。话语和语篇是两个可以互换的术语。福柯（2017）认为：（1）话语是一种陈述，所有有意义的言语或是语篇，而且能够对现实世界产生效果的话语实践都被认为是话语；（2）某一群体的陈述，也就是言语的某一群体特征，它们在某种程度上具有规律性，而且具有凝聚力；（3）话语是用来解释陈述的有规律的实践，关注点不是具体的言语或语篇，而是话语背后所蕴含的制约话语具体实现的文化模型和意识形态。

Johnstone（2002）认为，"话语"（discourse/discourses）既是一个不可数名词或物质名词，又是一个可数名词，两者各有含义。"不可数的话语"用来区分"话语分析"和"语言分析"。语言只是一个抽象的规则或结构系统，而话语分析感兴趣的则是人们使用这个系统时的具体情形。语言规则是从话语中抽象出来的，所以话语既是语言知识的来源，又是语言知识的结果。"可数的话语"指的是各种传统的说话方式，这些说话方式既创造了传统的思维方式，又被传统的思维方式所创造。话语不仅是说话，同时也是观念，两者相互影响和作用。各种说话的方式创造了不同的思想意识并使之得以发展，创造了对于世界的认识和观念。

黄国文（1988）将话语定义为一系列连续的话段或句子构成的语言整体。它可以是独白、对话，也可以是众人交谈；可以是文字标志，也可以是诗歌、小说；它可以是讲话，也可以是文章；短者一两句可成篇，长者可洋洋万言以上。所以，可以说，无论是一句问候、一次讲话、一场论文答辩、一次记者招待会的问答，还是一张便条、一封书信、一份科研报告、一本文稿，都可以是语篇。

话语分析主要研究超句现象，这里的"句"，在书面语中，可以是clause（小句），也可以是 sentence（句子，以句号作为标记）。"话语分析最典型的研究对象是超出单句长度的语段，由前后相连的句子构成的段落，如果在语言交际中表现为一个相对独立的功能单位，我们便称之为篇章（text）"（陈平，1987：13）。

1.2.2　经济话语的定义

经济话语的概念从商务话语发展而来，但国内外迄今为止还没有一个完整的定义。商务英语研究商务语言，商务话语和经济话语虽然有某些相同的特点，但并不等同于经济话语。经济话语探讨话语的结构、功能以及话语与经济社会的关系，认识和解读话语如何在宏观经济、中观经济和微观经济中使用并建构商业世界，以及话语如何反映出商业世界背后的商业逻辑和经济规律和特点。因此，经济话语比商务话语的内涵更加广泛和丰富。

1. 商务话语

商务话语指商务场合的连贯性话语，指任何在内容和结构上构成一个整体的言谈或文字，包括整段讲话、对话、整段篇章等。商务话语不仅仅将语言看成是一个词汇语法系统，更强调语言和语境的相互关系和作用，强调商务语境中口头和书面语言的功能和使用，语言作为交际的工具和属性，把语境化的语言作为概念的核心，关注在商务组织机构中人们如何有效沟通（王立非、张斐瑞，2016）。

商务话语具有不同于普通话语的词汇、句法、语篇、语用、体裁、交际等特征，是一个新兴的跨学科领域，话语类型包括企业话语、总裁话语、年报话语、IPO 话语、财务话语、谈判话语、贸易话语、审计话语、银行话语、财经新闻话语、合同话语、电商话语等，关注的重点是话语在商业活动中的使用与功能、话语的经济价值，话语与经济的关系，涉及社会语言学、心理语言学、篇章语言学、功能语言学、语用学、话语分析、认知语言学、传播学、管理学、组织心理行为学、专用语言教学等学科理论（Daniushina，2010）。

2. 企业话语

企业话语属于中观经济话语，特指组织机构话语。它是一种特殊的话语体裁，指在企业语境中使用的具有一定功能的口头和书面语言（Nickerson，2000），以及图示、符号、身势语等。企业话语有对外和对内之分，对企业外部而言，企业话语指一个企业选择向全世界、目标市场或现有客户传达一系列信息使用的语言；对企业内部而言，企业话语包括企业内部传达信息的语言，如员工之间相互沟通的语言，或面向特定利益相关方沟通信息的语言（Breeze，2013）。企业话语从话语角度考察商务沟通实践，详细探讨世界各地的公司、公司员工、其他团体和整个世界的沟通方式（Breeze，2015）。

企业话语研究一方面关注语言在企业环境中如何运作，通过考察词汇、语法、语义、结构等企业话语本体特征以及交际功能、语境、说话者与听话者之间的互动，分析如何通过话语建构企业身份，塑造企业形象，影响人际关系和职业关系（Breeze，2015）。企业话语研究另一方面关注话语与企业活动、文化、社会实践、政治问题等宏观语境因素的相互作用与影响。

3. 经济话语

就经济话语的属性而言，它属于国家话语体系的一个组成部分，是一种典型的制度话语，是一个国际经济组织、主权国家和政党、经济机构和实体用于提出经济主张，表达经济思想，促进经贸交流，沟通经济信息，增强经济话语权的话语体系。具体表现为对经济政策和经济走向相关话题的论述、交流、演说、讨论等，经济话语与政治话语、法律话语、国防话语、学术话语、文化话语、科技话语等共同构成了国家话语体系（李琳、王立非，2019）。

经济话语分为宏观经济话语、中观经济话语和微观经济话语三类，分别对应国家、企业、个人三个层次（图1-1）。

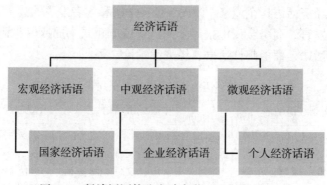

图1-1　经济话语的分类（李琳、王立非，2019）

1.3　经济话语的分类

1. 宏观经济话语

宏观经济话语与世界或国家的宏观经济发展和经济形势相联系，特指国际组织话语和国家官方话语，由国际社会或国家政府主导和操控的话语，用于预测、介绍、论述、发布、探讨国际或国内宏观经济形势的口头或书面话语。宏观经济话语通常是指国际经济组织或一国政府、经济领导人或官员官方发布和正式出台的各类经济政策、经济公告、经济文件或经济报告中的话语，如世界贸易组织的全球贸易发展报告、央行降准降息公告、外汇汇率调整通告、政府经济工作报告等。

2. 中观经济话语

中观经济话语指企业在经营过程中为了传播或沟通信息而使用的书面或口头话语，如企业红头文件，企业年报话语，企业招股、上市、路演话语，银行话语，贸易投资并购文件合同话语，财经新闻话语，企业网站话语，企业宣传和产品广告话语，企业谈判话语等。

3. 微观经济话语

微观经济话语指企业家、商人、经济学家和学者发表的演讲、文章、营销展会发言、商务会议汇报等个人正式或非正式书面或口头话语，如总裁演讲话语、商务邮件话语、经济学术论文等。

表1-1 经济话语的分类（李琳、王立非，2019）

宏观经济话语	中观经济话语	微观经济话语
1. 国际（组织）经济话语 　　联合国贸发会议、联合国经社理事会、欧盟、东盟、上合、WTO条款、IMF提案和决议、欧洲央行经济政策、WB世界经济报告、亚投行投资协议、金砖国家银行、国际商会的贸易术语通则等 2. 国家经济话语 　　政府经济机构发布的文件［如央行降准降息文件、政府工作报告（经济部分）］，银监会、证监会、保监会发布的经济法规文件和公告，行业组织（贸促会、企业协会、商会等）发布的宏观经济报告，商务部发言人问答，美联储的联邦储备法，美国301贸易保护条款等	1. 企业战略话语 　　企业红头文件、语言规划、语言审计文件、路演话语、投资话语、并购话语、招股话语、上市话语 2. 企业管理话语 　　管理层讨论、谈判话语、营销话语、财务话语、审计话语、证券话语、股评话语、合同话语、电商话语、广告话语、银行话语、网站话语	1. 经济学家话语、经济学家修辞、经济学术话语 2. 总裁话语、企业家演讲 3. 员工话语 4. 商人话语

1.4　新时代经济话语体系构建

改革开放40多年以来，我国进入中国特色社会主义新时代，经济发展取得巨大成就，中国经济成为全球经济的重要组成部分，在全球经济治理中发挥重要作用，开始影响世界经济和全球经济走向。商务英语也迈入经济话语的新时代。做出如此判断主要依据以下几点思考：一是商务的基础是经济，经济离不开宏观经济学和微观经济学，因此，商务英语不应仅仅探讨如何教与学，还应探讨语言的经济价值，语言与经济的关系和相互影响，商务英语的概念无法全部涵盖经济话语的内涵和外延；二是从商务英语学理应具备的理论性、系统性、指导性、交叉性、包容性、能产性看，经济话语更符合学科理论特性；三是商务话语只涉及企业管理和商务操作层面，没有涉及全球治理和国家治理层面，难以与主流话语体系对话和对接，进入新时代，需要概念迭代；四是商务话语影响企业管理和绩效，而对国家宏观战略和宏观经济趋势影响甚微，而国际经济话语和国家经济话语对世界经济和国家经济发展产生深刻影响。

图 1-2　经济话语的构成

我们认为，经济话语是由经济话语体系、经济话语能力、经济话语权三部分构成（图 1-2）。经济话语体系指由宏观经济话语、中观经济话语和微观经济话语构成的逻辑系统。经济话语能力是指维护国家经济利益所需的话语能力，包括话语表达能力、话语治理能力、话语动员能力、话语资源能力、话语沟通能力、话语技术能力等。经济话语权是经济话语体系和经济话语能力的终极目标，特指对世界经济或国家经济具有话语定义权、解释权、主导权和控制权等，分为经济话语权利和经济话语权力。前者以经济话语为基础，以国家经济利益为核心，寻求国内外经济事务应具有知情权、表达权和参与权；后者指对国际和国家的经济制度、经济资源、经济规则、经济事务、经济标准等做出评论、定义、裁判的能力和程度。

1.5 经济话语研究方法

经济话语研究采用话语分析、内容分析、民族志分析、叙事分析等混合方法（吕源、彭长桂，2012）。语言学期刊发表的经济话语研究论文多采用会话分析、语料库分析、体裁分析、语用分析、媒介话语分析等方法。从长远来看，经济话语研究应该在尊重、强调话语文本本身的基础上取其所长，通过与成熟的定量、定性方法的有效融合逐步构建、完善自身的方法体系。

经济学、管理学期刊发表的经济话语研究论文多采用基于经济模型的量化研究，考察话语指标和贸易额、企业绩效之间的因果关系，或基于话语分析开展质性研究，以语言素材，如文本、对话和访谈记录等作为原始数据，使用多种话语分析技术，如批评话语分析、解释学方法、互文性分析，此外还穿插了内容分析等。同时，也充分借鉴案例研究的发展路径，积极实现话语分析与多种方法，尤其是量化研究方法的混合使用。对于经济话语研究来说，更加丰富的研究方法与多元化的跨学科研究范式对经济学、管理学知识创新和语言学研究领域的拓展都具有重要意义。

第 2 章
国内外经济话语研究新进展

2.1 国外经济话语研究现状

2.1.1 国外经济话语研究现状量化分析

1. 总体趋势与特点

本研究采用 CiteSpace 软件，以英文数据库 Web of Science（WOS）中的 SSCI 来源期刊为数据源，期刊时间跨度为 2011—2020 年，共 10 年。搜索经济话语相关的英文关键词 [1]，数据经过清洗处理，人工剔除与经济话语不相关的文献后，共获得英文文献 1404 篇。从发文数量来看，2011—2017 年总体呈上升趋势，到 2017 年发文量最多，达到 202 篇，随后 3 年持续下降（图 2-1）。

从世界经济过去 10 年的发展看，新科技革命推动经济信息化加速发展，以经济为中心的综合国力竞争不断加剧。2016 年的英国脱欧、美国大选等国际形势对世界经济格局产生了深远的影响。世界经济复苏乏力，人口、粮食、能源、水资源、生态环境等一些全球性经济问题加

1　英文搜索关键词为 economic/financial/accounting/auditing/trade/business/commerce/marketing/banking/investment/merger/corporate/annual report/economist/entrepreneur/CEO/management + discourse/narratives/storytelling/metaphor/rhetoric。

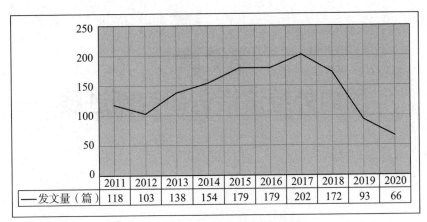

——发文量（篇）	2011	2012	2013	2014	2015	2016	2017	2018	2019	2020
	118	103	138	154	179	179	202	172	93	66

图 2-1 国外 SSCI 期刊经济话语研究总体趋势（2011—2020）

剧，加之难民潮、地区冲突等国际安全问题和收入差距扩大、失业等经济社会问题，曾经的全球经济一体化的观念在一些国家正在被贸易保护、边境修墙、控制移民等思潮掩盖，世界经济发展不平衡加剧，多极化趋势进一步发展。国外经济话语的发文趋势从一个侧面反映了过去 10 年世界经济发展的历程，加之受到从 2020 年初开始在全球迅速蔓延的新冠肺炎疫情的影响，经济话语研究的数量骤减。

2. 研究热点聚类分析

为了考察经济话语研究热点的知识结构，本研究采用 CiteSpace 的关键词聚类分析功能，生成关键词共现知识图谱（图 2-2）。我们统计频次 >50 的前 20 个关键词（表 2-1），按频次从高到低排序为：话语、管理、组织、政治、政策、新自由经济、金融危机、绩效、危机、权力、治理、隐喻、视角、话语分析、身份、性别、叙事、战略、企业社会责任、媒体。从中可以将经济话语研究热点归为三类：（1）研究背景，涉及新自由经济、金融危机、危机；（2）研究内容，涉及话语、隐喻、叙事、管理、政治、组织、政策、绩效、权力、治理、身份、性别、战略、企业社会责任、媒体；（3）研究方法，涉及视角、话语分析。

对关键词共现知识图谱的聚类，本研究主要参考 CiteSpace 以 LLR

算法生成的聚类标签，对聚类规模、紧密度和 S 对数似然值[1] 的测量显

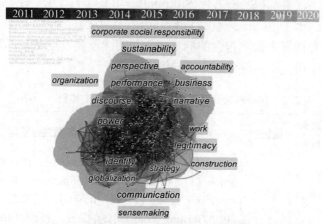

图 2-2　国外经济话语研究高频词聚类图谱（2011—2020）

表 2-1　国外经济话语研究高频词（2011—2020）

序号	高频词	频率	序号	高频词	频率
1	discourse	225	11	governance	62
2	management	100	12	metaphor	60
3	organization	90	13	perspective	60
4	politics	84	14	discourse analysis	58
5	policy	81	15	identity	58
6	neoliberalism	81	16	gender	57
7	financial crisis	75	17	narrative	55
8	performance	63	18	strategy	53
9	crisis	62	19	corporate social responsibility	51
10	power	62	20	media	51

示（表 2-2），按聚类大小依次排列为：（1）第 0 号标识短语 austerity
（经济紧缩）（Size=61，Silhouette=0.656）；（2）第 1 号标识短语
China（中国）（Size=49，Silhouette=0.574）；（3）第 2 号标识短语

1　紧密度代表聚类成员之间的相似程度，数值越高代表聚类成员间的相似程度越高；
　　LLR 为对数似然值，LLR 越大的词越具有对这个聚类的代表性。

finance（金融）（Size=46，Silhouette=0.611）；（4）第 3 号标识短语 narrative（叙事）（Size=44，Silhouette=0.831）；（5）第 4 号标识短语 gender（性别）（Size=40，Silhouette=0.703）。

我们查询每个聚类包含的标签词，并阅读重要节点文献，对国外经济话语 5 个研究热点领域逐一进行解读：

表 2-2　国外经济话语研究热点聚类群分析（2011—2020）

聚类号	聚类规模	紧密度	LLR 对数似然值最大的聚类标签词
#0	61	0.656	**austerity** (46.2), neoliberalism (42.19), European union (37.54), crisis (28.38), financial crisis (19.45), economic crisis (16.59), narrative (15.22), Ireland (12.07), think tanks (11.5), Greece (11.5), etc.
#1	49	0.574	**China** (16.52), corpus linguistics (10.83), networks (10.83), austerity (9.71), content analysis (8.33), vulnerability (7.22), news (7.22), perspective (7.22), crisis (7.16), qualitative research (6.7), etc.
#2	46	0.611	**finance** (14.35), diversity (14.35), perception (10.76), markets (10.76), austerity (9.85), risk (9.54), communicative action (7.17), financial services (7.17), pragmatism (7.17), textual analysis (7.17), etc.
#3	44	0.831	**narrative** (33.65), corporate social responsibility (23.2), discourse (19.34), sustainability (18.68), sensemaking (17.15), storytelling (16.7), legitimacy (16.7), strategy (14.85), gender (12.82), organization (10.68), etc.
#4	40	0.703	**gender** (31.32); women (18); work (14.39); higher education (12.96); entrepreneurship policy (10.79); time (10.79); United States (10.79); corporate social responsibility (10.53); financial crisis (10.53); discourse analysis (8.28), etc.

1）经济紧缩

此聚类的标签词按紧密度依次包括：新自由经济、欧盟、（金融）

危机、经济危机、爱尔兰、希腊等。2007 年爆发的美国次贷危机在全球范围引发了严重的信贷紧缩和全球性金融危机。过去的 10 多年，包括发达经济体、中国新兴经济体等多个经济板块在内的通货膨胀率持续下行。欧美国家的核心通胀率偏离通胀目标轨道，即便是欧洲央行祭出新一轮宽松货币政策的通胀效应也难以力挽狂澜，欧元区通胀率仍徘徊于临界线附近。新兴市场和发展中国家内部增长乏力，结构性问题突出，工业生产下行，失业率激增，通缩风险正在全球范围内蔓延（张荣楠，2015）。在持续性的金融危机语境和新自由经济思潮的影响下，出现了大量的经济、金融危机话语，包括经济政策、媒体报道、经济隐喻、金融叙事等，多个领域的学者们开始对其展开话语分析，试图找出话语背后反映出的话语与现实建构之间的关系。此类研究具体包括：（1）对经济、金融危机话语、隐喻、叙事等的话语分析（Arrese，2015；Bickes et al.，2014；Bounegru & Forceville，2011；Silaški & Đurović，2017）；（2）新自由经济语境下的经济、政策、媒体话语分析（Basu，2019；Borriello，2017；Houser et al.，2015；Juska & Woolfson，2017；Westin，2020）；（3）社会经济语境下的经济、金融政策分析的话语转向（Askheim et al.，2017；Garrett，2017；Prior et al.，2012）；（4）金融危机后全球经济紧缩政策中构建的新自由经济话语（Davis，2018；Harjuniemi，2019；Kelsey et al.，2016；Mylonas，2014）；（5）危机语境下经济话语的合法性构建（Doudaki，2015；Kay & Salter，2014；Ojala & Harjuniemi，2016）。

2）中国

此聚类的标签词包括：语料库语言学、网络、经济紧缩、内容分析、脆弱性、定性研究等。根据世界贸易组织数据，2008—2012 年，中国进口占全球进口总额的比例由 6.9% 升至 9.5%。金融危机肆虐 3 年间（2008—2010 年），全球进口总体萎缩 8.4%，中国逆势增长 23.3%，成为全球需求的主要支撑者之一，然而随着近几年中国启动去杠杆化和去产能化进程，增量需求大大放缓，产出缺口开始加大，全球有限的市场资源成为各国的竞争焦点，直接导致了全球价格总水平的下降。在这样的国内外背景下，与"中国"相关的经济话语研究主要关注中国上市公司信息披露质量、中美贸易战、新兴电子商务市场等方面。具体包括五类：一是对中国上市公司的企业年报、社会责任报告、财务报告等信息披露的话语分析，如隐喻、叙事、可读性等（Cheng & Ho, 2015；Sun & Jiang, 2014；Sun et al., 2018；Yu, 2020）；二是对中美贸易争端、汇率争端的话语构建与分析（Chen & Wang, 2020；Chen et al., 2020；Liu, 2015, 2017；Wang & Ge, 2020）；三是对中国社交媒体和网络的电子商务市场营销话语的研究，如符号学研究、元话语研究、多模态分析等（Chen & Cheung, 2020；Xia, 2020）；四是中国特色语境下的经济贸易话语分析和经济叙事策略研究（Lo & Howes, 2015；Thompson & Anthonissen, 2019；Zheng, 2019）；五是新兴电子商务经济背景下个体的身份构建话语研究（Meng & Huang, 2017；Qian, 2018）。

3）金融

此聚类的标签词包括：多样性、感知、市场、经济紧缩、风险、沟通行为、金融服务、实用主义等。国际金融危机爆发以来的实践已经证明，世界经济增长轨迹和格局渐变，应对结构性问题需要采取结构性改革，因此寻找新的"供给替代"，提高全要素生产率，切实促进全球经济增长才是治本之策。在这样的全球背景下，越来越多的学者开始关注经济金融话语与战略、管理、资本市场、绩效等方面的关系及影响。此方面的研究具体分为六类：一是商业战略与金融、审计话语之间的关系与影响（Bentley et al., 2013, 2017, 2019；Chen et al., 2017；Habib & Hasan, 2020）；二是企业跨国经营管理行为中的有效沟通（Haas & Rozario, 2020；Lawrence, 2013；Lundholm et al., 2014）；三是财务信息披露的文本质量研究（Amel-Zadeh & Faasse, 2016；Brown et al., 2020；Bushee et al., 2018；Goel & Gangolly, 2012；Guay et al., 2016；Hoberg & Lewis, 2017）；四是语言与资本市场的关系及影响（Curme et al., 2014；Dyer et al., 2017；Files, 2012；Loughran & McDonald, 2011）；五是企业年报、财务报告、社会责任报告、审计报告等的可读性分析以及对企业绩效的影响（Bonsall et al., 2017；de Franco et al., 2015；Ertugrul et al., 2017；Guay et al., 2016；Lehavy et al., 2011；Lo et al., 2017；Loughran & McDonald, 2014）；六是各类经济话语的文本分析、多模态分析、隐喻分析等（Herrera-Soler & White，2012；Lang & Stice-Lawrence，2015；Loughran & McDonald，2011；Silaški & Ðurović，2017；Silaški & Kilyeni，2011；Yang & Zhang，2014）。

4）叙事

此聚类的标签词还包括：企业社会责任、话语、可持续性、释义、讲故事、合法性、战略等。经济叙事话语研究是叙事学与经济学、金融学、财务会计管理等交叉产生的跨学科研究领域。研究发现，公司财务会计叙事方式与话语策略直接影响公司内部管理和外部形象构建（Beattie，2014；Humpherys et al.，2011；Merkl-Davies & Koller，2012；Merkl-Davies et al.，2011）。经济叙事话语作为经济话语的重要组成部分，关注叙事在宏观经济语境和微观企业语境中的作用和影响，不仅具有发布、传达和沟通经济金融信息的功能，还具有社会、文化、价值和意识形态等多重意义。此方面的研究包括五类：一是国际经济金融语境中的跨文化叙事研究（Gertsen & Søderberg，2011；Makkonen et al.，2012；Wilczewski et al.，2019）；二是经济叙事在管理研究和实践中的作用（Chudzikowski et al.，2019；Reissner et al.，2011；Rutten & Flory，2020；Yen & Chen，2016）；三是金融财务叙事对企业经营管理、形象与声誉、身份构建等方面的影响（Brennan & Merkl-Davies，2014；Craig & Brennan，2012；Eshraghi & Taffler，2013；Mäkelä & Laine，2011；Merkl-Davies et al.，2011；Piekkari & Tietze，2011）；四是跨国公司经营管理活动中的话语合法性叙事分析（Beelitz & Merkl-Davies，2012；O'Dwyer et al.，2011；Vaara & Tienari，2011）；五是对企业年报叙事性信息披露的分析及其对企业绩效的反映和影响（Athanasakou，2020；Beattie，2014；Bonsall & Miller，2017；El-Haj et al.，2020；Habib & Hasan，2020）。

5）性别

此聚类的标签词包括：女性、工作、高等教育、创业政策、美国、企业社会责任等。自 20 世纪 70 年代以来，随着越来越多的女性进入商业工作领域，社会科学和人文学科中调查性别的商务话语研究迅速增加，并由此出现了"性别研究"（Bargiela-Chiappini，2009: 213）这一术语。Bargiela-Chiappini et al.（2007）观察到，对商务话语的女性主义研究，作为批判性的、出于政治动机的调查，为主导商务话语研究的描述性工作提供了未来商务话语研究方向。根据文献计量结果，"性别研究"仍然是近十年经济话语的研究热点之一。此类研究包括以下几类：一是女性企业家或管理者的话语分析，如叙事、修辞、隐喻等，及其产生的影响（Achtenhagen & Welter，2011；Essers & Tedmanson，2014；Kapasi et al.，2016；Owalla & Ghafri，2020）；二是经济、福利或创业政策语境中的性别话语分析与身份构建（Ahl & Nelson，2015；Cabeza-García，2018；Feldman & Schram，2019；Herbst，2013）；三是社会语境下（如媒体）对女性企业家或管理者的话语定位与分析（Cukier et al.，2016；Eikhof et al.，2013；Lang & Rybnikova，2016；Simon & Hoyt，2013；Tijani-Adenle，2016）；四是性别多样性对企业绩效、管理或战略的影响（Ahern & Dittmar，2012；Bermiss et al.，2019；Gul et al.，2011）。

3. 研究热点话题的变化特点分析

为了更直观和清晰地揭示国外经济话语研究热点的变化与走向，我们对 2011—2020 年期间的经济话语研究热点话题做时间序列演进分析（图 2-3）。结果显示，2011—2013 年间的研究多聚焦批评话语分析、释义、政策、政治、贫困、治理、责任、脆弱性、商业、沟通、金融危机、文化、媒体、市场、组织学、管理、战略、话语分析等，涉及的国家或地区包括中国、欧洲、非洲、美国、英国等。2016 年前后的研究关注移民、国际化、经济紧缩、民主、不平等、语境、语言、社交媒体、印象管理、社会学、企业绩效、债务、就业、金融化、成本、战略变化、商务话语、金融沟通、决策制定、政府、信贷、挑战、互联网、服务、女性、男性、公民身份、定性研究等。2019—2020 年期间的研究聚焦智库、企业年报、修辞、企业可持续性、参与度、英语、可读性、披露、文本分析、动态性、表达等。

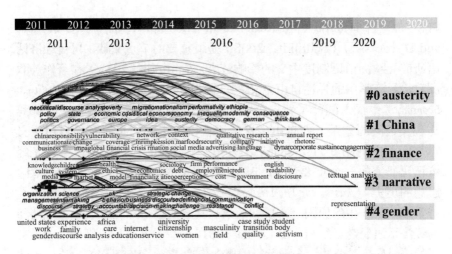

图 2-3 国外经济话语研究热点时间序列图谱（2011—2020）

经过归类，过去十年的研究热点话题呈现出以下四个特点：（1）经济话语研究逐渐从宏观层面聚焦微观层面，即从前几年关注的政治、贫困、商业、文化、管理、市场等宏观话题转向后来的企业绩效、债务、成本、战略变化、决策制定、企业年报、披露等微观层面；（2）经济话语研究越来越呈现出人文特性，关注个体在经济变革或进程中的发展，具体话题包括性别、移民、不平等、就业、女性、男性、公民身份等；（3）研究呈现明显的"语言转向"，语言学方法逐渐增多、语言研究更为深入，如叙事、批评话语分析、话语分析、释义、语境、定性研究、修辞、可读性、文本分析等；（4）研究涉及的区域国别从之前的发达经济体（如美国、英国等）转向发展中的新经济体（如中国、非洲等）。

2.1.2 国外代表性经济话语成果分析

国外经济话语研究高被引文献聚类分析显示（图 2-4），中心度最高的节点文献有 5 篇（表 2-3）。5 篇文献中，有两篇出自波士顿大学国际关系和政治学教授 Vivien Schmidt，她的研究重点是欧洲政治经济、制度、民主和政治理论，特别是思想和话语在话语制度主义分析中的重要性。结合被引频次和中心度，《话语制度主义：思想与话语的解释力》（"Discursive Institutionalism: The Explanetory Power of Ideas and Discourse"）（Schmidt，2008）是最重要的节点文献，可见经济话语研究受欧洲话语制度主义的影响较大。Schmidt（2013）在著作《欧洲政治经济学中的弹性自由主义》（*Resilient Liberalism in Europe's Political Economy*）中深入阐释了新自由主义经济思想，探讨了新自由主义修辞与现实之间的差距、新自由主义话语在辩论中的力量以及新自由主义思想嵌入中的制度力量等问题。另外，全球性的经济紧缩政策也是经济话语研究的一个重要背景，Blyth（2013）在《经济紧缩：一个危险思想的历史》（*Austerity: The History of a Dangerous Idea*）一书中论证了经济紧缩政策产生的原因、本质和后果。其余两篇节点文献属于微观层面的经济话语研究：López & Llopis（2010）基于英语和西班牙语金融文章的语料库，对全球性金融危机的概念隐喻进行了比较研究。Cho et al.（2010）基于美国 10-K 年度报告中的企业环境信息披露文本，从印象管理的视角，调查语言和语气作为管理利益相关者印象的工具和使用偏差，研究公司环境披露中使用的语言和语气是否存在利己的偏见。

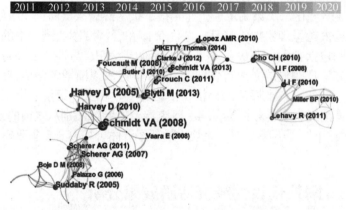

图 2-4　国外经济话语研究高被引文献共现图谱（2011—2020）

综合上述分析来看，对经济话语研究领域影响较大的理论包括话语制度主义（Schmidt，2008）、新自由经济（Schmidt，2013）、印象管理（Cho et al.，2010）等。前期研究多为非实证研究，包括理论、综述、反思等，实证研究逐渐增多，研究方法多为定性分析方法，如内容分析、话语分析、文本分析等，以及定量的语料库分析方法。

表 2-3　国外经济话语研究关键节点文献（2011—2020）

序号	作者	文　　献	发表年份	中心度
1	Blyth M.	Austerity: The History of a Dangerous Idea	2013	0.58
2	Schmidt V. A.	Discursive Institutionalism: The Explana-tory Power of Ideas and Discourse	2008	0.55
3	Lopez A. M. R., Llopis M. A. O.	Metaphorical Pattern Analysis in Financial Texts: Framing the Crisis in Positive or Negative Metaphorical Terms	2010	0.35
4	Cho C. H. et al.	The Language of US Corporate Environ-mental Disclosure	2010	0.30
5	Schmidt V. A., Thatcher M.	Resilient Liberalism in Europe's Political Economy	2013	0.23

2.2　国内经济话语研究现状

2.2.1　国内经济话语研究现状量化分析

1. 总体趋势与特点

对中国知网（CNKI）的 CSSCI 来源期刊发文量统计显示（图 2-5），2011—2020 年共发表经济话语相关论文 633 篇[1]，总体呈现不断上升的趋势。过去的十年，是以移动互联网为代表的新经济发展黄金十年。根据国家统计局数据，2019 年新经济已占据我国 GDP 总量的 16.3%，成为拉动我国经济增长的重要力量。另外，伴随着 2013 年"一带一路"倡议的提出，以及以中国为代表的发展中国家主导的全球化正在世界经济体系中扮演越来越重要的角色，在这样的国内外经济发展大背景下，

---

[1]　中文搜索关键词为：经济 / 金融 / 营销 / 市场 / 贸易 / 商务 / 管理 / 银行 / 公司 / 企业 / 企业家 / 总裁 + 话语 / 叙事 / 隐喻 / 修辞 / 文本。

国内经济话语研究在经历了前几年的缓慢增长后，于 2018 年起开始显著增加，尤其是对话语和资本市场关系的研究以及对各类经济政策文本的话语分析和解读。

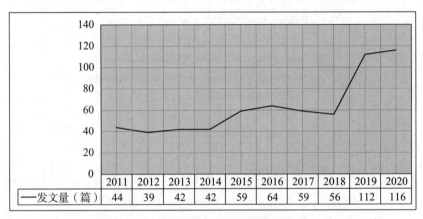

	2011	2012	2013	2014	2015	2016	2017	2018	2019	2020
—— 发文量（篇）	44	39	42	42	59	64	59	56	112	116

图 2-5　国内 CSSCI 期刊经济话语研究总体趋势（2011—2020）

2. 研究热点聚类分析

为了考察国内经济话语研究热点的知识结构，本研究采用 CiteSpace 的关键词聚类分析功能，生成关键词共现知识图谱。我们统计频次 ≥ 5 的前 17 个关键词，按频次从高到低排列如下（表 2-4）。高频词归类结果显示，国内经济话语研究热点有三类：（1）研究方法，包括文本分析、话语分析、文本挖掘、语料库、机器学习；（2）研究内容，包括话语、叙事、隐喻、管理层语气、多模态隐喻；（3）研究对象，包括政策文本、广告话语、年报、广告、公益广告、商务话语、政策工具。

表 2-4　国内经济话语研究高频词（2011—2020）

序号	高频词	频率	序号	高频词	频率
1	文本分析	27	10	年报	7
2	话语分析	14	11	语料库	6
3	话语	13	12	广告	5
4	文本挖掘	11	13	公益广告	5

（续表）

序号	高频词	频率	序号	高频词	频率
5	叙事	10	14	多模态隐喻	5
6	隐喻	10	15	商务话语	5
7	政策文本	9	16	机器学习	5
8	管理层语气	8	17	政策工具	5
9	广告话语	7			

　　关于关键词共现知识图谱的聚类，本研究主要参考 CiteSpace 以 LLR 算法生成的聚类标签。对聚类大小和 S 相似值的测量结果显示，以下 7 个聚类标签词凸显，按聚类大小依次排列为：（1）第 0 号标识短语"全球经济治理"（Size=13，Silhouette=1）；（2）第 1 号标识短语"文本分析"（Size=13，Silhouette=0.86）；（3）第 2 号标识短语"隐喻"（Size=9，Silhouette=0.968）；（4）第 3 号标识短语"年报"（Size=9，Silhouette=0.88）;（5）第 4 号标识短语"科技金融"（Size=6，Silhouette=0.992）；（6）第 5 号标识短语"一带一路"（Silhouette=0.937）；（7）第 6 号标识短语"投资者情绪"（Size=5，Silhouette=0.952）。

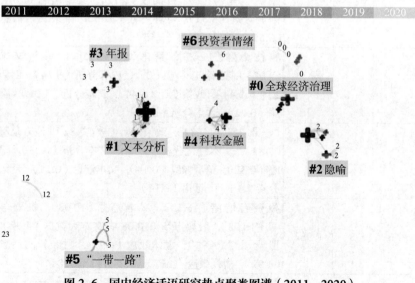

图 2-6　国内经济话语研究热点聚类图谱（2011—2020）

我们通过聚类浏览器查询每个聚类包含的标签词（表2-5），阅读重要节点文献，对国内经济话语7个研究热点聚类逐一进行解读：

表2-5 国内经济话语研究热点聚类群分析（2011—2020）

聚类号	聚类大小	紧密度	LLR对数似然值最大的聚类标签词
#0	13	1	**全球经济治理**（9.19），话语（9.19），话语权（9.19），制度性话语权（6.08），修辞（6.08），电视广告（6.08），叙事（6.08），文本分析（3.6），叙事学（3.02），中国与全球化（3.02）
#1	13	0.86	**文本分析**（20.57），信息披露（8.58），审计质量（5.68），年报可读性（5.68），资产误定价（5.68），融资约束（5.68），隐喻（2.86），年报复杂性（2.82），会计信息质量（2.82），企业社会责任（2.82）
#2	9	0.968	**隐喻**（17.67），话语分析（10.43），广告话语（10.43），软实力（6.9），互文性（6.9），认知（6.9），文化软实力（3.42），经济学（3.42），叙事结构（3.42），语境（3.42）
#3	9	0.88	**年报**（10.84），控股股东（7.17），股权质押（7.17），盈余管理（7.17），可读性（7.17），文本信息（3.7），语调管理（3.55），可理解性（3.55），年报文本信息（3.55），信息不对称（3.55）
#4	6	0.992	**科技金融**（11.05），量化分析（11.05），政策文本（11.05），政策工具（11.05），内容分析（5.44），创新创业（5.44），政策变迁（5.44），文本分析（1.01），隐喻（0.72），话语分析（0.43）
#5	5	0.937	**"一带一路"**（7.82），政策创新扩散（7.82），地方政府（7.82），文本量化分析（7.82），文本分析（0.33），隐喻（0.32），语调操纵（0.14），文本信息（0.14），话语分析（0.14），话语（0.14）
#6	5	0.952	**投资者情绪**（15.33），文本挖掘（10.08），机器学习（10.08），股票市场（10.08），文本大数据（4.97），股票预测（4.97），媒体效应（4.97），财经新闻话题（4.97），规模效应（4.97），文本分析（1.28）

1）全球经济治理

此聚类的标签词包括：话语、（制度性）话语权、修辞、叙事等。全球经济治理体系是全球治理体系的重要组成部分，是全球治理在经济领域的体现和延伸。以世界贸易组织为核心和基于规则的多边贸易体制既是经济全球化和自由贸易的基石，也是我国参与全球经济治理的平台。从话语角度对此方面开展的研究主要包括以下三个方面：一是对中国已签署的区域自由贸易协定文本的分析与研究，涉及跨太平洋伙伴关系协定（CPTPP/TPP）（白洁、刘庆林，2016；韩剑等，2019；杨国华，2017；张方波，2020），自由贸易协定措施条款（蔡宏波、朱祎，2020；许亚云等，2020）、WTO 条约（黄安平，2014；石静霞、杨幸幸，2013）等；二是对中美贸易关系的话语分析与话语策略研究（毛薇，2019；吴鹏、黄澄澄，2013）；三是经济转型大背景下的中国经济叙事研究（黄益平，2013；任孟山，2016；宋磊，2017；宋晓梧，2018；杨宇立、俞云峰，2019）。

2）文本分析

此聚类的标签词包括：信息披露、审计质量、年报可读性、年报复杂性、会计信息质量、企业社会责任等。此方面的研究主要涉及对政治经济学经典著作的解读、对各类金融经济政策文本的分析与解读、文本挖掘方法的使用等。具体包括三类：一是对马克思主义政治经济学著作的文本分析与解读，如《1857—1858 年经济学手稿》（张楚仪，2020；）、《资本论》（付文军、卢江，2018；高云亮，2019）、《帝国主义是资本主义的最高阶段》（姜春磊，2015）等；二是对各类政府经济和金融政策的文本量化分析，如习近平经济工作系列重要讲话（姚金海，2018）、新生代农民工培训政策文本（李国梁、甘舒萍，2020）、政府公报文本（陈玲、段尧清，2020）、农村电商上行扶持政策文本（汪兴东、熊彦龄，2020）、创新创业政策文本（张超、官建成，2020）、金融扶贫政策文本（傅巧灵等，2020；衡霞、陈鑫瑶，2020；李晓园、钟伟，2020）、审计结果公告文本（闫天池、于洪鉴，2020）等；三是大数据方法在金融和资本市场文本数据中的应用研究，如 Python 文本分析法、机器学习与数据爬取等（顾文涛等，2020；马长峰等，2020；沈艳等，

2019；王博、高青青，2020；袁鲲、曾德涛，2020）。

3）隐喻

此聚类中的标签词还包括：话语分析、广告话语、互文性、叙事结构、语境等。经济隐喻是经济话语的一个重要组成部分，已成为经济学家和语言学家共同关注的研究对象（Alejo，2010；Henderson，1994，2000；胡春雨，2014）。此方面的研究主要包括以下四类：一是对经济隐喻的话语分析与研究（陈朗，2018；樊林洲，2016；李琳，2016b；张磊等，2015）；二是经济隐喻或经济话语的翻译学研究（孙毅、贺梦华，2019；王传英、卢蕊，2015；王惠、朱纯深，2012；徐珺、肖海燕，2016）；三是市场营销环境下的话语策略研究（蔡建军，2017；李爱梅等，2017；钱俊，2017；孙蓓，2017；许晖、牛大为，2016）；四是市场经济环境下的企业或国家形象的隐喻分析和媒体话语分析（曹晋等，2015；梁婧玉，2018；刘佩，2015；赵秀凤、冯德正，2017）等。

4）年报

此聚类中的标签词还包括：控制股东、盈余管理、可读性、可理解性、文本信息等。中国资本市场历经四年快速发展期，于2017年达到阶段性峰值，自2018年起，受外部环境压力、资管新规和市场结构调整等多重因素影响，中国资本市场面临行业洗牌。对金融资本市场的研究开始出现"语言学转向"（田春生、郭政，2011），越来越多的专家学者开展经济学、金融、财务、语言学等方面的跨学科研究，开始关注语言、话语、文本对金融资本市场的影响及现实建构意义。研究具体包括四个方面：

一是对上市公司年报管理层语气的文本分析（陈良银，2020；林乐、谢德仁，2017；谢德仁、林乐，2015；曾庆生等，2018）；二是对年报信息披露的研究，如前瞻性信息披露与企业经营管理及绩效的关系（苗霞、李秉成，2019；王秀丽等，2020）、信息披露的合规性和有效性分析（程新生等，2015；陆蓉、潘宏，2012；王艳艳等，2020；徐寿福、徐龙炳，2015；许文翰等，2020）、语言多样性、信息获取与分析师盈余预测质量（程博、潘飞，2017）等；三是对年报多维特征的研究，包括：

对年报可读性的研究，如年报可读性与盈余管理（王治等，2020）、与会计信息审计质量（翟淑萍等，2020）、与制度环境及分析师预测（江媛、王治，2019）、与股票流动性研究（王运陈等，2020）等；对年报复杂性的研究，如汉字年报复杂性指标研究（丘心颖等，2016）、年报文本信息复杂性与管理者自利（王克敏等，2018）、年报文本复杂性与资产误定价（贺康等，2020）等；对年报互文性的研究，如年报互文策略与企业身份建构（邓鹂鸣、周韵，2020；乌楠、张敬源，2020）；对年报语篇结构关系的研究（王立非、部寒，2016）；对年报体裁的研究（王立非、韩放，2015）；对年报情感倾向性的研究（王立非、部寒，2017）等；四是对企业社会责任报告的文本分析（陈朔帆、Hu，2014；宋岩、孙晓君，2020）。

5）科技金融

此聚类中的标签词还包括：政策文本、政策变迁、量化分析、内容分析、文本分析、话语分析等。以互联网科技金融为代表的新经济在过去的十年发展迅猛。国家统计局将新经济定义为"新行业、新业态和新商业模式"的"三新"经济。《中国新经济十年回顾研究报告》（2020）指出，过去几年，新经济市场经历了结构性转变。国家加强了对新经济市场的监管力度，出台了一系列的政策法规。对这些政策法规进行文本分析和解读逐渐成为一个研究热点，具体研究包括：一是对新经济或科技金融政策文本的研究（崔璐等，2020；黄新平等，2020），如金融支持科技成果转化政策文本（赵睿等，2020）、区块链政策文本（高小平、戚学祥，2019）、科技创新政策主题的文本挖掘（赵公民等，2019；张宝建等，2019）等；二是对数字金融的应用与推广的文本分析和研究（袁鲲、曾德涛，2020）。

6）"一带一路"

此聚类中的标签词还包括：政策创新扩散、文本量化分析、隐喻、话语分析等。随着2013年"一带一路"倡议的提出，其国际影响力不断扩大，我国越来越多的企业参与"一带一路"建设。此方面的研究包括：一是对"一带一路"相关研究的文本量化分析（杨敏敏、McAllister，2020）；二是"一带一路"建设的政策文本研究（王燕，2018；魏萍等，2020）；三是对"一带一路"主题的媒体报道或舆论的话语分析（陈世伦、王一苇，2019；赵常煜等，2019；周兆呈，2015）；四是"一带一路"对外话语体系构建（金苗，2018；朱梅，2018）等。

7）投资者情绪

此聚类中的标签词还包括：文本挖掘、文本大数据、文本分析、股票市场、股票预测等。对话语、文本与资本市场的关系研究是近几年的一个研究热点，越来越多的经济管理、财务金融、会计审计等领域的专家学者注意到经济学的"语言转向"，开始采用语言学、话语分析、文本分析、文本大数据挖掘等方法对上市公司年报、资本市场监管政策等开展研究。一是交易所/财务问询函可读性与管理层业绩预告（李晓溪等，2019；翟淑萍等，2020）；二是文本挖掘技术在金融市场预期及市场效应中的应用（孟雪井等，2016；孟勇、常静，2019；杨兵、杨杨，2020）；三是管理层话语对资本市场与投资者的影响（蒋艳辉、冯楚建，2014；王运陈等，2020；杨七中、马蓓丽，2019）等。

3. 研究热点的变化趋势分析

为了更直观和清晰地揭示国内经济话语研究热点的变化与走向，我们对 2011—2020 年间的经济话语研究热点话题做时间序列演进分析（图 2-7）。可视化分析显示，过去十年的研究热点呈现出四个变化趋势：（1）研究对象从早期的广告话语向政策文本、企业年报、信息披露、管理层语调等多方面扩散；（2）研究内容从叙事特征扩展到修辞、隐喻、认知、情感特征、年报可读性等多个维度，且越来越关注话语和市场、经济、社会之间的关系与影响；（3）研究方法从单一的话语分析逐渐向多元化的文本分析、情感分析、内容分析、量化分析转变，大数据技术和方法的应用逐渐增多，包括文本挖掘、机器学习、量化分析等；（4）逐渐形成了宏观、中观、微观的综合性研究体系，宏观层面涉及全球经济治理、制度性话语权、"一带一路"等，中观层面涉及股票市场、地方政府、主流媒体等，微观层面涉及上市公司、控股股东等。

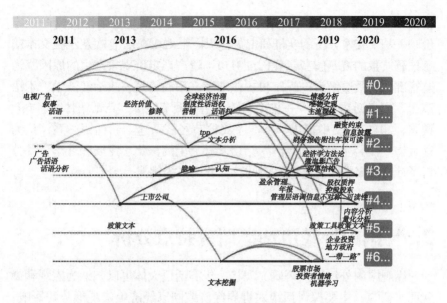

图 2-7　国内经济话语研究热点时间序列图谱（2011—2020）

2.2.2　国内代表性经济话语成果分析

　　国内经济话语研究作者共现聚类分析显示，该领域跨学科特征明显，研究话题比较分散，没有形成学科之间交叉合作的网络。四位关键节点作者王立非、杨先顺、贺康、颜鹏飞分别来自语言学、传播学、会计学和经济管理学四个学科领域，由此可见，经济话语是一个交叉学科领域，涉及语言学、传播学、经济管理等多学科。

　　我们将被引频次最高的 4 位作者的 4 篇节点文献做具体分析：第一篇是《商务外语的学科内涵与发展路径分析》（王立非、李琳，2011），文章回顾了中国对外开放以来商务英语教学与科研的发展历史与现状，在此基础上论述了商务英语学科的内涵与定位、学术研究方向和专业设置目标与要求。这篇文章为当时国内刚兴起的商务英语教学与研究热潮奠定了理论基础，推动此方面的研究从前期的商务英语到商务话语再到经济话语的发展。第二篇是《互文性与广告话语的生产》（杨先顺、陈曦，2011），从互文性角度对广告话语开展分析，探讨了互文性与广告话语生产过程的联系。第三篇是《年报文本信息复杂性与资产误定价——基于文本分析的实证研究》（贺康等，2020），首次从年报文本信息披露质量的视角解释了我国证券市场资产误定价现象产生的原因，为监管部门有效缓解资产误定价提供参考。第四篇是《政治经济学"术语革命"或者话语革命——兼论"社会主义调节经济"新话语体系》（颜鹏飞，2015），文中提出"社会主义调节经济"这一新话语体系，认为这是在"社会主义市场经济"话语基础之上的深化、发展和升华，并分析了社会主义调节经济所具有的特征和面临的挑战。

2.3　国内外经济话语研究特点分析

纵观国内外经济话语研究现状，经济话语大体可以归纳为宏观和微观两类研究，主要探讨话语对世界经济或国家经济等宏观形势的影响，包括话语与经济沟通、话语与经济关系、话语与经济环境、话语的经济价值、话语的经济特征等。微观经济话语探讨话语与微观经济环境和微观经济的关系，以及话语的微观经济价值。

2.3.1　宏观经济话语研究特点

1. 话语与宏观经济沟通

这类研究关注宏观经济政策沟通，比如世界银行、国际货币基金组织、世界贸易组织等机构以及各国政府发布的公告、公报、经济政策文件、经济报告的话语特征，因为，这类官方文件文本和表述将直接或间接影响世界经济走向和各国的经济发展。世界银行、国际货币基金组织等机构在金融、科研和科技部门的支持下发布政治、经济、劳工等方面的政策，形成一系列正式或者非正式的规则。这些政策在一定程度上规定着机构的角色，限制着政府的行为，同时也影响着人们的预期，值得关注（Szlezak et al.，2012）。国外有一些相关方面的研究，如国家关于贸易、债务、失业、通货膨胀、利率这些重要经济话题的阐述，从长期来看影响经济指标和经济走势（Lüdering & Winker，2016）；1980 年，拉美国家民众对采矿业扩张表示抗议之际，政府发布的官方话语在缓解紧张关系与对话方面发挥了重要作用，最终促进了采矿业的持久发展（Taylor & Bonner，2017）；西班牙 1996—2011 年选举期间，政党议会演讲中反对党关于突出经济问题的论述直接影响了选民的评价（Sergi & Inaki，2016）；国际劳工组织、世界银行、世界卫生组织发布的工作政策文件在经济、卫生方面重建了工作框架，并对政策文件未来工作产生影响（di Ruggiero et al.，2015）。

国内宏观经济话语主要集中在央行沟通研究，宋佳音和范志勇（2017）通过情感词表数据库构建央行情感态度沟通话语指数，运用 2005—2015 年《中国人民银行货币政策报告》经济展望话语语料，考察情感态度沟通话语对提升公众对中国宏观经济增长的预测能力的影响。研究发现，央行报告的"积极态度指数"确实有助于提升公众对下季度 GDP 增长率的预测能力，"积极态度指数"与下季度 GDP 增长率之间的关系在 2012 年前后出现结构性变化。

2. 话语与宏观经济环境

李琳和王立非（2019）指出，话语的宏观经济语境是由经济、政治、科技以及社会文化等多种因素共同构成的动态语境，这一动态语境影响经济话语的表达形式，值得关注。文本是由生产它的语境构建出来的，因此了解语境特征是话语分析的基础（Fairclough，2001）。话语的宏观经济语境研究关注话语背后的经济形式，也关注历史、经济、文化因素或者各种因素的结合，试图发现话语所反映的意识形态、权力关系和社会不平等，解释经济话语背后所反映的学界、商界、政界、媒体等诸方面社会现实。学界操控符号资本，政界操控政治资本、商界操控经济资本、媒体操控大众资本（Maesse，2018）。这类研究不仅关注对经济因素的考察，而且更加深刻与系统地探索经济在其中的运行作用、规律、轨迹和深层思想伦理（朱崇科，2009）。话语的宏观经济语境反映出认知和语言的规则如何构建和塑造了经济学专家的立场，在这一过程中，社会的、历史的、职业的语境共同发生作用，经济话语也因此产生

（Maesse，2018）。

3. 话语与宏观经济的关系

这类研究将话语作为众多变量的一种，考察话语对贸易投资的影响。语言和开放经济有着密切的关系，对国际贸易、海外投融资和跨国经营管理具有重要影响（王立非、张斐瑞，2016）。国际贸易研究往往重视经济指标，对国际贸易中影响经济增长的各种非经济因素研究重视不够。随着经济全球化发展的加速，各国经贸往来和沟通交流日渐密切。话语作为各国沟通交流的主要手段，直接影响着国际贸易的增长和经济发展。话语与经济的宏观关系研究考察语言障碍和语言距离与国际贸易的关系，聚焦语言障碍和语言距离对贸易额的影响，如英语作为第一语言或第二语言对于进出口贸易的影响（Hutchinson & William，2002）；语言障碍所带来的贸易成本与关税和非关税壁垒（Anderson & Wincoop，2004）；同一种语言使用对于外贸沟通的促进作用以及非直接沟通中翻译的作用（Melitz，2008）；语言障碍指数对贸易流量的影响（Lohmann，2011）；语言和技术相似性对对外直接投资的影响（Amadu et al.，2018）；距离导致的民族语言差异与经济增长的关系（Erkan，2018）；语言距离与贸易流量的关系（苏剑、葛加国，2013）；语言距离对于收入分配、移民选择、语言规划、语言教育的影响（苏剑、黄少安，2015）；语言距离在国际贸易中产生的交易成本（苏剑，2015）；语言因素对双边和多边贸易的影响（王立非、金钰珏，2018）。这些研究可以为我国实施"一带一路"倡议和企业"走出去"提供启示和有价值的政策性建议。

4. 话语的宏观经济价值

这类研究关注国家经济话语能力建构和国家经济话语权的提升，经济话语权是国家话语权的重要组成部分，对国家形象具有决定性的影响。在经济全球化背景下，国家经济话语权反映国家的经济实力、影响力、吸引力、从而直接影响大国形象建构。因此，在某种程度上，经济话语权决定着政治话语权、军事话语权、外交话语权、文化话语权、科技话语权、学术话语权，应当引起高度关注。例如，对中央电视台《经济观察》2012—2014 新闻内容的用户分布和时效性进行考察发现，亚洲媒体使用次数较多，而欧洲、美洲、非洲、大洋洲地区使用媒体数和使用次数较少，反映中国作为亚洲第一大经济体，中国的经济话语权得到亚洲国家的充分认可。但是在全球范围内，中国声音较弱，经济话语权欠缺。此外，《经济观察》素材发布 14 天后的使用率最高，达到 68%；素材发布 24 小时内至 14 天内的使用率较低。说明《经济观察》在国际传播中的时效性较差，不能在第一时间将中国声音传播出去，及时展现中国观点，说明国际传播力度欠缺，无法与国际舆论形势形成即时互动（卢雅君，2015）。2018 年召开第 48 届达沃斯论坛，有许多国际金融界的重量级人物对中国经济也是忧心忡忡，说明许多能够反映中国经济生机活力的信息，并未能准确、有效地传递给世界，以至于一些西方经济界人士长期以来对中国经济持怀疑态度，反映出目前话语的宏观经济价值发挥不够充分，对外经济话语传播效果不够理想。

2.3.2　微观经济话语研究特点

1. 话语的微观特征

这类研究主要考察企业书面或口头话语的特征，国内外现有研究关注的话语特征包括：高词频（钱毓芳，2016）、语义韵搭配（支永碧等，2016）、言语行为（郭毅等，2010）、态度资源（李琳，2016a）、可读性（Bayerlein & Davidson，2015）、可理解性（Smith & Taffler，2000）、关键词（Courtis & Hassan，2002）、主题词（Leung et al.，2015）、排版结构（Merkl-Davies & Brennan，2007）、术语和修饰语（Subramanian et al.，1993）、人称代词（Clatworthy & Jones，2006）、被动语态（Clatworthy & Jones，2003）、句法复杂度（Adelberg，1983）、情态标记语（Aiezza，2015）、隐喻表征（Domaradzki，2016）等，涉及文本的词汇、句法、语义和语篇等各个层面，关注经济话语的形态与功能、经济话语的叙事法则以及话语交叉中的经济伦理等（朱崇科，2009），重视对文本修辞功能的评价及其背后的文化解读。

2. 话语与微观经济环境

李琳和王立非（2019）在讨论话语的微观经济语境时强调关注话语背后所反映的企业环境，而企业环境直接影响和制约着企业发展和改革的方向和路径。这类研究主要考察话语和企业之间的辩证关系，关注语篇的内容和话语特征与语篇生成、传播、接受和适应的语境是如何影响和被影响的。微观经济话语的语境形成企业的制度环境，体现企业运作的规律和方式，影响行动主体的行为，最终影响并制约着企业的发展。语境对企业相关行为的主体的制约作用使得话语界定、承担、表述和建构着企业发展和改革过程中的规则和规范。在这方面国内外都有相关研究，如西班牙非政府组织 2012—2013 年度报告中关于发展问题的文件的话语特征体现了经济危机背景下，失业率上涨，经济不平衡加剧，弱化非官方合作势在必行的趋势（Roca，2015）；中国国有企业改革的"红头文件"的言语系统构建的语境形成了国有企业改革的制度环境，体现了原则性和灵活性共存思维，达到了影响并制约国有企业改革进程的作用（郭毅等，2010）。话语的微观经济语境特征也涉及跨文化商务交际。经济活动中的文化差异和交际障碍会导致失误和经济损失，因此在描写经济话语文本特征的基础上，应了解语境和文化因素在语言各个层面上的不同反映。在研究中既要考虑言语行为、非语言行为的文化因素，也要考察商务话语系统中存在的意识形态、礼貌策略、价值观念等（周锰珍，2004）。

3. 话语与微观经济的关系

这类研究关注企业报告中的话语特征作为众多因素之一对企业绩效的影响。企业报告记录了企业在经济、环境、社会等领域的经营动态，与财务报表的关系密切，通过分析报告中的话语指标对企业绩效的预测力，以及盈利较好和盈利较差企业在话语指标上的差异，企业话语研究主要考察各类企业话语与公司治理的关系，涉及的话语指标包括可读性（Bayerlein & Davidson，2015）、可理解性（Smith & Taffler，2000）、关键词（Courtis & Hassan，2002）、主题词（Yekini et al.，2015）、人称代词（Clatworhty & Jones，2006）、情态标记语（Aiezza，2015）、隐喻（Liu et al.，2015）等，涵盖词汇、语义、句法、篇章多个维度，研究发现盈利较好和盈利较差企业在上述话语指标上存在显著差异。这些研究可以为观察和了解企业绩效提供更多信息源，为投资者和其他利益相关方从话语层面了解国际贸易、企业经营管理状况提供有用的信息。

4. 话语的微观经济价值

这类研究关注话语表达如何影响消费者的购买决策行为，如何创造经济价值。经济价值就是经济行为体从产品和服务中获得利益的衡量，语言的有效使用可以提升人力资本的价值，从而提高人的地位和收入，因此具有经济价值。传统的话语研究关注语言的人文价值，而经济话语的研究关注语言的经济价值，前者是基础研究，而后者是应用研究，关注经济话语体系构建、经济话语结构分析、经济语篇分析、经济体裁分析、经济语用分析、经济修辞分析、经济话语认知分析、经济/管理术语学等。国内外都有相关方面的研究，比如主流经济话语关于土食者（指那些热衷于食用住所附近所产食物的人）给经济发展、环境保护、食品安全和质量等方面带来危害的阐述改变了人们的消费行为（Scharber & Dancs，2016）；英语和收入关系的研究关注人们受英语教育水平与其收入水平的关系，或研究学习英语对收入的影响（王立非、张斐瑞，2016）；品牌、商标词利用语音修辞（头韵、元韵、谐音、拟声、叠音以及音节数量的使用）和语义修辞（比喻、双关、拟人、夸张、仿拟、矛盾修辞）为商品命名，直接影响消费者的消费行为（占俊英，2014）。品牌命名不仅要考虑语言特征、审美情趣、消费心理等诸多因素，还要适应不同民族文化心理的需要。因此品牌、商标辞的名称影响着消费者对企业或产品的理解与态度。好的名称可以增加品牌的文化内涵，增强消费者的认同感，提升品牌的宣传力，促进产品的销售，从而创造价值。

第3章
经济话语跨学科理论视角

3.1 体裁分析视角

3.1.1 体裁分析理论流派

1. 体裁的定义

体裁分析的概念于 1981 年首次提出，已被广泛应用于不同语篇的分析。体裁指所有话语/语篇的类型。体裁分析从语篇宏观结构入手来研究交际目的和语言策略，强调对特定语篇结构的把握，通过揭示语篇深层交际目的来描述与解释某一特定体裁的结构和语言特征。Swales 将体裁定义为可被某一话语社区共同指认的具有特定交际目的的一系列传播事件。根据 Swales 的观点，Bhatia（1993）认为体裁具有四个特点：（1）体裁是一种可辨认的交际事件；（2）体裁不是一般的交际事件，而是一种内部结构特征鲜明、高度约定俗成的交际事件；（3）在建构语篇时，我们必须遵循某些特定体裁所要求的惯例；（4）尽管体裁有其惯例和制约性，内行人仍可在体裁规定的框架内传达个人意图和交际目的。

2. 体裁分析理论观

体裁理论认为（Bhatia，2008），体裁具有鲜明的特点：（1）行业体裁是可识别的交际事件；（2）行业体裁是高度结构化和惯例化的构件，在词汇语法资源方面有一定限制；（3）行业资深成员，比新成员或行外人士拥有更多体裁知识和更熟练的运用能力；（4）职场人士经常运用体裁资源在构建社会公认的交际目的框架内来表达私人和机构的意图；（5）行业体裁是行业与组织文化的体现；（6）行业体裁自成一体，通过组合文本、话语和语境因素来识别。

体裁分析具有明确目的（Bhatia，1993）：（1）理解并解释话语世界中的现实，增加体裁理论深度；（2）理解职业体裁的"个人意图"，增加体裁理论的效度；（3）理解如何在特定职业文化中通过话语实践建构个人、组织、职业和社会身份；（4）理解职业边界如何通过话语实践得到厘清；（5）从社会批评视角研究作为行动的话语，基于文本，超越文本，但不脱离文本；（6）为教学提供有效的解决方案，促进教育界与行业的合作；（7）协调话语实践与职业实践之间的相互影响。

3.1.2　经济体裁分析方法

体裁分析常用 5 种方法（Bhatia，2008），也适用于经济体裁分析：

第一，经济体裁的文本分析。运用文本知识分析话语的表层特征，包括话语的形式与功能，如语音、词汇、语法、语义、句间衔接和文本结构、已知和未知信息、主位和述位以及信息结构，只考虑狭义的语境和文本内部特征，特别是修辞语步、话语策略、组织规律性、互文性和话语间性的语境赋值。

第二，经济体裁的社会认知分析。运用体裁知识分析和解释话语在企业机构与职场中的理解和运用，话语共同体成员如何充分运用话语资源，作出各种修辞语境的回应。考查语言运用的策略，尤其是互文性。

第三，经济体裁的行业分析。将体裁概念扩展至商务实践，运用专业知识分析话语。不但要求体裁知识，还要求专业知识和行业实践经验。研究专业人士如何运用专业知识维持和控制体裁，实现职业目标。

第四，经济体裁的人类学分析。运用人类学知识分析体裁。体裁运用的典型语境是话语共同体，分析焦点从文本特征转向话语共同体特征，如参与者的身份变化、体裁维持、社会结构与职业关系的变化。

第五，经济体裁的社会批评分析。运用社会批评话语分析方法，从社会、权力、阶层、平等、种族、性别、意识形态等角度开展批评分析。

3.2 概念隐喻视角

3.2.1 隐喻理论流派

1. 认知隐喻观

概念隐喻理论由 George Lakoff 和 Mark Johnson 在 1980 年出版的《我们赖以生存的隐喻》中提出。Lakoff & Johnson（1980：26）认为，"隐喻存在于人类的语言和思维中，人类的概念系统实际上就是建立在隐喻基础之上"。隐喻的实质就是用一种事物（源域）去理解另一种事物（目标域），概念隐喻主要包含源域和目标域。概念隐喻的工作机制就是将源域的部分特征系统地映射到目标域上，源域概念和目标域概念之间存在的一系列对应关系就是映射。这种映射基于人类的生理结构和生活经验，是从源域到目标域所产生的结构相关性。这种映射是发生在概念层次的单向映射，目的是通过具体的、有形的、易于理解的源域概念来理解抽象的、无形的、难以理解的目标域概念。这种映射受到恒定原则的制约：隐喻映射以一种和目标域的内在结构相吻合的方式保留了源域的意象图式结构。在映射过程中，源域的结构被映射到目标域只是表达了目标域的部分结构，对目标域进行部分的理解。因此，利用多个源域来理解同一个目标域在结构上构成了一个和谐一致的网络体系（吴莉、张长青，2017）。

概念隐喻分为三类（Lakoff & Johnson，1980）：结构隐喻，指用一个概念建构另一个完全不同的概念，分别为实体对应和关系对应，具有系统性和不对称性特征；实体隐喻，指以较具体的实体和物质来体验较抽象的事件、活动、感情、想法等，实体隐喻的经验基础来源于人们对客观实物的感知；方位隐喻，也称为空间隐喻，目标域是人们间接抽象的经验，而源域是基于意象图式的空间经验。

隐喻理论认为（Lakoff & Johnson，1980：3）：（1）隐喻不是词语的属性，而是概念的属性；（2）隐喻的功能在于更好地理解某些概念，而不是仅仅在于达到某种艺术或美学目的；（3）隐喻通常不是以相似性为基础的；（4）隐喻是普通人日常生活常用的表达方式，而不仅仅是具有特殊才能的人所使用的表达方式；（5）隐喻绝非是一种多余的东西，它是令人愉快的修饰语言，更是人类思维和推理的不可避免的过程。

隐喻的话语动态系统理论（Cameron & Maslen，2010）认为，话语是不断变化着的复杂动态系统，包括语言使用、意义、语境这些元素。从话语系统内部来看，交际者的话语活动是复杂的语言系统、认知系统、物理系统等多个子系统相互作用的结果。从话语系统外部来看，交际者的局部话语活动与更宏观的环境、社会、文化网络紧密相关。随着交际者不停地"贡献"自己的话语和思想，话语动态系统也在调适、发展中。基于隐喻的话语动态框架，隐喻分析首先要寻找隐喻，识别隐喻载体。识别过程以语义冲突（incongruity）和语义转移判断隐喻（Cameron & Maslen，2010）。语义冲突指隐喻词或短语与当前话语主题不一致，语义转移指隐喻载体词在指称上从基本意义到语境意义的变化。"基本意义指更具体容易成像和五官能感觉到的意义，与身体动作相关且已存在很久，但不一定频率最高的意义"（Pragglejaz Group，2007：33）。语义转移常常体现为具体化、拟人化、非拟人化三类。

2. 社会隐喻观

社会隐喻观（Steen，2011）认为，随着隐喻研究的不断发展以及其他学科如功能语言学、话语分析、经济学的介入，认知语言学的隐喻观显得日益狭隘。认知观妨碍了充分理解隐喻使用的交际层面，只强调隐喻使用的心理学视角，忽略符号学和社会学功能。对隐喻的认识应从"思维方式"转变为"语言使用、思维方式和交际功能"。社会隐喻理论强调三平面模式：语言、思维和交际。

概念隐喻具有 13 种常见功能（Goatly，1997）：填补空缺词汇功能（lexical gap-filling）、解释 / 模型化功能（explanation/modelling）、再概念化功能（reconceptualization）、行动或解决方案引发功能（metaphorical calls to action or problem-solving）、语篇结构功能（textual structuring）、强化可记忆性、突显与告知功能（enhancing memorability, foregrounding and informativeness）、类推争辩功能（argument by analogy or false reasoning）、潜在意识形态功能（ideology, the latent function)、情感态度表达功能(expressing emotional attitude)、掩饰与修饰功能(decoration, disguise and hyperbole)、亲密关系建立功能(cultivating intimacy)、幽默与游戏功能(humour and games)、虚构功能(fiction)。

社会隐喻观关注语言、思维和交际中的隐喻如何在文学艺术、组织管理、卫生健康、教育科学、政治政府、宗教法律等专业话语领域中运作。隐喻如何在交际者之间、在话语事件内部或多个话语事件之间形成、发展、共享、传递、利用、转化。社会隐喻分析形成了四类隐喻模式:官方隐喻模式、竞争隐喻模式、隐含型隐喻模式、突现型隐喻模式。

我们对 CNKI 和 WOS 核心期刊论文检索,以"概念隐喻"作为CNKI 主题检索项和"conceptual metaphor"作为 WOS 关键词检索项,时间跨度为"2000—2020",经人工筛查排除主持人语、会讯、书评、征稿等,最终获得 1715 篇有效文献(其中国内文献 826 篇、国外文献889 篇)。

Top 20 Keywords with the Strongest Citation Bursts

Keywords	Year	Strength	Begin	End	2000−2020
collaboration	2000	2.43	2002	2013	
biology	2000	2.33	2002	2008	
care	2000	2.96	2003	2012	
cybernetics	2000	3.25	2005	2007	
complexity	2000	2.36	2005	2011	
system	2000	4.77	2010	2016	
image schema	2000	2.37	2010	2011	
knowledge	2000	3.68	2011	2015	
science	2000	3.5	2012	2015	
model	2000	2.88	2012	2014	
fmri	2000	2.38	2012	2013	
idiom	2000	2.55	2013	2016	
climate change	2000	2.56	2015	2017	
emotion	2000	3.09	2016	2017	
discourse	2000	2.49	2016	2017	
english	2000	3.44	2017	2018	
future	2000	3.24	2017	2018	
image	2000	2.66	2017	2018	
word	2000	2.48	2018	2020	
cognition	2000	2.34	2018	2020	

图 3-1　国外概念隐喻研究关键词引文突现历年分布

表 3-1　国外概念隐喻研究关键词中心度排序

序号	关键词	中心度
1	analogy	0.30
2	conceptual metaphor	0.26
3	brain	0.22
4	activation	0.22
5	neuro-science	0.20
6	complexity	0.18
7	behavior	0.16
8	metaphor	0.15
9	language	0.14
10	diversity	0.12
11	model	0.09
12	identity	0.09
13	performance	0.09
14	embodiment	0.08
15	English	0.08
16	climate change	0.08
17	biology	0.08
18	representation	0.07
19	comprehension	0.07
20	frame	0.07

　　国外概念隐喻文献引文突现（图 3-1）和中心度分析（表 3-1）显示，国外概念隐喻研究重点涉及"类比""概念隐喻""大脑""激活""脑科学""复杂度""行为""隐喻""语言""多样性"等。

　　国内概念隐喻文献引文突现（图 3-2）和中心度分析（表 3-2）显示，2000—2020 年，概念隐喻理论重点涉及"概念隐喻""体验哲学""中医学""映射""意象图式"等理论。概念隐喻研究重点涉及"混杂隐喻""多模态隐喻""习语""语法隐喻""概念转喻""隐喻识解""容器隐喻""方位隐喻"等话题。这些关键词的中心度较高，受到重点关注，成为研究重点。中心度与节点重要性成正比。

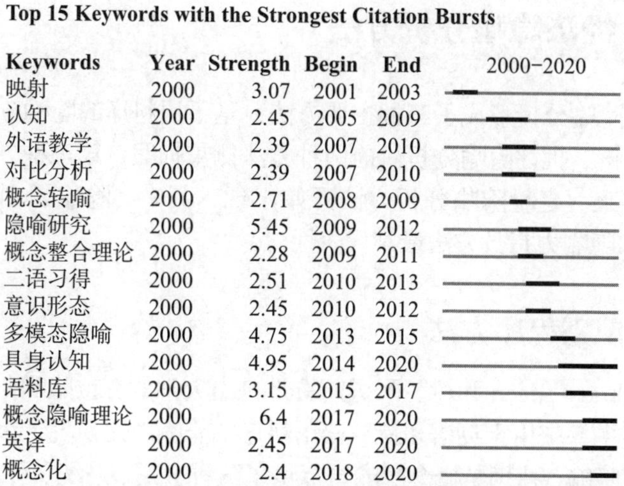

Top 15 Keywords with the Strongest Citation Bursts

Keywords	Year	Strength	Begin	End	2000–2020
映射	2000	3.07	2001	2003	
认知	2000	2.45	2005	2009	
外语教学	2000	2.39	2007	2010	
对比分析	2000	2.39	2007	2010	
概念转喻	2000	2.71	2008	2009	
隐喻研究	2000	5.45	2009	2012	
概念整合理论	2000	2.28	2009	2011	
二语习得	2000	2.51	2010	2013	
意识形态	2000	2.45	2010	2012	
多模态隐喻	2000	4.75	2013	2015	
具身认知	2000	4.95	2014	2020	
语料库	2000	3.15	2015	2017	
概念隐喻理论	2000	6.4	2017	2020	
英译	2000	2.45	2017	2020	
概念化	2000	2.4	2018	2020	

图 3-2　国内概念隐喻研究关键词引文突现历年分布

表 3-2　国内概念隐喻研究关键词中心度排序

序号	关键词	中心度
1	认知语言学	0.56
2	认知	0.54
3	隐喻	0.39
4	概念隐喻理论	0.37
5	概念隐喻	0.34
6	体验哲学	0.30
7	中医学	0.22
8	映射	0.17
9	意象图式	0.15
10	混杂隐喻	0.15
11	多模态隐喻	0.14
12	习语	0.12
13	语法隐喻	0.11
14	概念转喻	0.11
15	隐喻识解	0.11
16	容器隐喻	0.11
17	方位隐喻	0.11
18	时间隐喻	0.09
19	体验认知	0.08
20	理解	0.08

3.2.2　经济隐喻分析方法

经济隐喻分析形成了三种主要方法：基于语料库的隐喻分析、多模态隐喻分析、批评隐喻分析。前两种方法侧重描写，第三种方法偏重解释。近年来，定量隐喻分析方法开始出现，其中，隐喻识别程序方法（MIP）和隐喻力指数方法最具代表性。

1. 隐喻识别程序方法

由 Gerard Steen 和荷兰阿姆斯特丹自由大学的五位隐喻研究专家共同研发，主要应用于英语和荷兰语语料库的隐喻对比研究，为识别话语中的语言隐喻，特别是概念隐喻词提供了一种实用、系统、可靠的方法。该方法的具体流程如下：

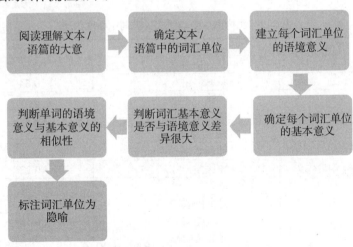

图 3–3　隐喻识别程序（MIP）(Steen, 2010)

2. 隐喻力指数方法

如图 3–3，孙亚和钱玉彬（2018）介绍了隐喻力指数（Metaphor Power Index，MPI）测量方法（Christ de Landtsheer，2015）。隐喻力指数由隐喻频数指数（Metaphor Frequency Index，MFI）、隐喻密度指数

（Metaphor Intensity Index，MII）和隐喻内容指数（Metaphor Content Index，MCI）三者相乘得出。研究发现 MPI 能够反映整体经济环境，金融危机时期的 MPI 数值要远高于非危机时期，MPI 数值与失业率、国债等经济指标正相关，与国民生产总值、消费者信心负相关。

表 3-3　隐喻力计算方法（孙亚、钱玉彬，2018）

指标	隐喻频数指数	隐喻密度指数	隐喻内容指数
计算方法	MFI=nme·100/now	MII =（1w+2a+3s)/nme	MCI =（1P+2N+3T+4V+5D+6B)/nme ·
相关变量	隐喻总数、词汇总数	弱隐喻、中度隐喻、强隐喻、隐喻总数	常见隐喻、自然隐喻、技术隐喻、暴力隐喻、戏剧隐喻、身体隐喻、战争隐喻、隐喻总数
隐喻力指数	MPI = MFI · MII · MCI		

3.3　叙事分析视角

3.3.1　叙事分析理论流派

1. 叙事理论

叙事指"一种通过将言语序列的句子与实际发生的事件序列相匹配来重述过去经验的方法"（Labov，1972: 359）。西方人文社会科学在 20 世纪 70 年代末开始经历"叙事转向"。20 世纪 80 年代，受到当时激进氛围的影响，文学批评被视为政治斗争的工具，叙事研究随之处于低谷。但 90 年代后，西方文学界出现了"叙事学的小规模复兴"（Herman，1999），逐渐发展壮大，形成了以后经典或后现代叙事理论为代表的"新叙事理论"，主要包括修辞叙事学（Phelan，1996；Walsh，2007）、认知叙事学（Herman，2014；Jahn，1997）、非自然叙事学（Alber et al.，2012；Richardson，2006）、跨 媒 介 叙 事 学（Herman，1999；

Ryan & Grishakova，2010）、女性主义叙事学（Lanser，1992，2015）五大派别。

叙事分析（narrative analysis）是话语分析的一个分支，早期以文学、神话、新闻和历史作品的"故事"叙事（story telling）为主，经历了传统的形式结构主义、后结构主义和社会建构主义三个发展阶段，将语言本身看作是历史或现实的社会现象，语言的重要作用在于建立对意义的诠释和理解，多使用语言学的分析框架，比如分析语词、语法、语义、语境、转喻、隐喻等。认为"社会现实"是由各方不断协商、交往和辩证对话共同构建而成。研究的切入点应该落实在故事中叙事者的表达内容、表达方式，以及结构如何反映叙事者的意图、身份建构和诠释其行动等主题，分析更加侧重揭示叙事的结构、形式、和个人对意义的理解，以及由叙事构建的"实在"或阐述的"故事"如何为个体或群体创造共享意义并转化为行动的动力。

2. 叙事经济学

叙事经济学是叙事学与经济学交叉产生的跨学科研究领域。Shiller（2017）提出叙事经济学（narrative economics），指那些容易引起人们兴趣和情绪的热门叙事、故事的传播和动态，及其随着时间变化对经济波动的影响。21世纪初，经济金融领域开始出现"叙事转向"（Beattie，2014；Gabriel，2004），研究重点从早期的财务信息披露文本的可读性（Morton，1974；Soper & Dolphin，1964），发展到财务叙事文本的沟通功能和操控功能（Adelberg，1979；Aerts，1994；Beattie & Jones，2000），再到采用自然语言分析技术对财务叙事文本中客观的语言特征与公司的具体特征（如业绩）开展大规模实证研究（Beattie，2014；Core，2001；Li，2008）。Beattie（2014）指出，叙事经济学以叙事分析理论为基础，将语言本身看作是历史或现实的社会现象，多以语言学的分析框架为基础，并注重不同理论的融合，认为"社会实践"是由各方不断协商、交往和辩证对话共同构建而成，如Livesey（2002）结合修辞分析和福柯话语分析来考察埃克森美孚公司公共关系广告对气候变化的影响。

3. 叙事经济研究重点

叙事经济学主要关注以下五个方面：

第一，叙事的内容是什么，多运用包括内容分析、语言分析和批判话语分析在内的实证研究方法，考察经济语境中的语言属性，如语义、句法特征。传统的内容分析关注文本的话题、数量和特性，基于自然语言处理的内容分析关注文本的可读性、生动性、说服力、语气和归因性（使有意义和赋予意义）。

第二，如何解释观察到的叙事实践，也就是叙事背后的动机和决定因素，可以从宏观、中观、微观三个层面来解释。微观层面关注个体，中观层面关注机构或行业，宏观层面关注国家效应，如经济、制度、政治、文化因素等，每个层面的研究都可以进行实证的信息披露研究或批判叙事研究，如微观层面通过信息披露考察管理风格对盈利预测披露的影响（Bamber et al.，2010），宏观层面考察与宗教相关的社会规范对企业年报质量的影响（Dyreng et al.，2012）。微观和中观层面的批判叙事研究关注特定文本，宏观层面关注话语和社会秩序之间的关系。

第三，作者 / 叙事者对叙事实践的解读，关注叙事者采用某种特定方式叙事的原因，如叙事者的表达内容、方式和结构如何反映叙事者的意图、身份建构和诠释其行动等，侧重揭示叙事的结构、形式和个人对意义的理解。

第四，叙事实践的结果，如叙事内容和其他变量之间的关系，既可以是微观层面的个案研究，也可以是中观层面的关于资本市场、财务危机、信用等级、非资本市场效应（企业形象、声誉、合法性、信任）等方面的研究，或者是宏观层面的对社会的批判话语研究。

第五，叙事中应该包含的内容，即标准化陈述，这可以为政策制定提供依据。

4. 叙事的经济影响

1）经济叙事质量影响公司管理

国外许多研究关注财务叙事对公司管理的影响。公司内部管理涉及计划、组织、人事、激励和控制五个领域；外部管理涉及公司形象和声誉的维护。语言决定组织管理与沟通的效率，构成了信息传递与披露的基础，对组织构建起到关键作用（Brannen et al.，2014；Mughan，2015；Piekkari & Tietze，2011）。而财务叙事是企业特有的话语资源，以何种特定的话语方式和策略建构意义，对公司内部和外部管理影响很大，包括财务叙事在组织管理三角模型中的作用与影响，话语对企业领袖领导力的影响，以及对公司治理的影响。从话语分析的角度看，组织管理是"在特定社会和组织情境下，人们以实现预期目标为导向来创造、生产和传播话语，形成理解与意识/意图，并以此影响他人行为的一系列话语实践活动"（吕源、彭长桂，2010）。财务叙事研究超越了传统研究只关注组织实体结构和行为的狭隘视角，从叙事学的故事、话语、叙述三个层面展开，为组织管理和财务研究提供了全新的角度和方法。

2）经济叙事质量影响信息披露与投资决策

信息披露或沟通是上市公司年报的基本功能之一，早期主要以公司财务报表和其他数据信息为依据，对公司的经营成果、财务状况及其变动情况进行分析。近年来，由于各种财务丑闻和金融危机的出现，财务报告的"质量"受到了广泛关注。这里的"质量"涵盖了会计数据的质量（收益质量）和财务文本文字的质量，即叙事的质量，两者都受到审计质量的制约（Beattie，2014）。叙事等非财务信息越来越受到重视，叙事通过"讲故事"，挖掘信息披露过程中的软性细节或情节，传递文本情感倾向，实现自利性归因和印象管理，向股东、股民和利益关联方传递公司经营状况、财务管理、价值观和文化、企业未来趋势等重要信息，实现话语资源对企业绩效和资本市场收益的预期。

研究发现，公司年报叙事成为影响投资和决策的重要因素。年报叙事存在主观和操控成分，通过词语选择、搭配、词语互文联系，以及语篇结构引发外部行为，对股东、投资方、公众等产生影响。财务研究更关注财务报表数据，揭示财务报告中的定量财务数据对市场和市场参与者的影响（Ball & Brown，1968；Francis et al.，2002）。近年来，财务话语的研究重点开始转向定性的叙事方法对投资者判断和决策的影响，这些叙事方法往往与财务数据同时发布。与财务数据相比，财务叙事的方式或手段会对投资者的判断和决策产生更大的影响（Merkl-Davies & Brennan，2007）。从叙事学角度，财务报告中的人物话语是叙述语言的次语言。由于财务报告引导性功能的增强，其中人物话语，尤其是总裁话语，将会对目标读者产生一定的影响。因此，如何有选择性地对人物话语进行叙述和怎样叙述颇为重要，可能影响到财务报告信息披露内容和质量，进而影响目标受众的经济选择或投资决策。由此可见，话语的经济力量不容小觑。

3）经济叙事质量影响企业形象与身份构建

企业年报叙事分析遵循一套操作规范，如对叙事主题、结构、形式和脉络的分析，主要以质化研究为主，量化方法为辅，分析对象主要以文字、文本或与文字有关的传播或媒介材料为主，反映出财务叙事不同的策略和模式及其对公司内部管理以及外部形象树立的影响。近年来，财务叙事通过不同角色，如女性员工或领导者，以不同的故事情节，如就业、公司治理，传达出不同的观点或主题。这种方式增强了财务报告的客观性与可读性，提高了信息披露的质量和效果，不失为公司年报的一种新策略、新模式。有国外学者指出（Eshraghi & Taffler，2013；Gabriel，2000；Hansen & Kahnweiler，1993），西方企业界正盛行"财务故事报告"，即将企业年报尽可能地故事化。这种财务报告"软着陆"的处理方式不仅指从严肃和严谨的财务会计信息披露中挖掘软性内容，还指叙事策略和模式的改进，即通过"讲故事"构建意义，一改财务报告刻板无趣的印象，引起受众的阅读兴趣，进而对企业内部管理和外部形象树立产生正面和积极的影响。

3.3.2 经济叙事分析方法

吕源和彭长桂（2012）指出，叙事分析属于后现代主义范式，将语言本身看作是历史或现实的社会现象，而且语言的重要作用在于建立对意义的诠释和理解，而非对"客观实在"的直接反映。叙事分析以社会建构主义（social constructivism）为研究范式，即认为"社会实在"是由各方不断协商、交往和辩证对话而共同构建而成。既然如此，研究的切入点应该落实在"故事"中叙事者的表达内容、表达方式，以及结构如何反映叙事者的意图、身份建构和诠释其行动等主题。

早期叙事分析主要属于质化研究。近年来叙事分析也开始引进量化分析方法。叙事分析揭示叙事者（个体或群体）如何通过叙事构建历史或现实，显示隐含在叙事内容和形式中的复杂和隐性知识、决策过程的内部视角以及叙事策略对人际沟通与信息传递的影响等。叙事分析从方法上说有一整套的规范和叙事程序，包括故事叙说（story telling）、誊写（transcribing）和分析（analyzing）三大步骤。"故事"来自直接观察、访谈材料、对话、口语或文字材料（包括笔记、笔记或日记）以及历史文献，可以由单篇或多篇材料构成。叙事分析方法都大量地使用语言学的分析框架，比如分析语词、语法、语义、语境、转喻、隐喻等语言要素（吕源、彭长桂，2012）。

经济叙事研究主要采用定量和定性方法，运用量化语料库分析和质性批判话语分析相结合的混合式研究方法。语料库方法可以有效识别具有统计显著性的文本特征，为之后的话语分析提供数据支持，编写自然语言处理公式则可以挖掘经济叙事中的不对称信息。质性话语分析可以发现经济叙事中的欺诈性、逃避性、不确定性和模糊性等深层次特征。

3.4　印象管理视角

3.4.1　印象管理理论流派

印象管理理论是我们进行话语分析的基础。印象管理这个名词最早由 Goffman（1959）提出，他通过区分每个人扮演的角色，对印象管理行为实施过程中参与者的立场加以分别。他并没有针对这样的印象管理行为作出所谓的道德或规范的批判，只是单纯客观地分析表演者的行为动机，及其所采用的行为模式。之后大部分探讨印象管理行为的学者都根据 Goffman（1959）的看法来对印象管理进行延伸的研究，不同学者对印象管理有不同的看法（Baumeister，1982；Leary & Kowalski，1990；Schlenker，1981，1985；Tetlock & Manstead，1985）。总体来讲，他们对印象管理的定义都包含了两个不同的成分或过程：（1）个体试图控制他人对自己的印象的愿望或动机，称之为印象动机；（2）个体决定给他人产生什么样的印象及如何产生这种印象，称之为印象建构。由此可见，印象管理是指人们试图控制他人对自己形成的印象的过程。人们留给他人的印象表明了他人对自己的知觉、评价，甚至会使他人形成对自己的特定的应对方式。为了给别人留下好的印象，得到别人好的评价与对待，人们会用一种给他人造成特定印象的方式产生行为。

印象管理是经济话语的管控手段，当经济发展面临各种困难（如金融危机、丑闻、并购等）和重大变革时，如何有效运用印象管理来操控读者，使他们对经济形势和资本市场保持信心至关重要。李琳（2014）认为，印象管理是公司管理层利用语言信息的特点和相应法律法规的空白，有意识地操纵语言信息披露的内容和形式，试图控制公司信息主要接受者（投资人、债权人、政府机构、供应商及一切利益相关人）对公司的印象，从而最终影响他们投资决策的行为。语言信息的灵活程度决定印象管理行为操纵空间的大小。企业信息披露制度以强制性披露为主、自愿性披露为辅。由于强制性披露的信息以数据信息为主，且具体的披露内容与格式有严格规定，印象管理的操纵空间较小；而自愿性披露的信息以语言信息为主，且披露的内容与格式没有相关规定，印象管理的操纵空间较大，因此，可以推断印象管理行为主要存在于自愿性信息披露中。

3.4.2　企业话语印象管理方法

企业年报话语中的印象管理策略可分为以下六类：（1）可读性操控；（2）措辞操作；（3）主题操作（着重强调积极含义词汇或积极信息）；（4）可视化与结构性操作；（5）财务指标选择以及（6）组织结果归因（Merkl-Davies & Brennan，2007）。

隐藏（concealment）和归因（attribution）是最常用的两大类印象管理策略。隐藏通过强调好消息和弱化坏消息实现，强调好消息一般通过操纵语言和数据信息实现，比如强调积极情感词、积极性评价主题和积极的财务业绩等。隐藏坏消息通过操纵语篇可读性和使用各种修辞手法或说服性语言掩盖。

自利性归因就是将好的结果归功于自己自身的努力，将不理想的结果归咎于无法人为控制的外部因素，如竞争者、机会或外部环境。企业年报中的自利性归因是指当管理层分析公司运营状况的原因时，他们会倾向于把良好的业绩归功于自身高瞻远瞩的管理技巧，而把不理想的业绩归因于糟糕的外部经济环境。管理层容易将成绩归功于自己，而避免承担失败的责任。过度的自利性归因也很容易被信息阅读者发现，如果他们对管理层产生了信用危机，那么公司的利益也会因此受到损害。利益相关者的信用危机也会波及其他客观的信息披露语言，这将降低公司外部信息交流的效率，不利于公司长远发展。

一些研究发现，管理层与投资者之间永远处于博弈状态，所以当公司试图通过印象管理影响投资者决策的时候，他们的股价会产生相应的波动，这种现象的产生并不是单向的。Kimbrough & Wang（2013）发现，业绩不好的公司在以下两种情况会得到利益相关者的原谅：一是同行业的公司业绩都不尽如人意；二是尽管业绩下降，公司的每股利润依然和市场平均水平持平。而公司的自利性归因也只有在以下两种情况会获得正面的市场收益：一是远远超出同行业公司的业绩；二是他们的每股利润与市场行业共同性较少。也就是说，市场会对企业的印象管理行为做出反应，但是不会单向的、轻易的接受。投资者也会通过将公司与市场上其他从业者的业绩作出比较，从而判断自利性归因的程度。

3.5　文本情感分析视角

3.5.1　文本情感分析理论

文本情感分析又称文本情感倾向性分析或者意见挖掘，是通过对文本、音频和图像等带有情感色彩的主观性文本进行分析、处理和抽取，以获取人们的观点、看法、态度以及情感的过程。信息技术和互联网的发展产生了海量文本数据，用户在社交平台上分享生活，发表对社会事件的看法，微博、Twitter 等社交媒体成为实时的公共舆论池，而购物平台的商品评论信息也为消费者选购商品带来极大便利（钟佳娃等，2021）。由于文本创建者的个人立场与偏好，文本也相应表现出对各类事件、产品、人物的情感色彩。这些评论文本中蕴藏着巨大价值，但要依靠人工对海量文本情感进行采集、处理、分析、预测是不切实际的，因此，利用计算机自动处理，快速获取其中有价值的信息成为人们的迫切需求（马晓玲等，2013）。文本情感分析研究正是在这个大背景下产生的，它是一个多学科综合领域，涵盖了包括自然语言处理、文本挖掘、信息检索、信息抽取、机器学习和本体学等多个领域。按其处理文本的类别，可分为基于产品评论的情感分析和基于新闻评论的情感分析；按其研究的任务类型，可分为情感分类、情感检索和情感抽取等子问题。基本流程包括原始文本爬取、文本预处理、语料库和情感词库构建以及情感分析结果等。

文本情感分析主要包括两类研究任务，一是对主客观文本进行区分，降低对情感文本的噪音影响，提高情感分析性能；二是对主观性文本进行情感分类（杨立公等，2013）。根据情感划分的粒度，包括：（1）二元分类，主要指积极情感/消极情感；（2）多元分类，根据人们情绪表达进行细分，将情感分为"快乐、悲哀、褒扬、贬斥、信心和意外"等十大类（杨小平等，2017）。根据文本划分的层次粒度，包括面向深层次语义对象的细粒度情感分析和面向词语、句子和篇章的粗粒度情感分析。词语级和句子级的分析可以确定文档中语句的情感倾向，篇章级的分析则是针对语料中的对象或实体进行更细粒度的情感分类。

1. 词语级

词语的情感是句子或篇章级情感分析的基础，主要集中在对文本正负极性的判断。词语的情感分析方法可归纳为三类：（1）基于词典的分析方法；（2）基于网络的分析方法；（3）基于语料库的分析方法。基于词典的分析方法利用词典中的近义、反义关系以及词典的结构层次，计算词语与正、负极性种子词汇之间的语义相似度，根据语义的远近对词语的情感进行分类。基于网络的分析方法利用万维网的搜索引擎获取查询的统计信息，计算词语与正、负极性种子词汇之间的语义关联度，从而对词语的情感进行分类。基于语料库的分析方法，运用机器学习的相关技术对词语的情感进行分类。机器学习的方法通常需要先让分类模型学习训练数据中的规律，然后用训练好的模型对测试数据进行预测。

2. 句子级

由于句子的情感分析离不开构成句子的词语的情感，其方法划分为三大类：（1）基于知识库的分析方法；（2）基于网络的分析方法；（3）基于语料库的分析方法。我们在对文本信息中句子的情感进行识别时，通常创建的情感数据库会包含一些情感符号、缩写、情感词、修饰词等等。我们在具体的实验中会定义几种情感（生气、憎恨、害怕、内疚、感兴趣、高兴、悲伤等），对句子标注其中一种情感类别及其强度值来实现对句子的情感分类。

3. 篇章级

篇章级别的情感分类是指定一个整体的情绪方向／极性，即确定该文章（例如，完整的在线评论）是否传达总体正面或负面的意见。在这种背景下，这是一个二元分类任务。它也可以是回归任务，例如，从 1–5 星级的审查推断的总体评分。也可以认为这是一次五级分类任务。我们可手动创建模糊情感词典，对经济话语、经济叙事或商业评论进行情感分析。定义情感种类，在模糊情感词典中标注情感类别及其强度。每个词语可以属于多个情感类别。在实验中，可以对比采用词频、与长度相关的特征、语义倾向、情感 PMI—IR、强调词和特殊符号等不同特征时的结果。最后对文章的主动性／被动性和积极性／消极性进行判断。

文本情感分析发展至今，也暴露出一些问题：一是文本特征维度过高，导致维度灾难。大数据时代的文本数据量越来越多，文本情感分析的维度特征越来越多。近些年出现降维分析方法，将文本特征使用尽可能少的特征或者合并部分相似特征，形成主题，如使用词嵌入方法，使用低维特征表示。 二是文本中词语存在语义模糊和情感歧义。词语的语义模糊主要是词汇的一词多义现象造成的。三是文本语境特征与情感特征缺失。目前常用的向量空间表示模型、主题模型等是通过文本语料中词的出现与否，或者词与词之间的共现情况来表达文本特征，这仅仅是词的语义特征，并没有很好地表达词与词之间的上下义关系以及词本身的情感倾向性特征。

3.5.2 经济话语情感分析方法

1. 经济文本情感分析方法

经济文本情感分析常用以下四类方法：关键词识别、词汇关联、统计方法和概念级技术。关键词识别是利用文本中的定义明确的情感词（affect word）。词汇关联除了侦查情感词外，还考察一个词汇和某项情绪倾向的"关联"值。统计方法通过潜在语义分析（latent semantic analysis）、支持向量机（support vector machine）、词袋（bag of words）等机器学习方法。概念级算法思路权衡了知识表现的元素，比如知识本体（knowledge ontology）、语义网络（semantic network），考察文字间比较微妙的情绪表达，分析一些没有明确表达的概念。文本情感分析主要包括有监督学习、无监督学习方法、半监督学习方法以及深度学习网络方法。

1）有监督学习方法

这是经济文本情感分析的主流方法，代表性的分类方法包括贝叶斯、支持向量机、最大熵分类器等。先对经济文本语料进行标注极性，然后将其拆分为训练集和测试集，对于训练集，大多是采用词集或者词袋模型，将文本单元作为词语的集合，以其中的单词、词性或者多词为经济文本特征进行训练，得到分类模型，最后使用测试集对分类模型的性能进行测试。基于监督的情感分析由于需要大量人工标注样本，正确率会随着标注样本量增加而降低。经济文本进行大量的人工标注需要耗费大量人力成本。

A. 情感检索

情感检索是从海量文本中查询到观点信息，根据经济主题相关度和经济观点倾向性对结果排序，主要有两个任务：（1）检索和查询相关的文档或句子；（2）对检索的相关文档或句子排序，确定文档和句子是否表达了观点，以及观点是正面或是负面的。目前情感检索实现方法有两种：一是主题相关的文档检索，对结果进行情感分类；二是同时计算主题相关值和情感倾向值。

B. 情感抽取

在实际应用中，把句子或篇章作为一个整体进行情感倾向识别是不够的，需要更精细的自然语言处理底层技术分析方法，深入句子内部，抽取评价者、评价对象、评价词等信息单元，抽取经济文本中有价值的情感信息，判断一个单词或词组在情感表达中扮演的角色，包括情感表达者识别、评价对象识别、情感观点词识别等。在情感信息抽取中，研究最多和最有价值的是评价对象及与之相匹配的评价词这一组合的抽取，构建领域相关的主题词表和情感词表。主要采用两种方法：一是基于规则／模板的方法，二是基于统计的方法（马晓玲等，2013）。在经济类评论中，观点持有者通常是文本的作者或者评论员，观点持有者抽取比较简单。对于财经新闻文章，观点持有者一般由机构名或人名组成，所以可采用命名实体识别抽取。评价对象指文本中评价词语修饰的对象，主要限定在名词或名词短语的范畴内，一般使用基于模板和规则的方法抽取。

2）无监督学习方法

无监督学习方法主要包括基于情感词典匹配、语义模式匹配和混合方法。基于情感词典匹配的方法最关键的是情感词典，情感词典的构建包括四类词：通用情感词、程度副词、否定词、领域词，可以利用已有电子词典扩展生成情感词典。英文词典采用 WordNet 的扩充，在种子形容词词表基础上，利用 WordNet 中词间的同义和近义关系判断情感词的情感倾向，来判断观点的情感极性。中文词典采用知网 HowNet 扩充，利用语义相似度计算词语与基准情感词集的语义相似度，推断该词语的情感倾向。此外，还可以建立专门的领域词典，提高情感分类的准确性。无监督学习方法有基于词向量的新词方法，使用 word2vec 训练词向量，将余弦相似度作为词语情感倾向性的判别依据。

基于语义的情感词典的倾向性计算不同于所需大量训练数据集的机器学习算法，主要是利用情感词典及句式词库分析文本语句的特殊结构及情感倾向词，采用权值算法代替传统人工判别或仅利用简单统计的方法进行情感分类。给情感强度不同的情感词赋予不同权值，然后进行加权求和。一般情况下通过确定阈值来判断文本倾向性时，加权计算结果为正是正面倾向，结果为负是负面倾向，得分为零无倾向。所得结果评价一般使用正确率、召回率和 F 值来体现。

语义模型匹配方法主要是通过文本的语义特征，归纳语义模型分析文本的情感倾向。前提是要先构建语义模式库，并为相应模式赋予对应的情感极值。该方法一般与情感词典法混合使用。无监督学习的情感判别由于种子集难以选择、单词之间的情感相似度难以准确计算等问题，无监督学习方法应用不多。

3）半监督学习方法

由于有监督学习需要大量标记文本、无监督种子集选择困难，目前多采用半监督学习方法。半监督学习方法通过少量标注样本和大量无标注样本进行训练，实现情感倾向性分析。目前有一种基于对偶系统的半监督情感分类方法，在半监督学习挑选未标注样本的过程中，引入规则的方法以及长度的信息，提高了挑选样本的质量和准确性，提升了分类器的学习速率和正确率。

4）深度学习网络方法

机器深度学习的发展使得文本情感分析中基于深度学习网络的方法逐渐成为主流，该研究方法适用于不同粒度的文本情感分析。循环神经网络（RNN, Recurrent Neural Network）和长短时记忆神经网（LSTM, Long Short Term Memory）可以在词嵌入的同时考虑文本词性影响，在文本分类中应用效果较好。

部寒（2019）采用基于注意力机制的 BiGRU 判决结果倾向性分析模型。GRU（Gated Recurrent Unit）是 LSTM 的一种变体，和 LSTM 同属于 RNN 的改进模型。由于 RNN 在处理序列时具有严重的梯度消失问题，即越靠后的节点对于前面的节点感知能力越低。为了解决梯度消失问题，Hinton et al.（2012）提出了长短时记忆神经网络（LSTM）。而 GRU 作为 LSTM 的变体，对序列数据处理同样非常适合，也是通过"门机制"来记忆前面节点的信息，以此解决梯度消失问题。GRU 运用于文本情感分类时，通常将句子视为序列，词语则是序列的节点，通过 GRU 单元将词语按序进行组合，每个词语会获得其前面词语的信息，最终得到包含整个句子上下文信息的句向量，进而实现文本信息的特征提取。与 LSTM 不同的是，GRU 模型只有两个门，分别为更新门和重置门。由于 GRU 只能得到前向的上下文信息，忽略了后向的下文信息，因此使用双向 GRU 神经网络，即从前后向上同时获取上下文信息，以提高特征提取的准确率。并且 BiGRU 具有对词向量的依赖性小、复杂度低、响应时间快的优点。

文本情感倾向性分析不是基于内容本身，而是按照文本持有的情感、态度进行判断。现有任何机器学习的分类方法都可以用到情感分类中。基于机器学习的情感分类，其大致流程如下：首先，人工标注文本倾向性作为训练集；其次，提取文本情感特征，通过机器学习的方法构造情感分类器；最后，将待分类的文本通过分类器进行倾向性分类。常用的情感分类特征包括情感词、词性、句法结构、否定表达模板、连接、语义话题等，研究者通过挖掘各种不同的特征以期望提高情感分类的能力。常用的特征提取方法有信息增益（Information Gain，IG）、CHI 统计量（Chi-square，CHI）和文档频率（Document Frequency，DF）等。常用的分类方法有中心向量分类方法、K- 近邻（K-Nearest-Neighbor，KNN）分类方法、贝叶斯分类器、支持向量机、条件随机场、最大熵分类器等。

2. 经济文本情感案例分析

现有经济文本情感分析主要借助词表和 General Inquirer、LIWC、Diction 等词典工具或机器学习的方法测量文本情感（Larcker & Zakolyukina，2012；Li，2010；Price et al.，2012）。Yu et al.（2013）建立了

一个熵测度模型来识别情感词，用于对股市新闻进行情感分类，预测股票走势，帮助投资者决策。Kang & Park（2014）将 VIKOR 与情感分析相结合，建立了一套基于网上客户评价测量客户满意度的方法。Henry（2008）运用基于计算机内容分析法，对企业收益公告进行修辞分析，用自建的商务话语情感词表分析语篇情感，发现语篇情感影响市场反应；Loughran & McDonald（2011）针对企业年报话语建立了一套适用于金融行业的情感词表，并将词表与企业收益、贸易量、收益波动、重大缺陷和非预期盈余等相关联；Hájek et al.（2014）运用机器学习和神经网络等计算机方法，并建立预测模型，发现情感特征是财务业绩的重要预测因素之一。

会计金融领域大部分相关研究主要关注经济文本情感倾向度与资本市场收益和企业未来财务绩效的关系（Davis et al., 2012; Demers & Vega, 2010; Feldman et al., 2010; Huang et al., 2014; Li, 2010）。还有部分研究关注文本情感倾向度与企业社会责任表现（Arena et al., 2015; Song et al., 2018）、股东诉讼（Rogers et al., 2011）、企业行为（Ahmed & Elshandidy, 2016; Lopatta et al., 2017）和企业政策（Loughran & McDonald, 2014）等不同非财务指标之间的相互关系。

王立非、部寒（2018）分析中美 50 强上市企业年报情感特征和主题发现，中美企业英文年报的情感倾向值存在显著差异（$t=-6.979$，$df=618$，$p<0.05$），中国企业英文年报的情感倾向值低于美国企业英文年报（均值差 $=-0.25$）。中美企业年报情感倾向值均为正值，两类语篇情感倾向总体都较积极，说明中外企业都体现出年报话语的"波利安娜效应"（Pollyanna Effect），即语篇传达出乐观的信息，使用的积极乐观词汇多于消极悲观词汇（Hildebrandt & Snyder, 1981），从而证明了企业年报信息披露是印象管理的结果。

根据年报话语评价系统中的宏观评价对象类别对提取到的积极情感主题进行分类统计，考察对比中美榜首榜尾企业年报各自如何利用话语表达情感，以影响读者的情感和行为，管理公共印象，实现交际目的。

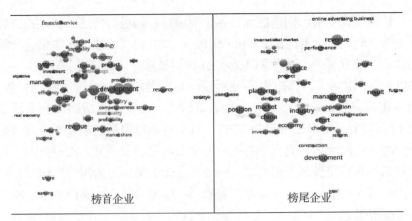

图 3-4　中国榜首与榜尾企业积极情感主题分布（王立非、部寒，2018）

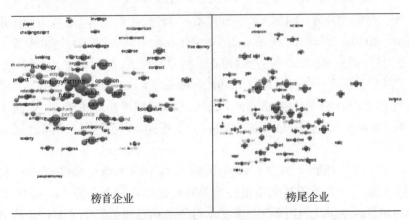

图 3-5　美国榜首与榜尾企业积极情感主题分布（王立非、部寒，2018）

　　对比分析中美企业年报致股东信积极情感主题，对中美企业年报致股东信积极情感主题分布情况进行卡方检验显示，中美企业年报的积极情感主题存在显著差异（能力积极情感主题 $X^2=20.91$，$p<0.001$；活动积极情感主题 $X^2=192.20$，$p<0.001$），中国企业年报的能力和活动主题频数显著高于美国企业年报（能力主题高出 1.99%；活动主题高出 9.61%），而业绩主题占比显著低于美国企业年报（业绩主题低出22.77%）。因此，相比之下，中国企业年报的积极情感资源多用于评价企业活动，而美国企业年报的积极情感资源多用于评价企业业绩。

表3-4 积极情感主题频数分类统计

企业年报	能力		活动		业绩		其他	
	频数	占比（%）	频数	占比（%）	频数	占比（%）	频数	占比（%）
中国榜首企业	445	11.05	1496	36.08	762	17.70	1324	32.88
中国榜尾企业	264	9.10	1003	37.15	464	18.92	1169	40.31
小计	719	20.6	2499	73.95	1226	36.62	2493	73.19
美国榜首企业	547	8.55	1510	32.21	2183	32.02	2578	37.81
美国榜尾企业	440	8.55	1657	32.21	1399	27.19	1649	32.05
小计	987	17.1	3167	64.42	3582	59.39	4227	70.31

对比中国榜首和榜尾企业年报股东致信中的积极情感主题分布情况（图3-4），并进行卡方检验。卡方检验显示，中国榜首与榜尾企业年报致股东信的情感主题分布存在显著差异（表3-4）。具体来说，中国榜首企业的能力、活动和成就主题占比都略高于榜尾企业（榜首和榜尾企业能力积极情感主题 $X^2=6.75$，$p<0.01$；榜首和榜尾企业活动积极情感主题 $X^2=4.69$，$p<0.05$；榜首和榜尾企业业绩积极情感主题 $X^2=9.68$，$p<0.01$）。榜首企业的积极情感资源主要用来描述企业的能力、活动和成就，而榜尾企业将部分积极情感资源用于评价企业能力、活动和成就之外的其他主题，其中可能包括外部环境等，有待进一步考察。但不管榜首还是榜尾企业年报，都是活动主题的占比最高，成就主题次之，能力主题最少，说明中国企业年报的情感主题分布具有较高的一致性，都倾向于对企业活动进行较多的积极评价。

对比美国榜首和榜尾企业年报致股东信中的积极情感主题分布情况（图3-5），并进行卡方检验。卡方检验显示，美国榜首与榜尾企业年报致股东信的情感主题分布存在显著差异（表4）。具体来说，美国榜首企业年报致股东信的积极情感评价对象多集中于企业业绩（榜首和榜尾企业业绩积极情感主题 $X^2=32.34$，$p<0.01$）；榜尾企业年报致股东信的积极情感评价对象多集中于企业活动（榜首和榜尾企业活动积极情感主题 $X^2=-151.90$，$p<0.01$）。说明美国企业年报的情感特征与企业业绩相关，业绩好的企业成就更高，因此，倾向于对成就作出积极评价；而业绩稍差的企业，企业成就也会相对较差，因此积极情感资源多选择以企业活动作为主题。

研究发现，（1）中美50强企业英文年报话语都有积极情感倾向，存在印象管理行为，但是美国企业年报的积极情感倾向高于我国企业年报。（2）我国企业英文年报的积极情感主题多集中于企业活动和能力，而美国企业英文年报的积极情感主题较多集中于企业业绩。（3）我国榜首和榜尾企业年报的积极情感资源都较多用于评价企业活动，表现出一定的一致性；美国企业年报的情感主题分布与业绩相关，榜首企业的积极情感资源多用于评价企业业绩，而榜尾企业的积极情感资源多用来评价企业活动（王立非、郗寒，2018）。

3.6　语言管理视角

3.6.1　语言管理理论流派

语言管理（language management）的概念从20世纪六七十年代兴起的语言规划发展而来，最早由Jernudd & Neustupný（1987）提出，逐渐形成语言管理理论（Language Management Theory, LMT）。语言管理指在不同的语言域中，拥有或声称拥有权力的个人或组织对该语言域的参与者采取的修正其语言行为或信念的明确行动（Spolsky，2009：4）。语言政策由三部分组成：语言实践、语言信仰和语言管理，共同构成了影响语言选择的三要素（ibid）。国内学者认为，语言管理指在有限的条件约束下，运用系统科学的理念和方法，对自然人、组织机构（商业团体、政府部门、其他社会组织等）以及国家的语言行为进行有效的计划、组织、协调、控制和评价，以实现既定管理目标的一门管理优化科学（于光，2007）。语言管理理论发展至今，主要可以分为三种理论，即系统论、规划论和工具论。

1. 语言管理系统论

语言管理理论将语言管理看成一套理论体系，语言管理是一个基于纠正话语的过程，首先涉及语言使用的话语产生和接受过程；其次是话语的产生和接受活动，即话语的管理（Nekvapil, 2007; Nekvapil & Nekula, 2006）。当发现偏离既定规范时，管理过程开始，并持续评估该偏离，调整计划，标记为"调整设计"，最后是调整的实施（Nekvapil & Sherman, 2009）。在语言管理过程的第二部分，即话语管理过程中，语言纠正措施是在实践中实施的。LMT 的核心是在微观层面执行的简单语言管理和在宏观层面执行的有组织语言管理之间的划分。当简单的语言管理发生在个体话语层面时，例如，通过自我纠正，有组织的语言管理超越了这一话语层面，因为管理行为往往通过复杂的社会网络的参与而变得跨情境，例如政府机构（Nekvapil & Sherman, 2009）。同时，LMT 还强调了这两种类型之间的联系和关系（Sanden, 2014），特别是在最初的语言管理阶段，首先注意到语音偏差。话语在个体话语过程中自然生成，而语言问题的处理则转移到纠错阶段，纠错阶段出现在不同的层面。虽然简单的语言管理相对简单，但有组织的语言管理是一个多方面的过程，需要在系统中设置一定程度的组织任务。

LMT 的中心在于划分微观层面的简单语言管理和宏观层面的组织语言管理，但同时 LMT 强调两者之间相互影响和作用：前者是后者的基础，后者反过来影响前者。语言管理理论在范围和内容上改进了传统的语言规划理论，将语言、交际、社会文化、经济等要素纳入其中，是一个较为综合的理论模型。

2. 语言管理规划论

语言管理规划论将语言管理看成是语言规划下属的子概念，Spolsky（2009）将语言管理视为广义语言政策的组成部分。语言政策由三个部分组成，三个部分之间相互联系但相互独立：（1）语言实践，即可观测的语言行为和选择；（2）语言信仰，亦称意识形态，即赋予语言的价值与身份；（3）语言管理，即个人或团体拥有权限或声称具有权限修改某个领域语言习惯或信仰的外部可观测的工作。这种概念下的语言管理需要"语言经理"的存在，一个人或者一群人（包括机构或组织）占据语言管理执行过程的中心地位，并由他（们）制定、公布明确的语言规划与政策。

Spolsky（2009）基于领域的视角分析了不同社会语言学领域（家庭、学校、部队等）的语言实践。Spolsky 模型的解释力一方面基于对语言使用选择之间的关系；另一方面基于或多或少已有的制度特征和活动范围。在此框架内，职场中的语言管理被称为旨在改变员工实践和信念的管理决策，以解决沟通问题。这种理解接近了企业语言管理的精髓，侧重多语言商业组织的语言规范，但同时，不同的"语言管理范式"之间存在重要的理论差异。但 Nekvapil 批评 Spolsky 的理论模型"没有涉及个体话语管理"，只是对 20 世纪六七十年代语言政策规划的延续，并无新意。该模型没有涉及国际贸易中语言的复杂性和战略重要性，因而缺乏解释力。

3. 语言管理工具论

语言管理工具论把语言管理看成一种商业和企业战略管理工具，Marschan-Piekkari（1999）等人在语言标准化管理领域，尤其是在通用企业语言的成本和收益关系方面进行了大量研究。Feely & Harzing（2003）从跨文化管理的角度确定了语言障碍包含哪些组成部分，并研究了不同的企业语言管理战略，特别是总公司与分公司之间的关系。该语言管理观点认为，语言管理是管理层通过语言沟通对员工层实施自上而下的主动管理和调控，管理层主要采用规划、设计和实施三类语言战略手段，直接影响和作用于员工，而管理层实施的语言战略管理受到员工沟通需求的影响。

语言管理战略模型在许多方面不同于语言管理理论（LMT）和语言政策三要素模型。LMT 采用基于语篇的视角，简单和有组织的语言管理都是为了解决个体话语中的语言问题。相比之下，语言战略管理模型首先寻求满足企业的语言需求，或控制企业内部语言能力作为一种人力资源管理。语言战略管理中的"管理"指对跨国公司语言相关问题的管理，而不是对公司环境中出现的具体语言使用的管理，后者是 LMT 关注的焦点。由此，可以看出，语言战略管理模型更具管理工具性，通过参考各种解决方案、语言策略或语言管理工具，强调语言的战略作用，采用这些解决方案或工具可以促进企业有效沟通，这个理论模型聚焦公司以及组织机构作为一个整体的语言需求。语言管理战略理论开创了跨国语言管理的新领域，成为跨国公司治理的一个重要组成部分。

以上三类语言管理理论分析显示，语言管理包括宏观层面的语言战略管理和微观层面的语言沟通管理。语言战略管理指跨国公司面对多文化和语言多样化的状况而采用的语言政策和规划，涉及语言的工具性、文化性、管理性、印象管理、障碍度、组织性等（Janssens et al.，2004）。语言管理战略常用于跨国并购后的整合管理，说明行政作用和"权利"的殖民性与语言问题的联系，主要关注合资和并购后的公司"中间语"和"公司通用语"，具体指公司特有的语言交流和表达方式，如首字母缩写词、特殊用语和公司在管理过程中专用的行话等。印象管理是通过操纵信息披露的话语内容和形式、自利性、归因和隐藏等手段，管控企业话语传播，控制公司信息主要接受者（股东、股民、政府、供应商等）对公司的印象，关注公司管理层话语信息的特点和相应的法律法规空白，从而影响投资决策行为（Leung et al.，2015），实现公司目标和绩效，规避风险和影响等。语言沟通管理强调语言的工具性，把语言看成传递信息的翻译活动，主要关注跨国公司内部的沟通，以及语言技巧在跨国公司沟通中的积极和消极作用；语言文化性把语言理解沟通和文化创新作为关键，主要关注国际管理团队成员之间的互动、影响和结果，并从社会语言学的角度检验跨语言团队的人际沟通活动和管理人员与职工之间的工作关系，探索领导交际能力和沟通偏好。

跨国公司语言管理具有四种重要价值（任杰、王立非，2021）：（1）语言具有战略管理价值，在全球竞争日益激烈的背景下，企业的国际化战略与语言策略密不可分；（2）语言具有沟通激励价值，跨国公司管理表现为一种"话语活动"，要求管理者通过具体语言和特定话语的使用，实现沟通和激励的目的；（3）语言具有身份构建价值，其他语言和文化吸收欧美管理理念和术语是否意味着价值观和身份的趋同？西方管理语言大量涌入的现象，从跨文化管理的视角探讨如何通过翻译活动促进西方管理知识与本土经验之间的融合；（4）语言具有文化传播价值，跨国公司面临文化和语言多样性，语言是促进文化传播的关键因素。

3.6.2 跨国语言管理方法

1. 跨国公司语言管理方法

跨国公司语言管理方法包括跨国语言战略管理、跨国语言障碍管理和跨国语言障碍评估三种方法（王立非，2020a）。

1）跨国语言战略管理

跨国公司需要实施语言战略管理，制定企业的语言规划和政策。跨国企业的语言战略指跨国企业在企业总体价值观和发展方向的统领下，为获得竞争优势并最终赢得竞争而制定的一种企业战略，它指导、规划、设计以及调整企业有关语言活动的实施和未来发展方向（王春辉，2018）。跨国企业应该采取何种角度进行语言管理，需要将许多不同因素纳入考量范围，比如产业差异、母国和东道国之间的文化距离、总公司的文化强度、外派经理人的语言背景及东道国适应性、跨国公司经营战略、沟通策略等。

语言战略是企业制定一系列有关语言政策和语言交流活动的基础，是通过具体的语言政策来实施的。企业语言战略的制定是为了促进公司内部（管理层与员工、各层级内部、总公司与分公司等）及公司与其他主体之间的交流，以便更好地实现公司的目标。跨国公司语言战略的定位与公司其他方面的战略定位应该保持一致（王春辉，2018）。

企业语言战略主要有以下几种（王春辉，2018）：（1）以总公司语言为主，如"走出去"中国企业以汉语为工作语言；（2）以目的国当地语言为主，"走出去"中国企业以所在国的官方语言为主；（3）企业所在地的地方语言或方言为主；（4）以英语国际通用语为主。不同的企业可能需要根据自身的需求和目的而选用适合自身的战略。企业语言战略包含两个部分：制定（决定做什么）和实施（实现目标）。制定战略时，需要进行"全球扫描"，即对全球环境因素、产业特征、国别特征等有全面的了解，然后进行规划和战略选择，即综合地理位置、经营模式、企业内部关系、生产／采购、财政和市场、技术、人力资源管理、目的国政府关系、分公司的角色和定位、外派人员情况、企业人员结构等诸因素。实施战略时，则要考虑管理承诺、资源分配、内部联系、语言程序、激励机制等因素。企业战略和国家战略一样，应该是全局性的、规律性的、政策性的、目的性的、系统性的和前瞻性的。跨国语言管理战略需要分析企业海外业务拓展的规模、分布、类型等，并做出语言管理战略规划和实施方案，提供语言服务流程化和标准化的解决方案。从跨国语言管理战略来看，涉及跨国公司语言管理规划和政策的出台和协调问题。跨国语言管理标准化问题也是战略管理的一个重要方面。以语言管理标准国际化为目标，结合中国跨国公司实际，研制适用于中国企业的语言管理标准化模型及相关量表，实现企业内部术语和文件标准化，助力中国企业跨国语言管理战略的实现。

2）跨国语言障碍管理

跨国公司普遍存在语言障碍，Feely & Harzing（2003）指出，语言障碍会引发一系列消极的后果，产生不确定性和怀疑，加剧团队的分裂，销蚀信任，导致观点、感知和认识的两极分化，对买卖关系、海外市场开拓、合资企业、总公司和分公司之间、员工聘用等各方面产生巨大的影响。企业语言障碍造成的影响无法简单用支付给翻译的报酬或翻译文件花费的时间来衡量，真正耗费的成本是语言障碍对企业关系造成的扭曲和伤害，反过来，会对企业制定的战略目标造成压力和制约，影响企业后续战略的实施。

A. 交易关系中的语言管理

跨国企业会感受到更强的文化差异，其他语言的市场具有更大的不确定性，营销人员使用外语开展业务，看上去能力较弱，可信度较低，不那么讨喜，最终结果是说服力降低。企业向母语相同的国家销售产品更容易成功。同样，对买方来说，当使用外语购买产品时，不如用母语那么自信，容易在买卖关系中丧失部分权利，因此，买方难以在交易中占据主动。买方通常要求用母语进行谈判，相比于那些语言能力较高的竞争对手，无法用消费者母语开展业务的企业，就很难在出口市场中有出色的表现。而这不仅销售部门如此，所有与顾客打交道的部门都受到类似的影响。

B. 海外市场拓展中的语言管理

企业向海外发展初期都倾向于在距离较近的国家建立分公司，地理距离的核心因素是语言距离，若无法实现，那么，企业则更倾向于在使用英语为世界通用语的国家建立分公司（Welch et al., 2005），拓展海外市场受到以下三个语言管理因素影响：

一是如果东道国与母国使用的语言不同，母国难免产生更强的不确定性，更倾向于采用一种风险共担的方式进入市场。对于存在语言差异的合资企业来说情况类似。合资企业中合作方若有一方掌握一门国际通用语言，合资企业就以该语言开展业务，掌握该语言的一方就会占据主导地位，在合资企业中具有更大的话语权。

二是当语言成为人际交往的障碍时，总公司与其海外分公司会出现严重的怀疑、不信任和冲突，导致总公司在评估分公司的业绩时缺乏判断，造成合作障碍，如知识和技术转移困难等。

三是员工招聘政策的影响，东道国和母国的语言不同时，企业更加倾向于在分公司的重要岗位聘用外籍人员。由于英语是国际通用语，相对于非英语的企业而言，美国和英国企业以及其他使用英语的企业对外籍员工的依赖程度较低（Yoshihara et al., 2001）。

Feely & Harzing（2003）指出，以上所列出的语言障碍对跨国企业的潜在影响十分严重，因此，跨国企业应实施语言管理，消除和管控语言障碍所引发的问题。

3）跨国语言障碍评估

A. 语言障碍评估维度

跨国公司实施语言服务管理，首先要评估面临的语言服务障碍等级，以及语言服务管理的难度。语言障碍评估通常包括三个维度（Feely & Harzing, 2003）：语言管理多样性，即语种管理的数量；语言扩散度，即跨语言交流功能和每个功能层级的数量；语言成熟度，即语言管理复杂度和精确度。

Feely & Harzing（2003）指出，语言多样性的程度取决于企业全球拥有的分公司、顾客、供应商和合伙人的数量和所构成的网络，如微软公司就管理80种不同语言。如果跨国企业的语言服务管理包括欧洲语言、日语、汉语、阿拉伯语、马来语、乌尔都语、北印度语、孟加拉语等，那么，这家跨国公司具备全球语言服务管理能力。Daniels & Hagen（1999）的研究为欧洲企业确定了排名前十的语种排序，该模型以人口总数、人口发展和经济数据为基础，统计出不同语言在全球的影响力指数。根据该标准，排名 15 名以后的语言在全球影响力很小。

语言扩散度取决于一个跨国公司有多少跨语言运营的部门。跨语言交流通常通过翻译进行，当今跨国公司的全球综合系统几乎涉及所有不同层次的业务活动，如，财政金融（全球财政）、研发（协同设计）、生产工程（并行工程）、物流（供应链管理）、销售（全球账户管理）、采购（全球采购）、人力资源（全球管理发展）以及管理信息系统（全球系统整合），以上部门都直接涉及跨境和跨语种运营，企业法务和公关等部门为了更好地服务于生产和运营部门同样需要语言服务管理（Feely & Harzing，2003）。

企业不同管理层对语言熟练度的要求不同（Feely & Harzing，2003）。随着职位的变化，所需要的语言技能的复杂性、精练度和类型也发生变化。接待员为了弄清客人的需求、相互寒暄，需要有熟练的听说技能；物流员工需要有更强的外语听说能力；工程师在国际设计团队中工作，语言需要更加娴熟，无障碍地进行口头和书面沟通，提出创意，解决设计问题。而企业高层，如国际部经理要求具有最高的语言熟练度，要有卓越的语言能力驾驭谈判、说服、激励、幽默等技巧。

B. 语言审计管理

Reeves & Wright（1996）在《语言审计》（*Linguistic Auditing*）报告中指出，语言审计的首要目标是要让一个公司的管理层正确意识到公司在外语交流方面的优势和劣势，评估并用好各个职能部门和员工的现有外语能力，从战略层面、过程层面（或操作层面/部门层面）和个人层面来满足特定需求。语言审计提出改进公司语言交流制度需要耗费的时间、人力、培训和经费成本，并反馈给战略和财务预算部门。Reeves & Wright（1996）提出了测量语言障碍三维度的工具，跨国企业可以采用一套指标体系评估企业对外语的需求，以此为基准，测评企业语言能力，发现企业自身的语言管理的优势和不足。该方法还能够用来评估企业语言培训和招聘需求，评估企业培训项目和招聘是否有效，提升企业的外语服务管理能力，实现企业的战略目标。

公司开展语言审计通常有以下四个目的（Reeves & Wright，1996）：

（1）公司希望做一个全面审查，并为此（或受管理委员会顾问的委托）展开战略审计，其中包括语言审计；（2）新开拓海外市场的公司，或推出新产品及活动的公司，或者是刚经历收购合并、想要增强新市场的相对重要性的公司，通常会根据新战略，通过语言审计来评估公司的现有语言能力；（3）公司不满意其在特定市场的表现，需要专家帮助解决问题；（4）公司决定启动或提升语言培训项目，需要语言审计确保培训有针对性和满足公司需求。

公司开展语言审计对企业战略管理的好处十分明显（Reeves & Wright，1996）：了解一家公司拥有多少语言能力出色的员工，可以大大节约翻译服务的成本和时间；公司可以消除高级管理层的隐性成本或机会成本，不再需要在低水平业务上花费时间；精通（对方）语言不仅表明对客户国家文化的了解，而且能够促进交往，更深入洞察客户的观点，使业务谈判顺利进行；可以培养彼此之间的信任；使与客户之间的交流更有效，更可靠；增强对海外市场商务理念和商务惯例的理解力；提高协商和调整产品和服务以满足客户需求的能力；方便市场调查和竞争分析；为公司在向客户介绍新产品时建立起心理优势；有效保证对基于机构的市场调查，广告宣传，市场营销和销售的品质管控；提高销售人员在商品展销会或直销活动上的工作效率。

语言审计流程可分为六个阶段（Reeves & Wright，1996）：初始阶段启动审计，与高级管理层共同计划审计方案；第一阶段将审计纳入规划和程序；第二阶段了解公司，了解公司的运作机制；第三阶段分析员工对外语的使用和需求；第四阶段评估员工的外语能力；第五阶段反馈审计建议和解决方案。

2. 跨国语言管理研究方法

我们检索英文数据库 WOS，时间跨度为 1979—2019 年，搜索关键词为 international language management 等 26 个词组。数据经过清洗处理，人工剔除无关文献，共获得英文文献 400 篇和 17 702 条有效被引文献。来源文献包括作者、标题、来源出版物、出版时间、摘要、参考文献等字段。

图 3-6　国外跨国语言管理研究方法特点

　　统计显示：（1）国外跨国语言管理以实证研究为主，共 324 篇，占比 81%，非实证研究共 76 篇，占比 19%；（2）实证研究中绝大多数是定性研究，共 231 篇，占比 57%，其次是混合研究和定量研究，分别是 47 和 46 篇，占比 13% 和 11%；（3）定性研究方法如访谈、实验、实地调研 / 田野调查、案例分析、文本分析、话语分析、内容分析等使用较多；（4）定量研究方法主要为问卷调查，对问卷数据进行信度效度检验，采用因子分析、路径分析或回归分析等方法测量语言自变量对公司管理的因变量（如绩效、收益、投资、并购等）的影响；（5）非实证研究主要是介绍理论、综述文献或提出观点，其中，观点性的非实证研究最多，共 35 篇，占比 9%，其次是综述性论文，共 24 篇，占比 6%，理论性论文最少，共 17 篇，占比 4%。可以判断，实证研究是跨国语言管理的主流研究范式，定性研究是主流方法，符合西方社会科学研究的实证传统和研究范式。

第二部分
宏观经济话语

第 4 章
国际经济组织话语研究

4.1 国际经济组织话语分析框架

4.1.1 国际经济组织话语的定义与分类

1. 国际组织的定义与分类

《国际组织年鉴》对国际组织的定义是"由两个以上的国家组成的一种国家联盟或国家联合体,该联盟是由其成员国政府通过符合国际法的协议而成立,并且具有常设体系或一套机构。其宗旨是依靠成员国间的合作来谋求符合共同利益的目标"。《外交与国际法辞典》依据《维也纳条约法公约》第 2 款的规定,将国际组织定义为"一种政府间组织";随着非政府间国际组织的兴盛,根据《国际关系政治词典》,国际组织是"超越国家边界的正式安排,通过这种安排建立起制度化的机构,促进了成员间在安全、经济、社会或相关领域的合作,体现了民间性、自愿性、专业性的特征"。据《国际组织年鉴》统计,20 世纪初,全球仅有 200 余个国际组织,20 世纪 50 年代,发展到 1,000 多个,截至 2018 年,全球已有多达 7 万多个国际组织。

2. 国际经济组织的定义和分类

国际经济组织指两个或两个以上国家政府或民间团体为了实现共同的经济目标,通过一定的协议形式建立的具有常设组织机构和经济职能的组织（李红梅，2006）。广义的国际经济组织包括国家政府间组织和非政府间组织。

国际经济组织具有以下基本特征（李红梅，2006）：

第一，它是国家之间的组织，不是凌驾于国家之上的组织；成员一般是国家，但在某些特殊情况下，非主权实体也取得了一些国际经济组织的正式成员或准成员资格；调整国际经济组织成员间关系的基本原则是国家主权平等原则；调整国际经济组织成员间关系的法律规范是国际经济组织法。

第二，国际经济组织的渊源：各国际经济组织的法律制度和适用于所有国际经济组织的国际条约和习惯规则。

第三，国际经济组织的成员资格类型包括正式成员和准成员，成员资格的开放范围为世界各国、特定区域国家，或某些特定国际商品的生产国和消费国；创始成员和纳入成员取得成员资格；自愿退出和强制退出丧失成员资格。

第四，国际经济组织的权力机构包括会员大会、理事会、股东会；执行机构由权力机构选举产生；行政机构为秘书处。

第五，国际经济组织的表决制采取一国一票、集团表决、加权表决。

第六，国际经济组织的法律人格涉及的法律包括一般国际法、各国国内法、特定国际经济组织的内部法。

第七，国际组织与国家的区别在于国际组织不拥有主权，其成立的依据是成员国之间签订的条约，其权利能力和行为能力来自成员国的授权，限于执行其职能和实现其宗旨；国际组织不需拥有领土和居民，因而也不需行使领土最高权。

第八，国际经济组织的权利能力包括缔约权、取得和处置财产的能力、法律诉讼能力、特权与豁免权。

第九，世界性国际经济组织包括国际货币基金组织、世界银行集团、世界贸易组织、联合国贸易和发展会议等。

国际经济组织主要包括三类，即世界性国际经济组织，也就是以联合国为代表经济组织和专门机构，还有区域性国际经济组织和专业性国际经济组织。

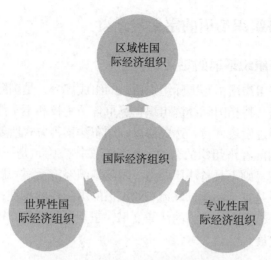

图 4-1　三类主要的国际经济组织

第一类是联合国系统的经济组织，主要有经济与社会理事会，其作为联合国的主要机构专门负责国际经济、社会、文化、教育、卫生等研究，组织签订协定，磋商成员国行动等。其他组织还包括下属区域经济委员会，比如有非洲经济委员会、亚太经济社会委员会；在联合国系统还有其他一些有关经济机构，如联合国贸易和发展会议、联合国开发计划署、联合国资本开发基金会、联合国工业发展组织、世界粮食计划署；其他代表性的国际经济组织还有国际货币基金组织和世界银行，作为政府间的国际金融组织，在促进国际货币合作，便利国际贸易和稳定国际金融，为成员国提供金融发展援助方面都发挥巨大作用。

第二类是区域一体化的经济组织，如欧洲共同体、亚太经合组织、上海合作组织、金砖国家领导人会晤等，2020 年新签署的《区域全面合作经济伙伴关系协定》（RCEP）也是区域性经济组织，区域性国际经济组织在当今世界经济中的地位和作用日趋重要。

第三类主要为专业性国际经济组织，代表性的有原料生产国和输出国组织，比如石油输出国组织、阿拉伯石油输出国组织、拉丁美洲国家石油互助协会、国际铝土协会、非洲木材组织等。

3. 国际经济组织话语的定义与分类

1）国际经济组织话语的定义

国际经济组织话语是国际组织话语的组成部分，是国际经济组织使用的特定话语，特指国际经济组织在尊重各国主权和不干涉成员的内政的原则下，通过发表宣言、达成协议、颁布法案等方式所使用的口头和书面语言。国际经济组织的公约一般具有法律效力，是一种法律话语，而建议书和宣言则不具备法律效力。国际组织经济话语一般具有三个方面的功能：一是宣示功能，陈述有约束力的国际法的存在；二是解释功能，澄清并补充具有约束力的法律文书；三是催化功能，可以倡导新理念，催生新发展。

2）国际经济组织话语的分类

国际经济组织话语分为政府间经济组织话语和非政府经济组织话语两类。政府间经济组织是根据多边国际条约建立的组织，规定自己的宗旨、原则及活动章程，有一套常设的组织机构。其宗旨、原则和活动必须符合公认的国际法准则。它是若干国家为实现特定目的和任务而建立的。按其活动的基本性质可分为一般性组织与专门性组织两大类。前者主要从事经济方面的活动，如联合国等；后者从事某一特定业务，如世界气象组织等。根据国际经济组织分类，国际经济组织话语可以分为政府间组织经济话语和非政府组织经济话语，政府间组织经济话语包括政治性国际组织的经济话语，如欧盟下属的欧洲央行话语，和专业性国际组织的经济话语，如世贸组织话语。政府间组织的经济话语具有官方话语色彩，如协定、条约、经济展望报告等。

非政府组织（Non-Government Organizations，NGO）。联合国经社理事会将非政府组织定义为凡不是根据政府间协议建立的国际组织都可被看作非政府组织，主要指国际性的民间组织。非政府组织不仅是指联合国体系所认定和接纳的民间组织，还包括其他各种民间组织，其公开宣称的宗旨和价值观，可以是公益性的，或者是服务于特定的人群。根据非政府组织的分类，非政府组织经济话语包括非营利组织经济话语和营利组织经济话语，如达沃斯论坛。

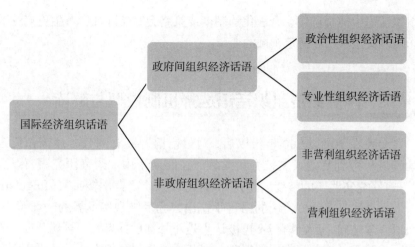

图 4-2　国际经济组织话语分类

国际经济组织话语在本质上将组织视为话语性社会构建过程，研究对象包括特定国际组织或组织情境中的口头与书面话语文本（张慧玉、杨俊，2016），以此剖析国际组织行为、现象、关系、要素及组织本身，重新探索和思考语言与现实的关系，具体研究方向包括国际经济组织话语在实现制度合理化、战略合法化、身份认同，以及引导组织变革方面的机理研究。

国际经济组织话语与一般组织话语存在几处不同：

一是话语主体不同。一般组织话语包括日常管理运营活动的话语沟通过程，话语主体更多的是微观组织主体的内部人员，比如公司、机构的管理者和员工。国际组织中，话语主体除了涉及运营和管理该组织的管理者和员工，还包括其背后促成决策的话语联盟，比如在欧盟机构内部就存在成熟的利益集团游说体系。

二是话语接收者不同。一般组织话语中话语接收对象就是组织内部人员；而在国际经济组织话语中，话语接收者涉及的主体更多元，不仅包括组织内部人员，还包括成员国直接或间接的政策目标对象，比如世界银行采取的中小企业融资扶持政策，成员国的中小微企业就成为话语接收者以及政策话语的对象，从而及时获得优惠资金和技术援助。

三是话语效应影响力不同。国际组织的话语效应影响力更大。国际组织话语中被合理化、合法化的制度或策略会对国际社会产生更广泛的影响，甚至会引导特定领域的变革。

4.1.2 国际经济组织话语选择机制模型与解读

大致在 20 世纪 60 年代以后，对"话语"概念的分析逐渐由语言学领域扩散到其他人文社会科学领域，实现了由"语言研究语言"到"语言研究实践"的转变，也是 20 世纪以来"语言学转向"（linguistic turn）的重要部分。传统的语言学视语言为反映现实世界的一面镜子，而语言学转向之后，语言不再被认为是对外部世界忠实"再现"和"表征"的镜子。这期间突现了很多不同范式的话语分析方法，对语言研究的"本体论"思想也被应用到不同的领域，如政治学、传播学、历史学甚至经济学等学科。

从索绪尔的结构主义语言学到韩礼德发展的"系统功能语法"理论，从对语言结构的分析，到对"句子和话语的关系"的分析，关注语言的"概念功能""人际功能"和"文本功能"。以下话语理论或话语研究策略，不仅关注话语的结构与应用问题，也关注传统话语分析理论中经常被忽视的话语所处社会环境的系统性特征，特别是权力与意识形态斗争对话语的影响。

其一，以福柯为代表的后结构主义思潮对话语理论有了新的理解，话语分析的研究范式中开始更多地考虑话语主体行为、表意实践和话语规训等问题。在福柯的研究中，话语构成一个时代的知识结构，嵌入各种话语中的规则制约了人们该当如何。各种话语分析理论的假设前提在于，通过深入剖析文本结构，就能够揭示话语的意义和功能，后结构主义流派的学者认为文本先于话语，因为语言含有知识以及嵌入知识中的行为，并决定行为者在话语使用中怎样做出反应。该话语并非单纯的语言现象，而更多是揭示真相和权力的文化以及它们与政治的联系时的一种思考工具。

其二，20 世纪 70 年代，梵·迪克等所发展的批评性话语分析（critical discourse analysis）异军突起，该话语理论整合了来自社会心理学中对社会认知的研究，涵盖"话语""认知"与"社会"三个重要向度。20 世纪 80 年代，诺曼·费尔克拉夫在此基础上，提供了三维度分析框架，该分析框架可操作性强，得到广泛应用。即由文本维度（text）、话语实践（discourse practice）和社会实践（social practice）这三个维度构成的话语分析层面。文本维度是对文本内容和形式的语言学分析，侧重于词汇、语法语义和语篇的连贯性和话语转换；话语实践是联系文本维度和社会实践维度的桥梁；社会实践揭示意识形态和霸权以各种方式对话语的介入，以及话语对意识形态霸权的维护和重构作用。话语、体裁和风格建构的动因受到社会实践制约，话语秩序是社会秩序的符号层面表达。费尔克拉夫强调话语的建构作用，认为"话语不仅反映和描述社会实体与社会关系，话语还建构社会实体与社会关系，意识形态被建构到话语实践的形式和意义的各种向度之中，它也致力于统治关系的生产、再生产或改变"（费尔克拉夫、殷晓蓉，2003）。话语不仅是表现世界的实践，而且是在意义方面说明世界、组成世界、建构世界。

　　其三，沃戴克所提倡的话语 – 历史的分析方法中（张海柱，2014），有三个相互依存的概念：权势、历史和意识形态。所谓历史概念指个人和群体作为历史主体，在与文本交互中创造意义。社会现象是一个很复杂的现象，不能简单归结为因果关系，话语实践与其所处的行为"场域"之间存在一种辩证关系。一方面，社会现实规定和限制话语实践；另一方面，话语实践又继而维护、影响和塑造社会现实，两者是一种建构和被建构的关系。沃戴克的话语 – 历史方法从知识结构和谋篇布局的角度，探索话语生成中的说者意图和各种语言外因素，从认知的视角结合人类文化学的研究方法，解读话语和社会结构之间的关系。话语 – 历史研究分析法的理论框架分为两个层面。认知维度由知识和经验构成，包括人的认知、框架、图式和脚本等。社会心理维度涉及文化、性别、阶级、言语情景、个性等先决条件，是认知、框架图式、脚本的来源。语言维度构成了文本最终的语言形式。文本生产和理解过程循环往复，来自人的知识和经验的不断反馈，促使人的认知状态和心智模型（mental model）持续变化和更新。基于以上对话语研究理论和组织话语的梳理，我们构建了以下话语分析模型来分析国际经济组织的组织话语。

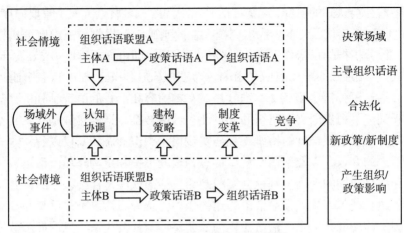

图 4-3 国际组织话语分析模型

　　国际组织话语分析模型中（图 4-3），不同组织话语联盟在特定的社会情境中借用话语的认知、协调、修辞功能，建构组织策略和制度，引导组织改革。首先，组织话语通过话语认知，协调话语客体的行为。组织中语言、文本或符号的互动不仅是内心想法或意图的表达或反映，也是制度现实的潜在构成部分。组织话语通过修辞、协调、认知等手段赋予话语意义，在组织产生及运作的过程推进组织话语的合理化、合法化和制度化。其次，话语有制度和策略建构的作用。战略性话语中存在显著的"权力效应"，赋予管理者独特的个人及组织安全感，向利益相关者证明其管理的合理性，使战略合法化并推动其实施，并使之成为优秀惯例的象征。权力效应会在特殊的话语及惯例中得到强化，而多种行动者会通过参与这些惯例传播话语并推动其常态化。最后，组织话语有引导变革的功能，组织话语中通过文本的生成与传播影响组织的变革；组织变革是行动者持续话语交流的结果，变革依赖于新话语的话语构建过程的正当化、合法化和合理化。在话语建构论的理论立场上，本章对话语过程的解释中存在一个基本假定：特定时期内的话语选择与变迁，并非决策者对"客观"社会问题的直接回应，而是通过一定的话语修辞与论证策略对社会"问题"自身、相关群体"身份"以及政策方案之"合理性"依据进行特定建构从而服务于自身意图的体现。由此，组织话语过程在根本上体现为一个话语建构的过程——话语行动者在特定的社会情境下，利用所掌握的资源展开策略性行动，为自己所关注的社会现象赋予各种意义，从而建构出不同的社会问题，这些"问题"在社会场域中进行"意义竞争"，"获胜者"将进入政府议程而成为政策议题，最终谋求相关问题的解决或使自己的意义宣称获得制度化地位。需要注意的是，组织话语也存在生命周期，大多数能够在政策过程中发挥主导性作用的组织话语都涉及一个"话语产生—话语传播—话语再传播—话语竞争—话语再竞争—话语消解"的生命周期（图 4-4）。

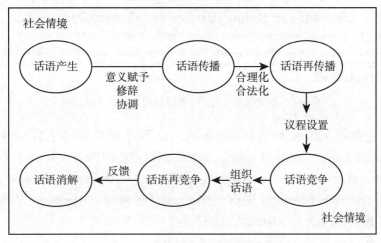

图 4-4   经济组织话语的生命周期

4.2   世界贸易组织话语价值选择研究

本节中选择世贸组织 2020 年贸易对话作为国际经济组织话语的分析案例，采用定量和定性相结合的方法分析组织话语生成的全过程及背后的机理。定量方法主要借助 Wmatrix 4.0 的内嵌工具 USAS（UCREL Semantic Annotation System），用户将语料在线加载上传后，该工具就能够实现对文本自动进行语义域赋码，可以选取参考语料库文本对比语料的主题语义域分布或关键词等词频分布。

　　分析语料包括贸易对话专栏部分的官网说明及贸易对话会议全文[1]。贸易对话会议全文 875 个型符，393 个类符，373 个类目。贸易对话系列是世贸组织是国际经济组织重要的话语文本，它作为国际组织话语代表性语料具有研究意义。贸易对话目的是为给全世界的企业代表提供讨论贸易问题的想法和机会，自 2016 年以来，世贸组织召开了四次会议，参与对象有来自各地的商人，包括大小公司的代表以及来自各个领域的协会。

图 4-5　世贸组织 2020 年贸易对话主题语义域云图

　　主题语义域云图显示（图 4-5），位于前 10 位的语义域分别为：Participation（参与）、Business: Selling（商业：销售）、Business: Generally（商业：一般）、Unmatched（不匹配）、Measurement: General（测量：一般）、Hindering（阻碍）、Difficult（困难的）、Helping（帮助）、Healthy（健康的）、Attentive（周到的）。

表 4-1　位于前 10 位的语义域（2020 年与 2019 年会议全文对比）

序号	语义域编码	词表 1	%	词表 2	%	LL	LogRatio	语义域类别
1	S1.1.3	8	0.96	0	0.00+	113.12	14.20	Participation
2	I2.2	33	3.95	2864	0.29+	110.54	3.76	Business: Selling
3	I2.1	23	2.75	1086	0.11+	103.28	4.64	Business: Generally
4	Z99	27	3.23	5684	0.58+	48.46	2.48	Unmatched
5	N3.1	9	1.08	308	0.03+	45.94	5.10	Measurement: General
6	S8-	8	0.96	260	0.03+	41.62	5.18	Hindering

1　来自世界贸易组织官方网站。

（续表）

序号	语义域编码	词表 1	%	词表 2	%	LL	LogRatio	语义域类别
7	A12-	12	1.44	1056	0.11	39.89	3.74	Difficult
8	S8+	15	1.79	2020	0.21	38.35	3.13	Helping
9	B2+	6	0.72	106	0.01	38.23	6.06	Healthy
10	X5.1+	6	0.72	140	0.01	35.03	5.65	Attentive

4.2.1 组织话语的语境合理性建构

组织话语存在于特定组织中，具有高度情境性，离不开话语产生或依附的内外语境或社会情境，国际经济组织的话语研究也不例外。关键词主题词云图（图 4-6）直观地显示了各个语义域中包含的高频关键词，如属于第一语义域（Participation）的 participants（参与者）、representatives（代表）等；属于第二语义域（Business: Selling）的 supply chain（供应链）、trade（贸易）、WTO（世贸组织）等；属于第三语义域（Business: Generally）的 business（商业）、companies（公司）等；属于第四语义域（Unmatched）的 COVID-19 crisis（新冠肺炎疫情危机）、recovery（复苏）、digital（数字的）等；属于第五语义域（Measurement: General）的 measures（措施）、governments（政府）等。这些高频关键词共同构建了组织话语存在的语境，并通过话语、文本、行动之间的互动行为将其合法化，从而实现语境的合理性构建。

图 4-6　世贸组织 2020 年贸易对话关键词云图

本节关于议题社会语境的合理性建构分析如下。

首先，贸易对话文本强调组织所处的外部社会情境变化和内部组织变革，突出社会情境困难、挑战、负担等危机叙事，进而营造组织变革的合法性氛围。例如，Unmatched 主题语义域囊括了 COVID-19（新冠肺炎疫情）、facilitation（便利化）、de-risking（去风险）、post-pandemic（后疫情）等关键词，突出了社会外部环境的复杂变化。Difficult 主题语义域包含下列关键词：crisis（危机）、difficulties（困难）、challenges（挑战）、complicated（复杂的）、burdens（负担），从认知层面强调组织所处的严峻内外部环境给组织发展带来困难与挑战。典型例句如下：

[1] The **pandemic** and associated **health measures** had complicated sourcing, operations and logistics, with companies having to recalibrate in the face of constantly shifting supply and demand and **new government health measures**.

译文：疫情大流行和相关的卫生措施使采购、运作和后勤工作变得复杂，各公司不得不重新调整，以应对不断变化的供应和需求以及新的政府卫生措施。

[2] Many **companies** face a steep drop in demand as well as changing consumer behaviour, and their existence is **under** threat. They highlighted the need for greater access to liquidity and **trade financing**.

译文：许多公司面临着需求的急剧下降，消费者行为也在持续变化，其生存受到威胁。公司强调扩大流动性和贸易融资渠道的必要性。

在例 [1] 中，文本中用了 "recalibrate in the face of constantly shifting supply and demand," 根据 Macmillan 词典的解释，recalibrate 的意思是 "to recheck or re-change a piece of equipment used for measuring things in order to make it accurate"。该词动作的实施对象原本应该是设备校准、调整，文本中用 recalibrate 完成概念隐喻实现合理化的建构，即经济的需求和供给原本应该像一件精准的设备被校正好。

在例 [2] 中，诸如 a steep drop, changing, threat 等词语或词组的使用强调了组织所处的外在社会情境的巨大变化，进而要求组织进行相应的变革，即扩大流动性和贸易融资渠道（greater access to liquidity and trade financing）。

其次，贸易对话文本强调各方的参与对贸易结果的影响。例如，Business: Selling 主题语义域包括下列关键词：supply chain（供应链）、suppliers（供应商）、consumer（消费者）、behaviour（行为）等。Business: Generally 主题语义域包括：companies（公司）、firms（企业）、SMEs（中小企业）等。例句如下：

[3] The session was an important opportunity for **participants** to provide recommendations on **trade policy measures** that can be deployed to improve the crisis response in the short and medium-term.

译文：这次会议为与会者提供了一个重要的机会，可以就贸易政策措施提出建议以便在短期和中期内改进危机应对措施。

[4] **Participants** highlighted the challenges **COVID-19** had presented to companies in managing global **supply chains**.

译文：与会者强调了新冠肺炎疫情给企业管理全球供应链带来的挑战。

例 [3] [4] 都强调了 participants（与会者）在应对危机与挑战中所扮演的角色，组织话语的策略和引导改革的功能可于此发挥作用，引导人们关注参与者之间的沟通实践，突出组织变革的过程性与情境性，这对组织变革的有效性而言至关重要，为管理文本、对话等话语实践，提高组织变革有效的可能性提供了实践解释基础。文本是由对话形成的，参与者在对话中借鉴并同时产生话语对象和思想。因此，通过那些正在进行的、反复的、迭代的过程，组织变革会随着时间的推移而得以合法化并进行有效实施。

4.2.2　组织话语的身份合法化建构

身份与所处情境密切相关，在组织中，组织环境是构建身份的基础，而身份是构建组织现实的素材（Antaki & Widdicombe, 1998b）。在"社会情境→社会问题→解决问题"的过程中，发挥关键性作用的是话语主体，可能包括政府及非政府的组织或个人，他们致力于推行或游说某项政策，或者从事社会实践（例如开展慈善救济活动），他们的身份建构必须完成合法化才能呼吁更多的社会或政府主体认识到某些社会问题的存在，并加以解决。这种身份的合法化构建往往通过话语实践和互动来完成。具体例句如下：

[5] **Participants** discussed numerous measures or actions that could be taken by **governments** to help their **companies** recover from the damage inflicted by the COVID-19 pandemic. More specifically, **business representatives** made the following suggestions.

译文：与会者讨论了政府可以采取的许多措施或行动，以帮助他们的公司从新冠肺炎疫情造成的损失中恢复。更具体地说，企业代表提出了以下建议。

[6] Instead, **governments were urged to** better understand that trade is complementary and essential for domestic production.

译文：相反，他们敦促各国政府深入理解，贸易是对国内生产的补充对国内生产至关重要。

身份是在话语行为中形成的，身份与组织相互关联。话语分析的重点是文本的主体和文本之间相互关联的方式（Phillips & Hardy, 2002）。在例 [5] 中涉及的话语主体包括 participants、governments、companies 和 business representatives，强调各方对新冠肺炎疫情危机的解释和行动方式。可以看到此处指明 business representatives（商务代表）作为话语的行动主体提出的政策建议。在例 [6] 中，文本采用被动语态的方式巧妙掩盖动作实施主体，"governments were urged to"即政府被"他们"要求，这里的"他们"具体指哪一方利益群体，并未交代清楚。通过这种话语的模糊性，将重点从个人的意图和态度转移到可观察到的语言实践以及这些实践对社会关系和行动的影响上。

同时，以 Participants 为检索词，我们可以看到简短的会议对话中频繁出现 Participants（参加者）这个词（图 4-7），提出政策建议的主体是 Participants（参加者），而非组织本身，而在本研究中这些所谓的参与者，也就是商务代表看似和政策议题有着直接的利益关切，具有身份的正当性。

8 occurrences			Extend comtext	
emic. The session was an important opportunity for	participants	to provide recommendations on trade policy measures	1 More	Full
se in the short- and medium-term. The more than 70	participants	taking part focused on their supply chain difficulti	2 More	Full
ions is as follows，Global supply chain challenges	participants	highlighted the challenges COVID-19 had presented to	3 More	Full
not repeat these historical mistakes. A number of	participants	underlined the importance of the WTOs Trade Facilita	4 More	Full
agreement，such as pre-arrival customs clearance.	participants	expressed comcerns about unclear new regulatory proc	5 More	Full
rvices is crucial，most of all for MSMEs. Several	participants	called for the transition away from paper-based to d	6 More	Full
nies' fighting the effects of the current crisis？	participants	discussed numerous measures or actions that could be	7 More	Full
and the role that WTO can play in promoting this	participants	reiterated the need to combat isolationism and inwar	8 More	Full

图 4-7　Participants（参加者）出现频次及文内语境

4.2.3　组织话语的政策合理化建构

在话语建构论的实践上，除了通过一定的话语修辞与论证策略对社会问题自身、相关群体身份的合理性、合法化的建构外，组织话语产生的政策方案也应该具备合理性。这个过程可以简化为：话语行动主体在特定的社会情境下，利用所掌握的资源展开策略性行动，为自己所关注的社会现象赋予各种意义，从而建构出不同的社会问题，这些问题在社会场域中进行意义竞争，获胜者将进入组织话语议程而成为政策议题，最终谋求相关问题的解决或使自己的意义宣称获得制度化地位。在本研究中，通过例句 [7] [8] [9] 我们可以看到世贸组织被赋予了重要的角色，即作为全世界贸易领域的主要声音（as the world's leading voice on trade），需要发挥领导性的作用（play a leadership role）。而从例 [10] 具体的政策来看，这些救助支持性政策在危机当前确实具有正当性和合理性，比如制定透明的数字贸易和投资谈判规则，解决经济复苏时期中小企业贸易融资的关键需求，疫情后减轻税收负担等。

[7] There was an almost unanimous call, now even more than ever, for greater international trade coordination and cooperation and the role that WTO can play in promoting this.

译文：人们一致呼吁，现在甚至比以往任何时候都更需要加强国际贸易协调与合作，世贸组织可以在这方面发挥促进作用。

[8] As the world's **leading voice on trade**, the WTO was called upon to strongly encourage respect for the rules-based system and urge its members to provide more transparency on COVID-19 related measures and avoid discriminatory unilateral ones. The WTO should also **play an important role** in gathering best practice trade responses to the current crisis, including on economic resilience, the management and mitigation of supply side risks, and recovery strategies for SMEs.

译文：作为世界贸易的代言者，世贸组织被要求大力鼓励尊重基于规则的制度，并敦促其成员在新冠肺炎疫情相关措施方面更加公开透明，避免歧视性的单边措施。世贸组织还应该在收集应对当前危机的最佳贸易做法方面发挥重要作用，包括经济复原力、管理和减轻供应方风险以及中小企业的复苏战略。

[9] Calls were made to get WTO members moving on reform of the organization... In particular, many business representatives urged the WTO to **play a leadership role** in creating new global rules for electronic commerce trade to keep pace with today's digital economy.

译文：人们呼吁世贸组织成员推进组织改革……特别是，许多商业代表敦促世贸组织在创建新的全球电子商务贸易规则方面发挥领导作用，以跟上当今数字经济的步伐。

4.3　世界银行话语研究

良好的营商环境是促进国际投资、合作、发展的基础。从 2003 年到 2018 年，世界银行在这 15 年的时间里连续发布了每年的《全球营商环境报告》，世界银行对全球 100 多个经济体的营商便利度进行打分排序，以此衡量和对比世界各国以及各区域经济指标，为各个国家改善监管环境与法律环境提出合理的建议，促进企业组织的发展，同时，为全面了解世界商业监管环境提供准确的参考依据。其次，《全球营商环境报告》能够较为准确地描述某个国家或者某区域的商业发展潜力与竞争实力，为外来企业投资活动提供参考与实践指导。

4.3.1　世界银行《2020 全球营商环境报告》评价指标

世界银行营商环境评价的指标体系，共涉及一级指标 11 个（其中 10 项纳入营商难易度排名）、二级指标 44 个，贯穿了一个企业从初创设立到破产终止的整个生命周期（李颖轶，2020）。主要从"程序便利程度"与"法律保障力度"两个维度来评估一个经济体的营商环境。一类衡量指标是关于监管程序便利程度（开办企业、办理施工许可、获得电力、登记财产、纳税和跨境贸易 6 个指标）；另一类是关于营商监管法律保障的力度（获得信贷、保护投资者、执行合同、办理破产、劳动力法规 5 个指标）。

表 4-2　世界银行营商环境评价指标体系（李颖轶，2020）

一级指标	二级指标	三级指标简要说明
开办企业	手续（数量）、耗时（天数）、成本（占人均收入百分比）——以上三指标男女分别计入；最低实缴资本（占人均收入百分比）	各个分指标的前沿距离分数的简单平均值排序，据此得出排名
办理施工许可证	程序（个）、时间（天）、成本（占人均收入百分比）、建筑质量控制指标	建筑法规质量、施工前质量控制、施工中质量控制、施工后质量控制、责任和保险制度、专业认证等；对各项分别建模、具体测评
获得电力	程序（个）、时间（天）、成本（占人均收入百分比）、供电可靠性和电费指数透明度	断电持续时间、发生频率、断电监控机制、汇报机制、赔偿机制等；对各项分别建模、具体测评
登记财产	程序（个）、时间（天）、成本（占财产价值的百分比）、土地管理系统的质量指数	设施可靠性、信息透明度、地理覆盖、土地争议解决指数，以及平等获得财产权指数等；对各项分别建模、具体测评

（续表）

一级指标	二级指标	三级指标简要说明
获得信贷	合法权利力度指数、信贷信息深度指数、信贷登记机构覆盖率（成年人百分比）、信用局覆盖率（成年人百分比）	对各项分别建模、具体测评
保护少数投资者	纠纷调解指数、股东治理指数	披露程度指数、董事责任程度指数、股东诉讼便利度指数、股东权利指数、所有权和管理控制指数、公司透明度指数等；对各项分别建模、具体测评
纳税	纳税（次）、时间（小时）、总税率和社会缴纳费率（占利润百分比）、报税后流程指标	一个中型企业在一年内必须支付的不同税项与强制性费用的相关变化，和纳税与付费及税后合规（增值税退税和税务审计）的行政负担；对各项分别建模、具体测评
跨境贸易	出口耗时：边界合规（小时）、出口成本：边界合规（美元）、出口耗时：单证合规（小时）、出口成本：单证合规（美元）；进口耗时：边界合规（小时）、进口成本：边界合规（美元）、进口耗时：单证合规（小时）、进口成本：单证合规（美元）	对与进出口货物的物流过程相关的时间、成本、手续等一系列具体指标分别测评
执行合同	时间（天）、成本（占索赔额百分比）、司法程序质量指数	法院结构和诉讼程序指数、案件管理指数、法院自动化指数、替代性纠纷解决指数等；对各项分别建模、具体测评
办理破产	回收率（百分比）、时间（年）、成本（占资产价值百分比）、结果、破产框架力度指数	启动程序指数、管理债务人资产指数、重整程序指数和债权人参与指数等；对各项分别建模、具体测评
劳动力市场监管	雇佣（聘用、工作时间、裁员）、裁员成本、工作质量	对一系列具体指标分别测评

4.3.2　世界银行《2020 全球营商环境报告》话语组织功能选择分析

1. 营商环境话语与营商制度完善

语言互动不仅是内心想法或意图的表达或反映，也是制度现实的潜在构成部分。组织话语通过修辞、协调、认知等手段赋予话语意义，在组织产生及运作的过程推进组织话语的合理化、合法化和制度化。世界银行所构建的纳税营商环境指标体系是全世界普遍公认的客观评价标准之一。《全球营商环境报告》包括 11 个指标集，用来衡量对国内中小企业和国家综合竞争力至关重要的商业监管领域。我们运用语料库软件做一个简单的主题关键词分析，可以看到，营商环境报告中高频的关键词有：tax、permits、property、score、ease、economies、construction、score、regulation、reforms 等。高频词统计结果显示，营商环境好坏直接和税收、财产、交易便利度、经济形势、条例、改革等因素密切相关，这些主题词或短语在营商环境报告中频频出现（图 4-8）。

图 4-8　《2020 年全球营商环境报告》关键词云图

我们以高频词 tax（税收）对营商环境的影响为例，做简要分析。纳税是所有企业都必须高频进行的重要经营管理活动之一。各个国家或地区的税收负担（税收优惠）水平也是影响企业家投资选择的关键指标。因此，纳税一直是企业或社会评价营商环境的关注热点。营商环境报告中反复强调税收优惠及税制简化，导致"税收"一词高频出现。世界银行税收指标之一就是关注申报流程以及税制的简化，这也是世界银行纳税指标设计的目的之一，即通过促进一国税制和申报流程的简化改革，助力各国纳税营商环境的改善。给我国带来的启示是，我们有必要积极研究纳税营商环境的内涵，除了利用好现有世界银行纳税指标体系外，更要结合中国国情和税情，创建符合中国国情同时又具有国际话语权的评价体系。

2. 营商环境话语与组织战略

话语在建构战略时中存在显著的"权力效应"，赋予管理者独特的个人及组织安全感，向利益相关者证明其管理的合理性，使战略合法化并推动其实施，并使之成为优秀惯例的象征，营商环境排行榜上排名靠前的国家会成为各国学习和效仿的榜样。权力效应会在特殊的话语及惯例中得到强化，而多种行动者会通过参与这些惯例话语传播推动惯例常态化。

3. 营商环境话语与组织变革

组织话语中通过文本的生成与传播直接影响组织变革的方式及具体过程（张慧玉、杨俊，2016）。组织变革是行动者持续话语交流的结果，变革依赖于新话语的话语正当性和影响力。话语客体可能会认同、理解并接受组织变革，继而调整、修正相关话语，组织变革的实现往往意味着组织结构或战略的变化。

自 2003 年世界银行发布年度营商环境报告以来，全球范围内越来越多的国家开始关注营商环境的各个指标，注重私营企业部门的发展，基于世界银行的评价体系全面提升营商环境。我们以"一带一路"周边国家 2013—2019 年的转变为例（图 4-9），探索世界银行作为全球经济类国际组织的话语建构对话语客体的变革效应。可以看到"一带一路"周边国家的营商环境曲线总体上保持稳定上升，投资环境指标呈逐年改善趋势。中亚 5 国的营商环境发展改善最为明显，独联体 7 国与中东欧 16 国的营商环境发展趋势则较为平稳，蒙古的营商环境水平在近两年有下降趋势，南亚和西亚北非地区的营商环境近几年也有提升。

以世界银行系列营商环境报告对我国营商环境改革产生的影响为例，我国去年共进行了 8 项有利于营商环境提升的改革，远超大多数沿线国家。通过对我国 10 项指标的前沿距离分数进行分析可以发现：
（1）办理施工许可指标的前沿距离分数提升了 12.14 分，排名从 121 位
跃升至 33 位，进步最为明显，充分说明了简化建筑许可证申请手续的
措施取得了显著成效；（2）在保护投资者领域进步显著，排名上升了
36 位，这主要得益于通过对控股股东追究不公平关联交易的责任加强
了对中小投资者的保护；（3）在获得电力领域继续强化改革，再次简化
了申请电力的程序，如在上海获得电力的时间仅需 32 天；（4）跨境贸
易领域的分数的提升得益于升级港口基础设施、优化海关管理、公布收
费表等措施，使进出口更加便利；（5）其他领域的排名提升幅度较小，
说明需要进一步深化这些领域的改革（曾慧、赖挺挺，2020）。

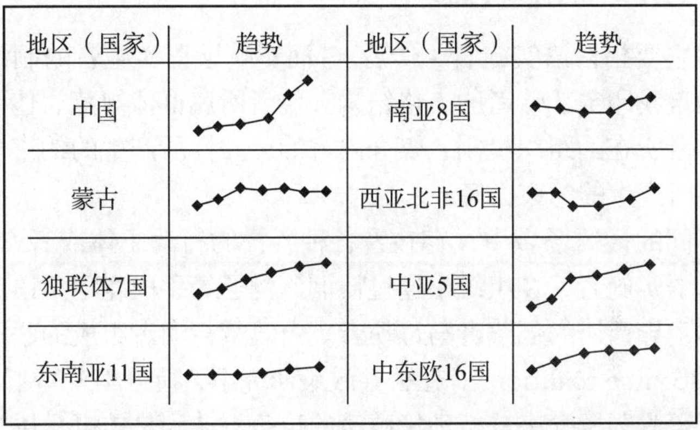

地区（国家）	趋势	地区（国家）	趋势
中国		南亚8国	
蒙古		西亚北非16国	
独联体7国		中亚5国	
东南亚11国		中东欧16国	

图 4-9　2013—2019 年"一带一路"沿线地区营商环境的变动趋势

4.4　国际经济组织话语影响因素与管理对策

4.4.1　国际经济组织话语的影响因素分析

国际话语权指主权国家的官方机构或非官方组织、群体从国家利益
出发，在国际社会中就国家事务和相关国际事务发表意见的权利，包括
国际事务（事件）定义权、国际规则制定权，以及对是非曲直的评议权

和裁判权。在国际社会中，掌握了话语权就意味着在国际关系中取得优势地位和赢得主导权，意味着可以按照自己的价值观念和意识形态设置话语议题、制定话语规则，甚至可以否定其他表述和看法的合法性。这与本研究的国际组织话语概念相比，国际组织话语权更侧重探索"权力"建构，国际组织话语则更关注话语构建的过程和机理，通过对会话、语篇、语言表征等的分析，探讨话语如何建构制度以及使制度合法化、理论化和持续化。在这个过程中，组织通过协调、转换、意义赋予、理论化等生成制度话语。话语主体、话语语境、话语客体和话语策略构成了组织话语的主要要素。

1. 话语主体、话语联盟

主体主要指话语实施者（传者），而影响话语实施者的制约因素包括传者的自我印象、传者的人格结构、传者所属群体规范、传者的社会环境、传者所在的组织机制、媒介内容的公共性所产生的约束力、受众自发反馈所产生的约束力等。

在不同的话语场域中，存在着各种各样的行动主体或者发声主体，他们是话语实施者，在组织中通过协调、沟通等手段竞争话语优势，致力于成为主导话语的倡议者与推动者。由政策行动者组成的联盟是话语联盟（discourse coalition）。在公共政策研究中，荷兰学者马丁·哈杰最早使用话语联盟概念来分析环境政策的论争，认为是该概念以非化约主义的方式将话语间的互动与个人的策略行动关联起来（Hajer，1997）。因此，哈杰的话语联盟分析事实上是话语分析（话语理论）与社会互动分析的结合。他认为，社会行动者透过从社会或社群中所获得的话语中包含的概念、范畴或观念等框架来认识与理解自身所处的世界，居于主导地位的话语为社会行动者或话语的宣称主体提供了一个主体位置，以界定行动者的社会与权力关系。在这个过程中，各种行动主体构成了一个互动性的关系网络，通过这种联盟互动的产出主导政策话语乃至最终的政策。

话语联盟可以包括数量庞大、形形色色的参与者，并非必须通过聚集在一起才产生作用，并且在成员之间互不相识时也可以进行跨界行动。话语联盟概念"注重通过现有机构组织相互作用的方式营造一种氛围，通过这种氛围，利益和价值观被不断定义，机构组织被不断改造"（Hajer，1997：89）。

在话语场域中，话语联盟是最为重要的政策行动者，每个话语联盟所持有的故事情节也是话语竞争中的主要参与者。除此之外，话语场域中还存在各种游离于话语联盟之外的主体与话语。相较而言，话语联盟中的话语不同于一般性社会话语或杂音，它们是一种结构化后的意义宣称。也即，它们具有较为清晰、连贯的故事情节，对于社会问题本质、因果关系与解决对策的宣称具有较强的可信性，受到较多社会主体的认可。同时，话语联盟中的行动主体也不同于一般的社会主体，他们对某些社会现象的意义赋予行为总是有着特定的政策诉求，要求政府干预以改变现状。而且，话语联盟中的行动者往往在社会关系网络中居于较好的位置，也拥有较多的资源用于各项政策游说活动。一般而言，政府主体（政治领导者、部门首长、行政官僚或整个组织机构）、新闻媒体以及专家学者是三类主要的行动者，在政策话语的宣称与竞争中拥有较多的话语权。而普通社会公众一般并没有多少话语权，"他们的话语往往是借由上述三类具有话语权的群体及其管道发出，同时也受其控制、操作和诠释"（Hajer，1997：122）。

2. 组织话语的语境或者情境

组织是有高度情境性的，组织话语的产生离不开话语依附的组织机构内外部的语境或社会情境，国际经济组织话语同样也不例外。话语语境包括文内语境和文外语境，文内语境也可称为上下文语境、序列语境或表层语境，指与话语行为相关的特定语言关联域。文外语境在狭义上是指情景语境，即话语活动所在的物质环境，如时间、地点、场所、人数、氛围等。情景语境被视为语言秩序与社会秩序之间一个至关重要的中介桥梁，属于中层语境。文外语境在广义上是指社会语境，社会语境包括话语活动主体、话语客体所处的宏观环境，这个环境涉及特定群体、组织、制度、规范、语言、文化等制约性要素，也是组织话语得以进行的深层语境。

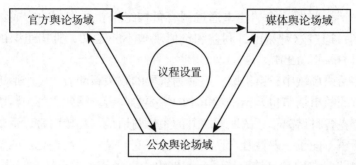

图 4-10　舆论场域的关联与互动

　　不难理解，任何组织话语都非产生于真空之中，它受多种舆论场域共同影响，包括官方舆论场域、媒体舆论场域和公众舆论场域（参考图4-10）。在特定时空内的政治、社会、经济与文化脉络中产生、传播、变化并发挥影响的，受到现实制度结构的影响。在本章解释模型中，那些外在于政策场域（话语场域与决策场域）的情境（context）因素的影响不可忽视。这种情境具体包括某个政策领域所置身于其中的历史文化传统、社会公认的价值观念或社会舆论、社会经济条件、国家宏观制度结构与国家建设的路径选择等。此外，各种异质性社会事件会对既有的政策／制度安排构成挑战（如 SARS 对既有公共卫生政策体系的挑战），也被纳入情境的范畴之内。情境因素对政策话语具有一定的约束作用。具体而言，情境因素"不直接限定话语的内容，而是限定了一个正当话语论述的范围，只有在此范围之内的话语，才具有存在的正当性"。例如，在计划经济早期，发展市场经济的话语受到社会环境的限制，市场经济被认为是资本主义或"不利于社会公平正义"的行为，社会主义商业和资本主义的投机商业认定为一组对立的概念，当时的社会情境中，尤其在社会主义制度下，"计划收购和计划供应是国家所必须采取的办法"[1]。计划经济话语体系的论述中认定计划经济应该是社会主义这一制度运行的唯一机制，认为如果不实行计划收购和计划供应，则私商就要操纵粮食市场，破坏国内市场物价的稳定。相对应的是，自由市场类话语体系中认为资本主义经济的特征才是自由市场；但是在改革开放之后随着经济体制的变革和国家发展战略而调整。在有关经济体制的表

1　参见《1954 年国务院政府工作报告》。来自中华人民共和国中央人民政府网站。

述中，关键词从"发挥市场配置资源基础性作用"到"市场在资源配置中起决定性作用和更好发挥政府作用"，市场的基础性作用和决定性作用这一微小的措辞调整对组织话语的合理性的影响是巨大的。社会情境的改变，促使经济体制的制度性事实得到了重新界定，产生了新的组织话语和政策话语，即市场机制和宏观调控可以并行不悖，市场机制是资源配置的决定性力量，至此上述组织话语就具有了合法性资格。

3. 话语客体的合理性

据目标群体权力地位与社会形象的不同组合情况，我们借用美国政策学者施奈德和英格兰姆社会建构思想中对政策目标群体的划分，分析组织话语中的话语客体身份问题。借用政策目标群体的划分，选取了两个向度，绘制出图 4-11，可以看到按照形象的正面负面，及权利的高低强弱，可以将政策客体或话语客体区分为"优势者"（advantaged）、"竞争者"（contenders）、"依赖者"（dependents）与"越轨者"（deviants）四类群体，不同群体会被政策界定为"应得者"（deserving）或"不应得者"（undeserving），从而成为政策利益或负担的不同类型与程度的接受者（Schneider & Ingram，1997）。

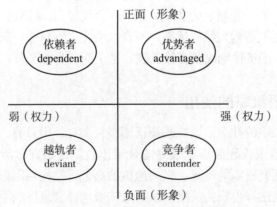

图 4-11　政策目标群体划分向度图

国际经济组织话语中，话语客体有可能也是政策目标群体。社会建构论的观点认为在政策目标群体的身份合理性讨论中，这些社会群体的身份并非与生俱来的，也不是由于个人的自然特征而被决定的，相反，这种身份的合理性可能是在各种权力关系相互作用下，在一定的社会情境中，经由一系列媒体、政治、制度实践过程而被建构出来的。施奈德和英格兰姆的研究也是站在社会建构论立场上，认为不同目标群体之所以会受到政策结果上的区分性对待，并不是一种实然的自然状态，而是目标群体身份的社会建构的结果。也即，目标群体正面或负面的社会形象、应得或不应得的身份资格，并不是一种既定的客观现实状态，而是在一定的社会情境下，经由政治权力、制度规则、新闻舆论甚或公共政策自身进行建构的结果。这些不同的建构往往是掌权者策略性地进行操纵的结果，目的在于最大限度地获取政治机会并规避政治风险。目标群体的社会建构往往会由于政策的制定与实施而产生持续性的固化效果，但这并不意味着这些建构结果不可改变。事实上，当强势者所接受到的利益过多时，他们往往被认为是贪婪的利益攫取者，此时的获益性政策会受到其他群体的抗议。相反，某些情况下越轨者群体的负面形象也可能改变，从而成为获益性政策的目标群体。

比如，以历年政府报告中经商者的身份合理性为例，50 年代的政府报告中将经商者的身份框定为"投机倒把""投机商"和"富农"，与资本主义经济或资产阶级直接挂钩，形象大多是负面的贪婪的利益攫取者或掠夺者，属于越轨者的类别；70–80 年代以后，随着社会经济环境的改变，经商被建构为经济体制，实现社会主义现代化、解放和发展社会生产力，与经济体制改革直接关联，是正面的身份形象。

4. 组织话语策略的使用

话语场域中的社会话语或政策话语多种多样，但只有一少部分能够成功地进入政策议程而影响最终的政策出台。话语宣称活动的成功与否，除了与拥有资源的多寡、权力地位的高低等结构性因素相关外，合理的行动策略选择也极为关键。策略意味着选择合理性的手段。这些手段，既包括传统研究所关注的行动者运用组织与物质资源对决策者进行游说的过程，以及在这一过程中所利用的结盟、互惠、交换与合作等策略，也包括各种特定的话语宣称与论证策略。在话语建构论看来，话语论证策略在政策话语竞争中能够发挥传统策略所不具备的作用，它们能够让话语产生意义和力量，透过此方式来界定目标。

公共政策的话语建构过程自身就是一个策略性地沟通、论证与说服的过程，具体的论证手段包括故事叙述、隐喻、数字、对比等，其中既涉及理性的论辩，也包括情感唤起与道德诉求。某些社会问题最终能够成功地进入政策议程而转化为政策议题，往往正是由于这些话语论证策略的使用更能吸引决策者的注意力。

施密特等学者也曾指出话语是驱动政策变迁的重要因素之一，它能够"改变行动者对政策问题的认知，影响行动者的偏好，增强行动者进行变革的政治能力"。话语在政策过程中，组织话语的正当性离不开对政策理念的包装和推销，这一系列工作可能涉及描述政策偏好、优化因果关系、建构政策问题、提出政策建议、阐述政策主张及推销政策方案等来完成整个构建过程。

4.4.2　国际经济组织话语管理对策建议

第一，作为话语主体，灵活运用不同类型的正当性话语，主动发声，营造有利的社会情境。要主动在全球治理的场域中发出中国的声音，理念先行，提高制度性话语权。习近平总书记指出："我们提出践行正确义利观，推动构建以合作共赢为核心的新型国际关系，打造人类命运共同体，打造遍布全球的伙伴关系网络，倡导共同、综合、合作、可持续的安全观，等等。这些理念得到国际社会广泛欢迎。要继续向国际社会阐释我们关于推动全球治理体系变革的理念，坚持要合作而不要对抗，要双赢、多赢、共赢而不要单赢，不断寻求最大公约数、扩大合作面，引导各方形成共识，加强协调合作，共同推动全球治理体系变革。"传播中国爱和平，求发展的理念。其次，针对国际社会中与中国发展有关的负面反馈，中国应该迅速发出自己的声音，运用积极、正当性话语进行回应，削弱国际社会舆论场中的中国发展阴谋论，争取舆论支持以有效预防或应对社会质疑和争议。以"一带一路"的话语现状为例，美媒把"一带一路"歪曲成了中国推销政治经济体制和意识形态，并以此来建立类似于以前西方主导的经济霸权体系。实际上，中国从来没有也绝不会在崛起后在世界格局中霸凌，在对外话语传播中我们要发出这种声音。

第二，壮大中国经济发展的话语联盟，充分把握区域一体化的有利时机。壮大中国经济的话语联盟。发达国家利用全球经济治理的话语权优势塑造排他的、更高标准的全球贸易与投资新规则，自由开放的全球多边贸易体系正面临被解体的困境，新兴国家和广大发展中国家的比较优势将因此受到极大削弱。但是，在这样举步维艰的境遇中，以中国、印度、巴西等发展中国家为主要力量的新兴经济体却在经济上表现出强大的生命力，对世界经济的影响逐步增大，占有全球经济的份额也不断上升。至此，原有的国际经济秩序和格局在金融危机中已经发生深刻改变。这就启发我们，后金融危机时代的中国的国际组织话语体系也必须发生相应改革。一方面，以美国为代表的西方国家主导的国际组织话语体系（即以布雷顿森林体系为基础的全球经济话语体系）有待改变；另一方面，中国、印度、巴西等新兴经济体在世界经济中的利益和诉求应得到关注，在全球经济组织中的话语权需不断增强，我们可以与本国话语诉求相似的经济主体加强合作，壮大中国经济发展的话语联盟。随着区域经济一体化的深化，重视区域经济组织的发展，发挥地区比较优势的区域分工协作，形成互联互通的区域经济一体化话语体系。

第三，加强国际议题设置能力。全球经济治理话语权还包括国际议题设置能力，不能只做全球经济话语的追随者，而应努力成为世界经济话题设置的主导者、话语标准的引领者和话语讨论的重要参与者。议题设置能力在全球经济治理中事关国家利益，也是一个国家在国际上表达本国诉求、宣传本国思想和传递本国声音的直接体现。在国际议题设置上，更多表现为西方主要资本主义国家主导国际议题，并利用其国际舆论优势传播西方声音，从而使全球经济治理的规则、条款等总体上有利于资本主义国家实现利益最大化和最大限度限制广大发展中国家的发展。

伴随着中国经济、政治、文化、科技等方面的高速发展，中国受到国际社会的高度关注；尽管国际社会渴望了解中国的发展模式和发展理念，但国际社会对中国的误解和疑虑依然存在。面对这种境遇，必须在全球经济治理中不断提高中国的国际议题设置能力，传播中国声音，回应国际关切，消除国外疑虑，努力在世界上塑造、展现、维护良好的中国形象，提升中国在全球经济治理中的话语权。

第四，加强相关国际经济组织外语人才培养。提高中国在全球经济治理中的制度性话语权，重点在于提高我国参与全球治理的能力，包括增强规则制定能力、议程设置能力、舆论宣传能力、统筹协调能力，也包括培养一大批熟悉党和国家方针政策、了解我国国情、具有全球视野、熟练运用外语、通晓国际规则、精通国际谈判的专业人才和加强全球治理人才队伍建设，突破人才瓶颈，做好人才储备，为我国参与全球治理提供有力人才支撑。

国际组织中具有丰富的话语资源，存在国家之间分布非均衡性特征。通常而言，一个国家在国际组织中获得话语资源的多寡，不仅取决于它在该国际组织权力结构中的位置高低，还取决于在国际组织中的人力资源。我们应该重视某些具有全球影响力的国际组织的人才招聘及培训，以期凭借身份优势获取话语资源的分配。

第 5 章
国家经济话语研究

5.1　国家经济话语分析框架

5.1.1　国家经济话语分析模型构建

国家经济话语包含政府经济话语和行业经济话语两类（图5-1），前者指政府经济部门使用的话语，如中国人民银行降准降息公告、政府工作报告（经济部分）、银监会、证监会、保监会等发布的经济和金融政策、法规、公告、商务部、财政部、发改委等出台的官方文件、经济工作报告、经济白皮书、官方网站、经济新闻发布会、发言人答记者问等口头或书面话语；美联储的联邦储备法、美国301贸易保护条款、美国贸易报告等。

行业经济话语指行业协会和社会团体为开展行业活动、维护行业秩序、发布行业信息所使用的话语，如贸易促进会、银行联盟、企业协会、商会、经济论坛等经济和商业类行业组织，为规范市场经济行为，编写的行业标准、行业报告、咨询报告等，以及行业举办的经济论坛和行业专家演讲和发言等。

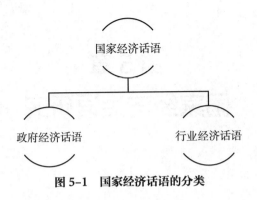

图 5-1　国家经济话语的分类

5.1.2　国家经济话语分析模型解读

Bhatia（2006）提出了话语分析的三维空间模型，即话语作为文本的研究、话语作为体裁的研究和话语作为社会实践的研究：

第一，话语作为文本的研究主要关注话语的表层属性，包括音系学、词汇语法、语义、语篇结构（如衔接、互文关系）的特征，不考虑语境因素。话语作为文本的研究关注语言结构和功能；

第二，话语作为体裁的研究不仅关注文本的生成，更加关注文本在特定的行业语境下是如何被解读、使用、利用来实现特定的学科目标。话语作为体裁的研究拓展了体裁研究的范畴，关注行业实践，不仅仅是对语言的分析，更包含了对社会认知和民族志的分析；

第三，话语作为社会实践的研究在更广泛的意义上考虑社会问题，如话语实践如何维系、改变、利用社会结构或社会关系；话语作为社会实践的研究在更广泛的社会空间内展开，因此社会文化和语用知识尤为重要。

以上三个空间相互作用，在很大程度上重叠关联。话语实践塑造行业体裁，同时又在很大程度上被嵌入行业实践，二者在特定行业文化的语境内紧密相关。因此，经济话语实践研究可以在一个连接三维空间的社会语用空间内展开，既可以考察纯粹的文本空间，也可以深度考察社会语境，但是更为普遍的是考察不同学科或行业的话语和行业实践，关注体裁建构、解释、使用和操控的不同方面，涉及文本、社会批评、机构、民族志和社会认知等方面的资源。

国家经济话语研究关注国家经济政策沟通话语，如政府发布的公告、公报、经济政策文件、经济报告等各类官方经济话语特征，这类官方文件文本的表述直接或间接影响国家经济走向和经济发展，甚至对世界经济产生影响。这些政策在一定程度上规定着机构的角色，限制着政府的行为，同时也影响着人们的预期，值得关注（Szlezak et al.，2010）。国外有一些相关方面的研究，如国家关于贸易、债务、失业、通货膨胀、利率这些重要经济话题的阐述，从长期来看影响经济指标和经济走势（Lüdering & Winker，2016）。Maesse（2018）提出财政紧缩话语，指出财政紧缩既是一种"政策措施"，也是一个"话语框架"，该话语兼有政治话语和经济话语双重属性。国家经济话语的另一个典型类型是央行沟通话语，通过对一个国家的中央银行（如中国人民银行）货币政策报告、货币政策委员会决议等书面沟通事件研究，检验我国中央银行沟通对金融市场的影响（冀志斌、周先平，2011）。通过测量央行沟通指数，考察央行向公众和市场传达的货币政策倾向的转换方向和强度（林建浩、赵文庆，2015）；通过计算《中国人民银行货币政策报告》中态度词的频数，考察央行对外沟通文稿中所蕴含的态度变换（宋佳音、范志勇，2017）。

国家经济话语研究主要描述经济话语的特征，分析人们经验世界中的经济话语现象，包含三方面研究：（1）描写国家经济话语产出，对过去或现在已经产出的经济话语进行历时或共时的描写、比较和分析；（2）描写国家经济话语的功能，对经济话语使用的微观语境和体裁语境以及宏观社会文化语境及影响进行描写；（3）描写国家经济话语的加工过程，关注国家经济话语对受众的影响，考察受众的经济话语加工心理过程和影响因素，主要采用神经认知或心理学的视角和方法。下节重点介绍如何开展国家经济话语互语性特征分析的案例。

5.2 央行金融话语研究

5.2.1 央行沟通互语性特征分析

央行沟通是指中央银行通过各种渠道与市场主体进行交流，传递关于货币政策和金融政策等相关信息，意在通过减少信息不对称使市场主体了解中央银行的政策意图，以达到引导预期、实现政策目标的目的。加强政策沟通能有效降低货币政策操作成本、提升调控效果、提高央行信誉。市场有时也会失灵，如果市场在错误信息的引导下误入歧途，将会造成严重后果，加强央行沟通的必要性也就体现在这里。近年来，我国央行通过定期发布货币政策执行报告、发布新闻通稿和政策解读、接受媒体采访等多种形式，适时向社会传播货币政策信息，及时向社会解释重大政策调整，货币政策的透明度不断提高。

在信息时代，央行沟通的载体有很多，既有发布新闻稿、研究报告这些传统形式，也有微信、微博等新媒体途径，当然，面对面的交流效果更为突出。2020 年"两会"期间，周小川等央行负责人以"金融改革与发展"为主题召开的记者会，正是一次央行沟通的成功范例。与记者面对面交流，并通过网络直播实现与群众直接沟通，此过程中，央行负责人坦诚的态度、通俗的表达可以被公众所感受，在预期引导效果上，不仅以理服人，还以情动人。回首这次记者会，可以体会到，这样的央行沟通至少有三方面显著效果。

第一，普及常识。记者会上，在回答关于外汇储备下降的问题时，周小川说，外汇储备是留着用的，而不是攒着看的。央行副行长易纲则专门作了一番解释："我们卖出美元都收回了等价人民币，不是说外汇储备都打水漂了，这是一个等价交换的过程。"央行副行长潘功胜对中国对外资产持有主体发生的结构性变化进行了介绍。这些风趣幽默而又深入浅出的话语，不仅打动了听众，而且还普及了外汇基础知识的"ABC"，话语通俗易懂但又绝非无的放矢。近年来，公众对于人民币汇率等产生的疑虑，有些并非因为主观偏见，而是由于知识储备不足，即使有官方的政策发布，也可能没有理解。此时，这种通俗易懂的央行沟通形式，就显得尤为重要。

第二，澄清误解。在金融市场上，对于预期走向会有各种声音。有些市场参与者会通过鼓吹对自己有利的观点来牟利，个别媒体也会为博眼球而危言耸听，网民以为得到了"内幕"，其实都是"套路"。一段时间以来，网上出现"人无贬基""中或最赢"这类流行语，调侃的话语中带有一些戏谑甚至怀疑，而周小川在回答提问时既坦诚回应，又旗帜鲜明，强调"人无贬基"就是说人民币没有持续贬值的基础，一语点破其中的"套路"——外汇市场一些机构在做空人民币上放了不少仓位，不希望输钱，就不停地放话，希望通过带动大家实现他们牟利的意图。记者会后，再通过百度百科搜索"人无贬基"这一短语时，呈现的已经是央行负责人的官方解读。

第三，赢得理解。由于有的金融监管政策动了一些人的奶酪，他们很善于利用舆论造势、施压，因此，有针对性地开展央行沟通就更为重要。例如，关于支付机构备付金集中存管，近期就有人将其与"社会成本"相联系，企图排斥监管。记者会上，央行副行长范一飞披露了其中的风险，如有的机构把客户备付金拿来炒房、炒股票，甚至用于个人赌博，最后导致损失。周小川则明确指出，部分支付机构并不是想用新的网络科技手段把支付搞好，而是眼睛盯着客户的备付金，动机不纯。真理越辩越明，央行负责人这种有针对性的话语，必会为监管政策赢得更多理解。

央行沟通话语除了需要坦诚，也需要说话艺术和技巧。金融市场上有不同的市场主体，央行与其沟通的话语策略也不能完全相同。对于一般大众，重在用通俗的话语普及金融知识，实现央行沟通的目的。对于正常的市场机构，重在引导并稳定预期。至于投机者，则是博弈对手的关系，不可能把操作性策略告诉他们。

5.2.2　央行沟通的多维话语特征分析

中央银行不同于一般的商业银行，主要职责是制定和执行货币政策，防范和化解金融风险，发挥维护国家金融稳定的重要功能。因此央行沟通，也和一般金融机构的沟通效能不同，不仅仅具有一般话语沟通中的信息告知、传播和反馈互动的效力，还可能充当货币政策的调节工具，调节大众对货币政策的通胀或紧缩预期，影响金融市场的基调和情绪。中央银行的沟通就是货币当局对货币政策信息管理的过程。公众作为微观经济个体，在制定投资、消费或储蓄的决策时，所依赖的不仅仅是自身的信息和经验储备，更多的是公共领域和市场中传播的信息，而央行沟通就在这个信息传播中起到促进市场预期形成和管理的重要作用。因此央行沟通，作为一种特殊的话语活动，也是宏观经济话语的一部分。研究央行沟通对解构和完善中国经济话语体系具有参考作用。

1. 央行沟通的定义

央行沟通从形式上看有口头沟通和书面沟通，沟通主体有央行行长、外部委员和其他主要央行官员。沟通渠道和方式随着网络技术的发展也日益丰富。线上沟通的平台主要依托于央行官网、官微和公众号，线下通过新闻发布会、论坛演讲和媒体采访等方式。沟通的工具渠道灵活多元（见表5-1），既有不定期举办的政策吹风会、答记者问等媒体互动沟通，又有央行自主编写发布的《货币政策执行报告》《中国金融稳定报告》《支付体系发展报告》等定期报告的形式。

表5-1　中国央行沟通的话语工具与形式

话语工具	话语内容	话语目的
新闻发布会（政策例行吹风）	重大金融发展、改革或货币政策吹风会，比如国新办举行降低实际利率水平有关政策吹风会；支持商业银行通过永续债补充资本金有关情况吹风会。	使市场参与者深入了解中央银行最新的金融政策导向，消除对金融市场货币政策的疑问，疏通企业融资困境，引导公众预期向良性方向发展。

（续表）

话语工具	话语内容	话语目的
定期金融统计监测报告或简报	公布各地区宏观金融数据和经济指标报告。比如每季度推出《货币政策执行报告》，每年推出《中国金融稳定报告》《中国区域金融市场发展报告》《支付体系发展报告》。	以季度或年度报告的形式提供国内金融运行的相关信息，以促进市场参与者对央行决策的理解，提高货币政策的可预测性。
央行官网	提供上述沟通工具的所有信息（包含政策吹风会的图文直播记录），向外界公布新闻公告、政策解读、市场动态和日常安排，同时也设立专栏对货币政策知识进行教育宣传。	及时传递市场动态、外汇数据、政策解读等金融相关信息，对民众进行金融知识普及教育。
主要央行官员论坛演讲、研讨会和采访等	货币政策相关信息（根据具体演讲、研讨会和采访的主题而定），比如中国人民银行行长易纲等就"金融改革与发展"答记者问。	对外传递货币政策信息，并接受业界、学术界及普通民众的反馈信息。
金融报刊学术研究	主管一报十一刊，包括《中国金融年鉴》（中英文版）、《中国人民银行文告》《金融时报》《中国金融》《金融博览》《金融研究》《金融会计》《中国金融家》《金融电子化》《中国钱币》和《中国货币市场》。	金融文化体系的重要组成部分，是金融舆论宣传的重要阵地，是央行沟通重要载体。各主管报刊以研究理论、宣传政策、引导舆论、交流信息、传播知识为手段，为金融业深化改革和扩大开放营造了良好的舆论环境。

2. 相关研究现状

　　费尔克拉夫强调话语的建构作用，认为"话语不仅反映和描述社会实体与社会关系，话语还建构社会实体与社会关系，意识形态被建构到话语实践的形式和意义的各种向度之中，它也致力于统治关系的生产、再生产或改变"（费尔克拉夫、殷晓蓉，2003）。话语不仅是表现世界的实践，而且在意义方面描述世界、组成世界，更重要的是建构世界。语言使用者通过在社会生活中使用语言的不同形式（如语体或文体）参与社会活动、再现社会事实、构建机构、集体及个体的身份（Fairclough，2003）。公共管理中的发文通知、公告或文件都是文本（Text）的一种，这个"文本"是政府部门实施管理活动的话语媒介，完成了话语的社会实践。有学者认为可以应用费尔克拉夫"辩证—关系"研究方法分析政策话语，该方法总体上由"结构分析"（structural analysis）和"互动分析"（interactional analysis）两部分构成。"结构分析"是通过分析话语之间的等级关系探析社会主体之间的权力关系，而"互动分析"是通过对文本的分析探究话语与话语之间的等级关系（田海龙、单晓静，2020）。

国内外有关研究发现，央行沟通对经济形势和金融市场具有显著的影响。Horváth & Vaško（2015）通过构建央行沟通的透明度指数，考察央行沟通对股票市场的效应发现，央行沟通的透明清晰度与股票价格波动呈正向变动关系。Hayo et al.（2010）基于1998—2009年美联储沟通的数据构建GARCH模型，研究发现美联储的沟通对17个新兴经济体金融市场有影响，尤其在这些国家的股票市场上影响显著，金融危机期间，中央银行沟通发挥的政策工具效应尤为显著。冀志斌和周先平（2011）研究发现，央行沟通能够充当一种新的货币政策工具，并且相比口头沟通、书面沟通的政策效力更好。李云峰和李仲飞（2011）基于《中国货币政策执行报告》构建央行沟通的指标体系，检验了中央银行沟通在金融市场中的有效性。研究发现报告中沟通信息、前瞻性宏观经济信息都与利率变化显著相关。储江（2016）基于搜集的2006年1月—2014年12月中国人民银行每季度发布的《货币政策执行报告》、政策发布会、金融形势会、货币政策委员会会议决议以及央行行长和货币政策委员会成员就未来货币政策取向所接受的采访和发表的讲话等语料，对语料中的沟通时间编码赋值分析，研究发现央行沟通对股票市场有影响效应，且方向符合预期。相比书面沟通，央行口头沟通对股票市场的影响比书面沟通更大，沟通主体中央行行长沟通的影响力又大于其他货币政策委员的沟通。另一方面，也存在书面沟通影响力大于口头沟通的相反观点，林建浩和赵文庆（2015）发现，央行沟通对通胀预期产生影响，其中书面沟通对通胀预期的管理更加有效。

　　以上的研究大多来自经济金融研究。虽然视角不同，方法不同，但主要思路相似，即都将央行沟通视为一个经济变量，很少从央行沟通话语本身出发考察其话语特征，本研究将把央行沟通话语作为重点考察对象，分析央行沟通话语特征及其对经济趋势的可能影响。

3. 研究方法和工具

　　本小节语料取自 2020 年《中国金融稳定报告》，美国 2020 年 *Financial Stability Report*，从比较视角看中美央行话语多维特征是否存在显著差异。Biber（1988）对多维分析方法进行了详尽清晰的说明（表 5–2）。通过对比 LLC（The London-Lund Corpus of Spoken English）英语口语语料库和 LOB（The Lancaster-Oslo/Bergen Corpus）英语书面语料库，分析两组语料中的 67 个语言特征，考察了口语与书面语及其 10 多个子语域的区别性特征。该方法利用 Biber 的 MDA（Multidimensional Analysis）分析工具首先自动识别并统计出 67 个语言特征在各篇语料中的频数及每千词标准化频率，然后根据 67 个语言特征在相应语域中的共现情况归纳为 5–7 个维度（dimension）。

表 5–2　话语 7 维度与特征（Biber，1988）

维度	话语特征
维度 1	交互性与信息性表达（involved versus informational production）；
维度 2	叙述性与非叙述性（narrative versus situation-narrative reference）；
维度 3	指称明确型与情境依赖型指称（explicit versus situation-dependent reference）；
维度 4	显性劝说型表达（overt expression of persuasion）；
维度 5	信息抽象与具体程度（abstract versus non-abstract information）；
维度 6	即席信息组织（online information elaboration）；
维度 7	学术性模糊表达（academic hedging）；

　　Nini 开发的多维标注与分析工具 Multidimentional Analysis Tagger 1.3.1（简称 MAT 1.3.1）沿用了 Biber（1988）的多维分析模型，可对文本进行自动标注、特征提取和数据统计，并参照 Biber（1989）判断出文本的语域类型。MAT1.3.1 软件自动识别并统计出 67 个语言特征在

文本中的频数及每千词标准化频率，根据 67 个语言特征在相应的语域中的共现情况汇总为 6 个维度，并计算出每个维度的标准化分数。通过比较 Nini（2015）和 Biber（1988）两种方法所得的分析结果，证实了 MAT 可以有效复制 Biber（1988）所提出的分析全过程，分析结果证实了在各维度一般具有两种值，其中正负值表达的文本特征相反，起到区别文本特征的作用。例如，维度 1 中的正特征因子得分越高表明文本互动性越强，反之文本信息性越强。维度 5 上，正维度因子越高表示语料越具有抽象性特点。每个语篇的维度得分等于该维度内的正负因子分之差。Biber 在实际研究中基于语料发现维度 7 数据较少，其形成的维度与其余 6 个维度不具有可比性。因此，在实际操作中通常舍弃维度 7。

我们选用了词符数相近的两份语料，中国央行沟通语料为 12 002 个词符，美国央行沟通语料为 12 364 个词符，每个维度的话语特征统计结果采用可视化对比方式呈现。现有文献的语料研究发现第 7 个维度的数据较为稀疏，生成的数据不够可靠，且口语、书面语多研究前 5 个维度。因此本研究集中讨论前 5 个维度的数据呈现。

4. 结果与讨论

语域分析结果呈现中美央行沟通文本的话语特性及综合影响因素。首先，维度 1 测量说话者的主要交际意图是信息性还是交互性。结果显示，在维度 1 上，美国央行沟通话语得分高于中国央行沟通话语（$M_{美}$ = −20.53，$M_{中}$ = −23.38；$p < 0.01$），统计上存在显著差异（图 5−2）；维度值高表示交互性更好，常见于电话、面对面会话或非正式性交互中，凸显人际和情感的表达；维度值低的话语则交互性差，更注重信息的输出，强调信息的集中呈现和系统传达，常见于官方文件、学术话语、新闻报道。本研究显示，中国央行沟通话语特征属于信息性，更注重信息表达，交互性低，美国央行沟通中则更注重言语和文本的交互性。这一点与中国传统官方文件中措辞严肃严谨的特点相一致，但可能缺少"人情味"，诸如金融词汇等专业性信息大量密集出现，专业性太强，可能对受众缺乏吸引力，沟通效果不佳。

中国 美国

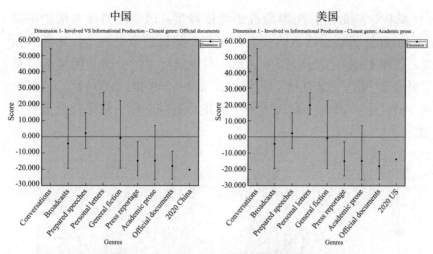

图 5-2 中美央行沟通话语特征维度 1 对比

维度 2 分析结果显示，在维度 2 上的分值都小于 0（$M_{美}$=-0.5，$M_{中}$=-0.2；p<0.01），维度 2 测量话语叙述性与非叙事性关切。结果说明，两国的央行沟通中叙事性都不高。但在该维度上的分值中国央行沟通数据显著高于美国央行，说明相比之下，中国央行沟通话语叙事性稍强，叙述中多为动态事件，而美国央行沟通维度值低，叙事性稍弱，可能更倾向于静态的说明与描写（图 5-3）。

中国 美国

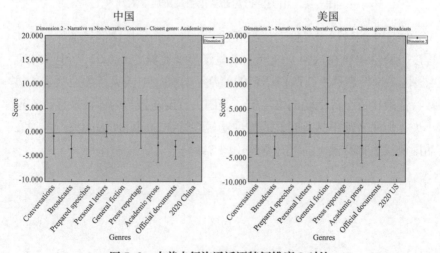

图 5-3 中美央行沟通话语特征维度 2 对比

维度 3 测量指称明晰型或语境依赖型。该维度值高的话语中涉及的指称较明晰,话语的信息性更强,信息整合度更高,如学术话语、法律文本等。分析结果显示,在该维度上的分值美国央行沟通数据显著高于中国央行($M_\text{美}$=14.67,$M_\text{中}$=9.48;$p<0.01$),可以推测本研究中美国央行沟通话语中的指称更加明晰,信息整合度更高(图 5–4)。

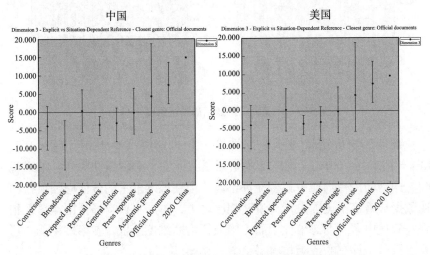

图 5–4　中美央行沟通话语特征维度 3 对比

维度 4 测量话语显性劝说型表达,维度 5 指示话语信息抽象与具体程度,两份语料在这两个维度上未显示显著差异($p>0.01$)。但在维度 4 显性劝说型表达上,两份语料的值都不算高,中国央行沟通报告的体裁特征最接近个人信函的维度值。美国央行沟通报告的体裁最接近普通小说,但两者都不具备明显的显性劝说型特征,因此两国的央行沟通在劝说效果上都有很大的上升空间(图 5–5)。

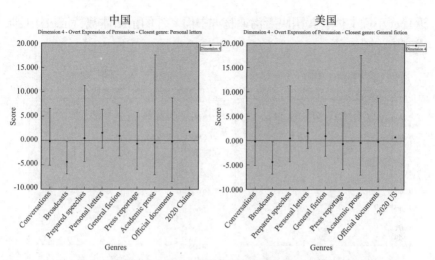

图 5-5　中美央行沟通话语特征维度 4 对比

　　维度 5 指示话语信息抽象与具体程度，两份语料均接近官方文件的平均维度值，中国央行沟通报告的信息抽象性要高于美国央行沟通报告，而后者的信息具体程度较高。但一般官方文件的功能多为通知、传达信息，央行沟通被大众寄予更多的解释、释疑的功能（图 5-6）。

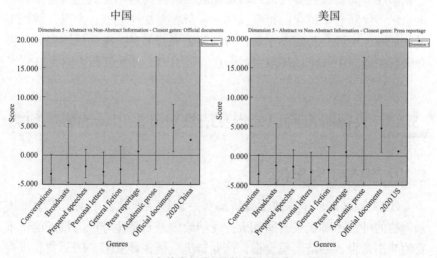

图 5-6　中美央行沟通话语特征维度 5 对比

　　维度 6 测量发现，中国央行沟通官方书面文件的话语体裁特征更接近普通小说文体。美国央行沟通官方书面文件的话语体裁特征最接近学术文本（图 5-7）。

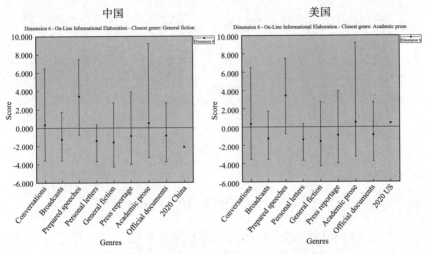

图 5-7　中美央行沟通话语特征维度 6 对比

　　本研究对比了中美央行沟通话语的信息性、抽象性、指称明晰性及非叙事性、非劝说性等特点，对提高我国央行沟通信息披露质量具有一定启示。伴随着全球化的持续深化，服务贸易加速发展，金融开放程度日益加深，中国央行需要了解自身与英美央行信息披露的话语差异，提升央行沟通在中外市场环境中对大众的吸引力、接受度和影响力。

5.2.3　央行降准降息公告互语性对外汇市场的影响预测

1. 央行沟通研究现状

　　2019 年以来，全球政治经济局势更加复杂严峻，中国经济金融体系面临的外部不确定性有所加大。疫情给中国乃至全球经济带来前所未有的冲击，世界经济严重衰退，产业链供应链循环受阻，国际贸易投资萎缩，大宗商品市场动荡。从国际上看，当前世界经济仍处在国际金融危机后的深度调整期，长期矛盾和短期问题相互交织，结构性因素和周期性因素相互作用，经济问题和政治问题相互关联，加之境外疫情形势依然严峻、部分国家保护主义和单边主义盛行等不利因素影响，中国不得不在一个更加不稳定不确定的世界中谋求发展。国内方面，我国正处在转变发展方式、优化经济结构、转换增长动力的攻关期，结构性、体制性、周期性问题相互交织，实现高质量发展的进程中还有一些短板弱项，加之受到疫情的冲击，部分企业债务违约风险加大，可能传导至金融体系，金融领域面临的困难和风险增多。鉴于此，研究以央行沟通为代表的金融话语对经济的预测作用具有重要意义。

Ehrmann & Fratzscher（2007）通过研究欧央行和美联储的沟通对市场的影响，发现货币政策委员会成员的口头沟通对多期债券市场收益率都具有较大的影响。李云峰等（2014）采用事件研究法基于2005—2012 年《中国金融稳定报告》的文本信息，分析金融沟通在金融市场中发挥的效应，发现央行的稳定沟通在短期内能通过信号渠道引导大众预期，但是时间周期越长引导效应会随之减弱。

2. 研究方法与数据

如上节所述，央行沟通话语是宏观经济话语的一部分，央行降准降息公告信息作为货币政策沟通工具，具有典型的互语性特点，会对股票市场价格造成影响或波动。中国经济金融体系面临的外部不确定性持续上升。本节基于央行沟通语料构建经济不确定指数，试图探索该指数与未来经济变化的动态关系。

考虑到数据的可得性和时间序列的平稳性，本研究使用中国经济政策不确定性指数（2010.1—2020.6）作为研究的解释变量。该指数由 Baker et al. 构建、斯坦福大学和芝加哥大学联合披露，以中国香港最大的英文报纸《南华早报》为分析对象，在每条新闻报道里搜寻有关经济、金融政策波动的词条，手工甄别筛选之后进行统计，在此基础上计算有关经济政策不确定性信息的文章出现的频率，构建出时间序列排序、均值为100 的月度经济政策不确定性指数。现有文献研究证明，该数据指数具有更好的连续性和时变性，能够更为准确地反映经济政策的不确定性程度。基于构建的经济不确定指数指标，研究该指数与未来经济变化是否存在稳健关系，即经济不确定指数是否对未来经济变化具有预测作用。

3. 结果与讨论

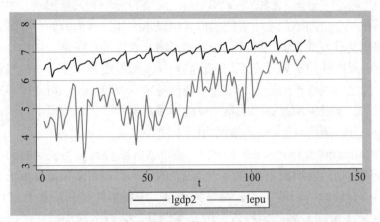

图 5-8　中国经济不确定指数与国内 GDP 的动态关系趋势图（2010—2020）

中美两国央行沟通对股票市场有影响效应，研究选取 2007 年至 2018 年的数据，运用 EGARCH 模型针对央行沟通对两国股票市场价格水平及波动性的影响进行检验。实证结果显示我国央行沟通对股票市场存在一定的影响，中国经济不确定指数波动曲线（lepu）与中国 GDP 走势曲线（lgdp2）表现出多处相似走向，并存在越来越密切的关系，且影响的方向是符合宏观调控预期的（图 5-8）。数据检验结果显示，央行沟通对股票市场价格水平及波动性的 p 值小于 0.01，有显著性影响（图 5-9）。

Selection-order criteria
Sample: 5－126　　　　　　　　　　　　　　Number of obs　=　122

lag	LL	LR	df	P	EPE	AIC	HQIC	SBIC
0	－126.387				－028126	2.1047	2.12337	2.15067
1	－27.2837	198.21	4	0.000	－005916	－545634	－601646	－683537*
2	－20.2411	14.085	4	0.007	－005629	－495756	－589109	－725594
3	－10.5215	19.439	4	0.001	－005126	－401991	－532686	－723764
4	－4.16998	12.703*	4	0.013	－004933*	－363442*	－531478*	－77715

Endogenous: lgdp2 lepu
　Exogenous: _cons

图 5-9　中国经济不确定指数与国内 GDP 的动态关系数据检验图

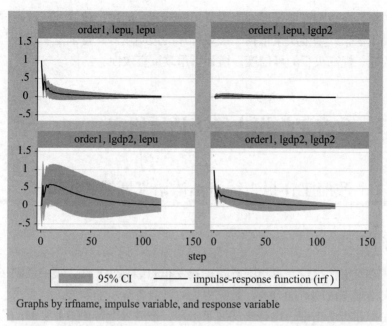

图 5-10　中国经济不确定指数与国内 GDP 的动态关系脉冲响应图

但滞后期两期格兰杰因果关系检验显示（图 5-11），相比于美联储，我国央行沟通对股票市场影响的效果还不够明显，特别是对股票价格波动性的影响，较美联储还有一定差距（魏路遥、王予钊，2020）。

vargranger

Granger causality Wald tests

Equation	Excluded	chi2	df	prob > chi2
lgdp2	lepu	3.0748	2	0.215
lgdp2	ALL	3.0748	2	0.215
lepu	lgdp2	9.1114	2	0.011
lepu	ALL	9.1114	2	0.011

图 5-11　滞后期两期格兰杰因果关系检验

成功的金融市场往往是一个现代国家崛起的前提条件，而投融资的高效率离不开金融机构的有效沟通。货币政策在一国金融体系中至关重要，央行应更加谨慎理性地考虑货币政策相关问题，建立一套清晰规范的决策框架，增强决策依据、决策程序的透明度等；特别是要积极与市场沟通，提高央行的可信度，增强货币政策有效性。

5.3　政府工作报告经济话语研究

5.3.1　政府工作报告经济话语语义网络特征分析

1. 研究对象

政府工作报告是每年国务院正式发布的纲领性文件，集中反映了党中央治国理政的行动方针，是党中央对社会各项事业发展的宣言书、政策安排和行动指南，也是实现国家治理，推进社会各项事业发展的行动方案。每一年的政府报告都包含政府对过去一年国家各项事业的全面总结以及对接下来一年的规划和预测。从中可以看出施政者的价值判断和价值选择，政策文件中承载的话语信息不仅仅是一种言语上的宣告，还可能是行政权力对社会制度事实的建构。政府通过历年的政府报告中告知民众本届政府本年度已取得的施政成绩，还会通过宣告行为告知大众未来的工作重点是什么，哪些领域会获得更多的资源支持，哪些机构组织可以获得合法性确权。

20 世纪 90 年代初话语分析被应用到公共政策领域，出现了公共政策研究的"论辩转向"（argumentative turn）。政府工作报告具有高度的官方性、指导性和权威性，其语言风格精练、用词高度严谨，是历时性总结我国经济政策演变，分析经济话语最具代表性的政策文件之一。基于此，本节试图通过计量文本分析的方法，结合定性与定量的方法来分析政府工作报告中的经济话语及其演变趋势。

2. 研究方法与数据

本研究收集我国自 1954—2019 年期间的国务院政府工作报告建成《中国政府工作报告语料库》，选取 1954 年作为起始时间的原因是，国务院政府工作报告始于 1954 年，其中因历史原因 1961—1963 年、1965—1974 年和 1976—1977 年的政府工作会议未举行，相应时段内的国务院政府工作报告缺失。因此截至 2019 年本研究收集的国务院政府工作报告共 51 份，总字数近 108 万。

语义网络分析就是语义分析，是一种基于自然语言进行语义信息分析的方法，作为一种社会网络分析的方法，在现有文献中多被用于分析社交媒体或网络评论等语料。该方法通过构建语义网络，识别评价主体与评论主体观点间的联系。完整的语义网络关系图由网络节点和有向线段组成，评估对象之间的语义联系越紧密，联结节点就越大，图中的箭头方向表示节点对象之间的从属关系。语义网络分析借助可视化的技术来表现节点之间的相互关联。本研究使用 NLPIR 汉语分词系统对政府工作报告的文本内容进行中文分词处理，然后观察关键词、热词、新词，最后借助 ROSTCM 软件中的 NetDraw 工具绘制语义网络图，利用语义结构的提取、聚类实现可视化分析。

3. 结果与讨论

本节基于语料库工具技术，从词汇、词频和语义网络入手剖析政府工作报告中的语言使用，探索经济话语的构建和演变趋势，并以此为依据对中国政府工作的延续性与时代性进行阐释论证。分析表明，政府报告话语体系中的经济政策以及关注点具有很强的延续性和鲜明的时代性，能够及时反映社会经济的变化。

1）新词

新词简单说也就是词汇的新颖度，主要依据文本语料中所有特征词的新词综合加权值（ni_tfidf）计算新词词频。本研究中，对于 t 期的新词综合权重，则追溯到 $t{-}1$ 期和 $t{-}2$ 期平均值进行比较，比如要计算 2019 年工作报告中的新词综合权重，则估算其前两年 2018 年和 2017

年特征词出现的平均值进行度量，但如果某个词在政府工作报告中没有连续多年出现，在后续报告中也有可能被算法自动识别为新词。

表5-3　代表性年度政府工作报告的新词分布特点

年份	新词
2019 年	减税降费、市场主体、营商环境、地方政府、医保、精准脱贫、新型城镇化、基本公共服务、互联网＋、脱贫攻坚、公正监管、实体经济、深度贫困地区、经济下行压力、社保缴费负担、改革完善、现代职业教育、基础设施建设、清理规范行政、改革完善、准入负面清单、绿色发展
2004 年	社会事业发展、体系建设、区域协调发展、拖欠农民工工资、中央财政、农民工工资问题、军队现代化建设、补助资金、生态建设、防治非典、抗击非典、完善职工、集中力量、商品结构、公务员队伍、繁荣发展、体育事业、行政法规、救助制度、重大传染病、事件应急机制、体制改革、非公有制经济、股份制改造
1999 年	国有企业改革、防范金融风险、财政债券、基础设施建设、外商投资企业、社会治安综合治理、扩大财政赤字、贷款质量、人民币、农民收入、部分国有、部队建设、职业教育、严厉惩治、下岗职工、改革开放、利用外资、重复建设、扩大内需
1984 年	核国家、核武器、核裁军、核军备、使用核武器、裁军、精神污染、第三世界国家、大锅饭、缓和国际紧张局势、贸易中心、城市经济、军备竞赛、友好关系、供销社、超级大国、国际局势、太平洋、裁减核武器、核扩散、沿海港口城市、利改税、外交、调节税、轮训、四项原则、招标承包、霸权主义、商品经济、工资改革
1954 年	中央人民政府、全国人民、公私合营工业、反革命分子、中央人民政府委员会、中华人民共和国、社会商品、技术人才、旧中国、侵略、一九五、外交关系、国内市场、互助合作、私营商业、国防力量、合作社、计划收购、工业基地

新词统计结果显示（表5-3），2019 年政府工作报告新关注点包括五个：（1）精准脱贫，脱贫攻坚；（2）减税降费，优化营商环境；（3）夯实基本公共服务，充分利用互联网＋；（4）重视现代职业教育，加强基础设施建设；（5）重视生态建设，实现绿色发展等。这些议题是新一届政府致力于解决和完善的最新社会议程。

　　表中 2004 年的新词统计反映了中央政府对防治非典、抗击非典的努力，对重大传染病、事件应急机制的制度建构，以及对"三农"问题的政策倾斜。1999 年的新词则反映了 20 世纪前后中国的经济体制改革：财政政策上扩大财政赤字、优化贷款质量，利用外资与扩大内需并行，对国有企业进行大刀阔斧改革。通过这几个年度的简单梳理，可以看出这些新词确实反映了该年度政府关注的新议题，这也说明了研究工具算法的相对可靠性和合理性，对历时性地分析政府官方文件的经济话语具有重要价值。

2）关键词

　　关键词图表是 NLPIR 软件采用交叉信息熵的算法自动计算生成的，包括新词与已知词，图 5-12 是对部分年度政府工作报告内容的关键词提取结果，其中关键词的字体大小代表频次高低。

历史时期	关键词词图
1965—1978 年 改革开放前夕	
1985—1991 年 改革开放初期	
1992—1999 年 社会主义市场经济 探索时期	

（续前图）

历史时期	关键词词图
2000—2009 年社会主义市场经济完善时期	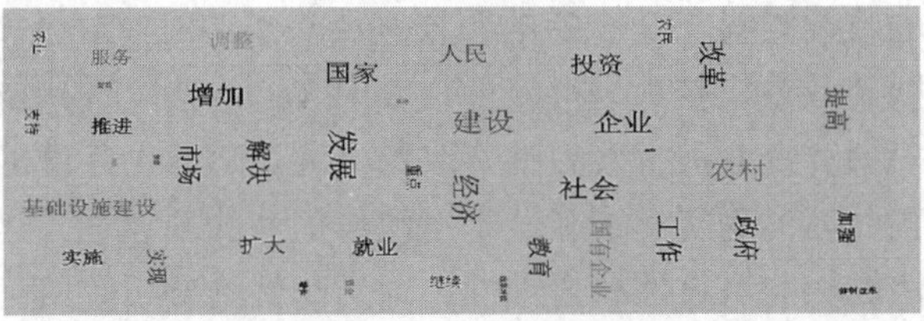
2010—2019 年中国特色社会主义新时代前夕与初期	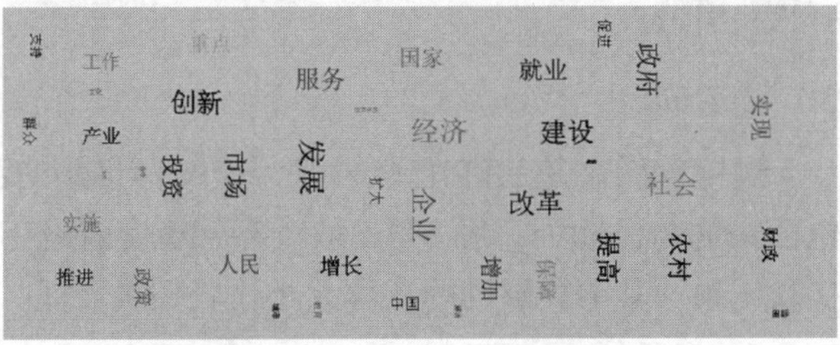

图 5-12　不同历史时期的政府工作报告的关键词图分析

词云图分析显示，"发展"一词出现在各个阶段的政府工作报告中，"发展"是位列第一的高频词，这说明了我国政府历年来执政方针和政策存在高度延续性和一致性。以经济建设为中心是兴国之要。当然，在不同发展阶段，发展的内涵和外延也在变化——从最初的发展是第一要义到现在以人为本的高质量发展。

各个阶段的政府工作报告中"计划"和"市场"的频次也在变化。1978 年改革开放后，政府工作报告中"市场"作为高频词开始出现。我国对政府和市场关系的认识经历了一个不断深化的过程。党的十四大提出了我国经济体制改革的目标是建立社会主义市场经济体制，提出要使市场在社会主义国家宏观调控下对资源配置起基础性作用。此后，我国对政府和市场的关系一直在实践拓展和认识深化中不断寻找新的科学定位。党的十八大提出更大程度更广范围发挥市场在资源配置中的基础性作用。党的十八届三中全会把市场在资源配置中的基础性作用修改为"决定性作用"。党的十九大再次强调"使市场在资源配置中起决定性作用"。这个定位是我国对中国特色社会主义建设规律认识的一个新突破，标志着社会主义市场经济发展进入了一个新阶段。

习近平总书记指出："现阶段，我国经济发展的基本特征就是由高速增长阶段转向高质量发展阶段。"推动高质量发展，是保持经济持续健康发展的必然要求，是适应我国社会主要矛盾变化和全面建成小康社会、全面建设社会主义现代化国家的必然要求，是遵循经济规律发展的必然要求。创新是引领发展的第一动力，创新发展注重的是解决发展动力问题，可以看到 2010—2019 年的政府报告中，"创新"作为高频词开始出现。

3）语义网络分析

语义网络分析是一种基于自然语义信息分析的方法，不仅进行词法分析和句法分析这类语法水平上的分析，而且还涉及单词、词组、句子、段落所蕴含的意义分析，在汉语分词技术基础上，从结构化数据与非结构化文档中抽取信息，利用大数据语义智能分析与知识推理，深度挖掘知识关联，构建知识图谱。

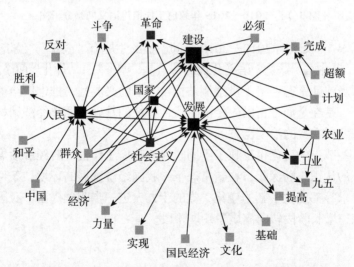

图 5-13　1954—1975 年政府工作报告语义网络分析图

经过对比图 5-13 和图 5-14，我们不难发现在 1954—1975 年语义网络图中节点最大的核心词是"建设"，而 2010—2019 年中最大节点是"发展"，节点越大，则表示特征词共线次数越多。这也反映了两个阶段中国经济发展的重点导向的区别；图 5-13 还有"社会主义""工业""社会主义""人民"等相对较大、较为紧凑的节点，符合中华人民共和国成立之初为捍卫革命胜利果实，求民主、盼富强，重工业化建设，强调经济体制的社会主义特征。

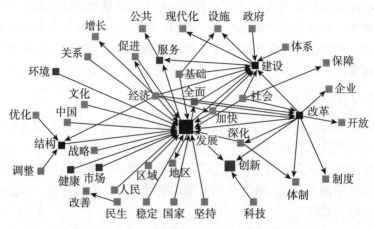

图 5-14　2010—2019 年政府工作报告语义网络分析图

图 5-14 反映出 2010—2019 年间凸显的主题有"改革""经济""结构"等，其中与"结构"语义共现的节点是"调整"和"优化"两个动词，反映了当前新常态经济下供给侧结构性改革的必要性；推进供给侧结构性改革，是在全面分析国内经济阶段性特征的基础上调整经济结构、转变经济发展方式的治本良方。

这些节点的变化也反映了不同阶段的政府工作报告对经济发展阶段性特征的认识不断深化，在新常态下，我国经济发展的环境、条件、任务、要求等都发生了新的变化，党的十九大进一步明确提出，我国经济已由高速增长阶段转向高质量发展阶段。

5.3.2　政府工作报告经济话语互文性对经济走向的影响

新中国诞生 70 多年来，中国经济取得了世界瞩目的巨大成就。1952 年，我国国内生产总值为 679 亿元人民币，人均国内生产总值仅为 119 元，1978 年经济规模增长到 3 679 亿元人民币。改革开放后我国经济高速发展，2000 年的 GDP 已突破 10 万亿元人民币。截至 2019 年，我国国内生产总值已经达到 99.086 5 万亿元，一跃成为体量近百万亿的经济体，经济规模和综合国力都实现了历史性跨越。中国经济高速腾飞的重要原因之一就是成功建立了社会主义市场经济体制，中国的经济体制改革历经了几个不同的历史阶段。在经济社会发展进程中，围绕着计划与市场、基本经济制度、市场与政府关系，经济体制改革理论持续演进发展，源于中国改革开放实践的理论不断创新，发展引领和推进了经济体制改革，优化了经济基础与生产力关系，激发了社会活力，促进了经济社会的巨大发展。中国道路取得成功的关键可以说是正确地处理好了政府与市场的关系，科学地制定了顶层设计的相关制度。正是凭借顶层设计中科学且灵活的经济体制，在稳固的社会经济制度的保障下，中国政府才能够成为有效推动经济发展的权威力量。回首中国经济史，市场与政府的地位并非一成不变，在动态的社会情境下，中央政府是如何通过经济话语建构社会经济制度，通过言语创建制度事实，主张权力的合法性和规范性，引导被施政对象的行为，本小节围绕经济话语中经济体制改革的议题来具体探讨政府政策文本中经济话语互文性特征对经济的影响。

本研究借助 NLPIR 软件高频词分析和主题聚类分析，将历年政府工作报告语料库按照时间划分为五个阶段：第一阶段（1954—1975 年），中华人民共和国成立初期，中国经济改革前夕；第二阶段（1978—1984 年），改革开放伊始，计划经济为主，市场调节为辅；第三阶段（1985—1991 年），实行有计划的商品经济，计划经济与市场经济相结合；第四阶段（1992—1999 年），社会主义市场经济体制探索，建立社会主义市场经济体制；第五阶段（2000 年至今），坚持并完善社会主义市场经济体制。根据不同时间阶段，在 NLPIR 软件中使用关键词"市场""市场经济""计划"检索历年报告。

第一阶段（1954—1975 年），中国经济改革前夕，实行计划收购和计划供应；

[1] 中央人民政府先后实行了粮食、油料、棉布的计划收购和计划供应以及棉花的计划收购，以便调节供需关系，稳定市场物价，保障人民的生活和国家的建设……如果我们希望不再受奸商投机倒

把所形成的物价飞涨和生产停顿的痛苦，希望用合理保证供应全国人民需要的社会主义商业来代替资本主义的投机商业，那么，我们就会承认，计划收购和计划供应是国家所必须采取的办法了。

（摘自《1954年国务院政府工作报告》）

[2] 为着继续保持市场的稳定，除努力增加生产外，国家必须分别主要商品生产的不同情况，逐步地推行计划收购和计划供应的政策，以便有计划地掌握货源和组织供应，严厉地同投机商作斗争，不让私商有操纵市场的可能。

（摘自《1955年国务院政府工作报告》）

[3] 保证市场的稳定，是完成第一个五年计划的必要条件……粮食的计划收购和计划供应，打击了投机商人，打击了富农，就是说，打击了农村的资本主义经济，进一步削弱了资本主义在农民中的影响……如果不实行计划收购和计划供应，私商就要操纵粮食市场，大发横财，而整个国内市场物价的稳定就要被破坏。

（摘自《1955年国务院政府工作报告》）

[4] 继续执行以农业为基础、工业为主导的方针和一系列两条腿走路的政策。按照农轻重的次序安排国民经济计划。在国家统一计划下，充分发挥中央和地方两个积极性。

（摘自《1975年国务院政府工作报告》）

[5] 有些基本建设单位的计划在过去五个月中没有完成，主要是由于钢材、水泥等建筑材料和机器设备的供应不足……国家必须有一定的物资储备。今年的基本建设工程所遇到的物资供应上的限制和困难，就反映了政府过去对于物资储备的注意不足。

（摘自《1956年国务院政府工作报告》）

1954年的政府工作报告是国务院发布的第一份官方的代表中共中央的政府报告，在这份报告中，我们检索到的关于"市场"的表述仅有三处，"市场经济"的概念并未在报告中提及。1959—1962年的政府报告中也未提及市场经济或计划经济有关的表述。1975年的报告中也只是提及了国家统一计划的必要性。从检索的语篇来看，这个阶段内（1954—1975年）总体上在经济体制上主张坚定不移地实行计划经济，即国家统一计划收购和计划供应，这个阶段的顶层设计中还完全没有对市场经济的探讨。中华人民共和国成立初实施计划经济的原因除了受苏联模式影响等客观因素，还在于当时的决策者主观上构建的制度性事实。这里的制度性事实即定义了的社会组织可能形式的规则系统，语言也是制度（Searle，1995）。此处，若将社会主义看成是一套制度性事实或被定义的规则系统，那在决策者的建构中社会主义的本质特征就应该是计划经济，非计划经济就不符合社会主义制度事实。我们看到在语篇 [1] 的语境里社会主义商业和资本主义的投机商业为一组对立的概念，在社会主义这一制度性事实下，"计划收购和计划供应是国家所必须采取的办法"。在计划经济话语体系的论述中，假定前提是计划经济应该是社会主义这一制度运行的唯一机制，如果不实行计划收购和计划供应，则私商就要操纵粮食市场，破坏国内市场物价的稳定。相对应的是，在自由市场类话语体系中，资本主义经济的特征才是自由市场，而"自由化"会产生私商（语篇 [3]），引致价格不稳、物资紧张和供应不足问题（语篇 [4][5]）。两套话语体系通过假定前提、关键词汇、价值诉求和主要修辞等元素（见表 5-4），分别建构了对应的制度实体，以前者为例，计划经济的政策话语界定了社会主义制度的独有特征，计划经济是这一制度实体的独有机制，清晰地指明了中央政府具有维护国家稳定，尤其是市场物价稳定的职责。

表 5-4　计划经济与市场经济话语体系的要素对比

话语体系	计划经济	市场经济
对市场的态度	支持计划经济的观点	反对计划经济的观点
核心价值	保持市场稳定，保障国家建设	破坏价格稳定，操纵市场
假定前提	计划经济应该是社会主义这一制度运行的唯一机制； 是奸商投机倒把才形成物价飞涨和生产停顿的； 用社会主义商业来代替资本主义的投机商业。	自由市场只出现在资本主义经济； "自由化"会产生私商，引致价格不稳和物资紧张； 投机商人和富农，都是资本主义经济中特有的。

（续表）

话语体系	计划经济	市场经济
话语中的主要修辞手段	严厉地同投机商作斗争（战争隐喻）；不让私商有操纵市场的可能；打击了农村的资本主义经济，进一步削弱了资本主义在农民中的影响（本体隐喻）。	资产阶级观点、修正主义观点，同我们的社会主义建设总路线和对外政策总路线相对抗（战争隐喻）；新的和旧的资产阶级分子及其他剥削分子总是结合起来，反对社会主义，发展资本主义（本体隐喻）。
话语中的关键词汇	计划收购；计划供应；社会主义；价格稳定	投机商；操纵；自由主义；资产阶级；供应不足
被建构的制度实体	社会主义制度；计划供应；国家；中央政府	自由市场；资本主义经济

第二阶段（1978—1984 年），计划经济为主，市场调节为辅；

[7] 要在中央的集中统一领导下，适当扩大地方在计划、基建、财政、物资、外贸等方面的权限，使各地方能够按照社会化大生产的要求和经济有效的原则，因地制宜地发展国民经济。

（摘自《1979 年国务院政府工作报告》）

[8] 所有这些改革的试点，都是为了体现计划调节和市场调节相结合的原则。

（摘自《1980 年国务院政府工作报告》）

[9] 与此同时，三年来逐步扩大企业自主权，推行经济责任制，贯彻执行按劳分配的原则，并在国家计划指导下发挥市场调节的辅助作用。这些初步的改革，使企业增加了活力，对于克服企业中普遍存在的平均主义、吃大锅饭等现象，调动企业和职工的积极性，起了很好的作用。

（摘自《1981 年国务院政府工作报告》）

[10] 改革经济体制，是全面提高经济效益，实现社会主义现代化的重要保证……在整顿企业、调整企业、推进技术改造、控制固定资产投资规模、搞活商品流通等许多工作，都涉及经济体制问题，不改革就很难前进。

（摘自《1982 年国务院政府工作报告》）

本阶段中有关计划与市场的话语论述出现了改变，首先在假定前提上将"计划调节"和"市场调节"都视作社会主义制度的组成部分；同时，"改革经济体制，是全面提高经济效益，实现社会主义现代化的重要保证"（参考语篇 [10]）；经济体制被界定为需要调整的制度实体，关键词变更为"改革经济体制""市场辅助作用"，价值诉求由之前的稳定物价演变为"全面提高经济效益""调动积极性"和"形成适合国情的新经济体制"。报告中的话语修辞往往通过结构性隐喻和本体隐喻将一些概念看成是可以指称和改变的制度实体，比如在"改革经济体制，是全面提高经济效益，实现社会主义现代化的重要保证""克服企业中普遍存在的平均主义、吃大锅饭等现象，调动企业和职工的积极性""克服妨碍社会生产力发展的原有体制中的弊端和缺陷"这几段报告语段中，"经济体制""社会主义现代化""社会生产力"等原本离散或抽象的概念都变成了可识别和可变革的制度实体。

第三阶段（1985—1991 年），计划经济与市场经济相结合；

[11] 在搞活消费品市场的同时，逐步发展生产资料市场，开拓金融、技术、劳务和房地产市场，对价格体系改革进行了有益的探索和尝试，大力发展了企业、地方和部门间的横向经济联合。社会主义市场体系正在逐步形成，市场机制在国民经济运行中开始显示出重要作用……五年来，在经济体制改革带动下，改革逐步在科技、教育、文化、政治等领域展开，日益显示出重大作用。

中央与地方、国家与企业、集体与个人、计划与市场等基本经济关系尚未完全理顺，很多方面的工作还不能适应社会主义有计划商品经济发展的要求……配套运用经济手段，逐步形成"国家调节市场，市场引导企业"的新的经济运行机制……社会主义市场体系正在逐步形成，市场机制在国民经济运行中开始显示出重要作用。

（摘自《1988 年国务院政府工作报告》）

第四阶段（1992—1999 年），社会主义市场经济体制探索；

[12] 按照计划经济和市场调节相结合的原则，进一步改革计划体制和管理方式。计划和市场都是调控经济的手段，不是区别社会主义和资本主义的标志，社会主义和资本主义都可以用。我们应当

根据经济发展的客观需要，进一步调整指令性计划、指导性计划和市场调节的范围，更好地发挥市场机制的作用。

（摘自《1992 年国务院政府工作报告》）

可以看到在第三、四阶段中，话语体系的演变也是通过假定前提、关键词汇、价值诉求和主要修辞等元素建构不同内涵的制度性实体完成的。首先，话语体系中的假定前提发生了重大的变化。通过修辞中的本体隐喻，"社会主义市场体系正在逐步形成，市场机制在国民经济运行中开始显示出重要作用"（语篇 [11]），将"社会主义市场体系""市场机制"这些抽象的概念变为发挥经济效应的制度实体，新的经济运行机制的内涵就这样发生了新的演变。凭借制度性实体的演变，以言施政，中央政府在计划、投资、物资、财政、税收、金融、外贸等方面都进行了不同程度的体制改革，开始从直接调控为主向间接调控为主过渡，市场机制发挥出越来越重要的作用。

第五阶段（2000 年至今），社会主义市场经济体制完善。

[13] 必须坚持运用市场机制和宏观调控两种手段，在坚持市场经济改革方向、发挥市场配置资源基础性作用、激发市场活力的同时，充分发挥我国社会主义制度决策高效、组织有力、集中力量办大事的优势。

（摘自《2010 年国务院政府工作报告》）

[14] 必须全面深化改革，坚持和完善基本经济制度，建立现代产权制度，基本建成法治政府，使市场在资源配置中起决定性作用和更好发挥政府作用，加快形成引领经济发展新常态的体制机制和发展方式……围绕解决重点领域的突出矛盾和问题，加快破除体制机制障碍，以供给侧结构性改革提高供给体系的质量和效率，进一步激发市场活力和社会创造力。

（摘自《2016 年国务院政府工作报告》）

[15] 市场配置资源是最有效率的形式。要进一步缩减市场准入负面清单，推动"非禁即入"普遍落实。政府要坚决把不该管的事项交给市场，最大限度减少对资源的直接配置，审批事项应减尽

减……要处理好政府与市场的关系，依靠改革开放激发市场主体活力。只要市场主体有活力，就能增强内生发展动力、顶住经济下行压力。要大力推进改革开放，加快建立统一开放、竞争有序的现代市场体系，放宽市场准入，加强公正监管，打造法治化、国际化、便利化的营商环境，让各类市场主体更加活跃。

（摘自《2019 年国务院政府工作报告》）

可以看到第五阶段中，有关市场经济的相关表述有了新的变化，以"计划经济"为检索词未能搜索到任何内容，本阶段的话语体系以市场经济为主。在有关经济体制的表述中，关键词从"发挥市场配置资源基础性作用"到"市场在资源配置中起决定性作用和更好发挥政府作用"，市场的"基础性作用"到"决定性作用"这一微小的措辞调整产生的市场动能是巨大的。经济体制的制度性事实得到了重新界定，即市场机制和宏观调控可以并行不悖，市场机制是资源配置的决定性力量。修辞策略中除了常见的本体隐喻还出现了方位隐喻，像语篇 [15] 中"只要市场主体有活力，就能增强内生发展动力、顶住经济下行压力"，使用方位上向上的词汇"有活力""增强内生动力"和"顶住下行压力"等，表现出决策者对发展市场经济能够提升经济、增强动力的信心和期望。

综上来看，经济话语互文性特征凸显，反映并参与建构社会现实，政策实践反过来（再）加强或（再）生产新的话语。在历年的政府报告中，中国经济政策的互文性构建是通过对不同类型词汇进行选择和协作使用来完成的。政府工作报告中的高频词、关键词和新词限定了互文性构建的边界，新老话语在竞争和互动中最终产生了经济政策。历年政府报告反映了中国政府的经济政策实践和经济话语变迁、语言使用和社会变迁之间的互文关系。

5.4　美联储经济报告话语研究

美国联邦储备系统（The Federal Reserve System）履行美国中央银行的职责，旨在促进美国经济的有效运作，维护保障公共利益。联邦储备系统由 12 个地区银行和一个 7 人组成的管理委员会构成。美联储

（The Fed）主要有以下功能：首先是实施国家的货币政策，实现充分就业、维持价格水平稳定和利率适当，以保障金融体系的稳定性，并通过来自美国内外的积极监督和参与来最小化和控制系统性风险；其次是维护金融机构的安全性和健全性，并监督其对整个金融系统的影响；通过为银行业和美国政府提供服务，促进美元的交易和支付，提高支付和结算系统的安全性和效率；最后是通过以消费者为中心的监督和检查，对新兴消费问题和趋势进行研究和分析，激励社区经济发展活动，促进消费者保护和社区发展。

《美国金融稳定报告》由美国财政部长主持，由美联储主席和其他金融监管机构等共同完成，报告包括美联储对美国当年度金融表现的回顾、预测及金融体系稳定性的评估，是对金融稳定监督委员会（Financial Stability Oversight Council，FSOC）年度报告的补充。报告的定期发布，有助于增进公众或相关机构对金融体系的理解，营造更透明公开的金融环境。

美国的金融稳定性意义重大，"牵一发而动全身"，其对全球金融的稳定性都有外溢效应。2019 年以来，美国金融监管趋松，美联储持续降息使得整个国际金融市场面临诸多不确定性，国内外经济下行压力增大，给我国金融稳定带来风险和挑战。鉴于此，本节以美联储的《2019美国金融稳定报告》和《2020 美国金融稳定报告》为语料，采用语料库语言学的研究方法对美国官方金融机构的报告进行深度挖掘，以期提供参考价值。

5.4.1 美联储《2020 美国金融稳定报告》语义网络特征分析

本节采用语料库软件 LancsBox，由英国兰卡斯特大学 Vaclav Brezina 团队开发，LancsBox 拥有更丰富的功能，在检索方式、词频统计、统计算法、尤其在信息可视化呈现上有着更精细化的表现，包括 KWIC（关键词搜索）、Whelk（检索词分布）、Graphcoll（语义搭配可视化）等核心功能。为更好的比较和呈现金融报告中语义网络特征，本小节的语料以美联储《2020 美国金融稳定报告》为观察语料，词符数为 17 446，类符数为 3 037，词形归并后类符数为 2 613。选用《2019 美国金融稳定报告》作为对照语料，词符数为 27 646，类符数为 4 028，词形归并后类符数为 3 550。两个语料库总词符数 45 092，类符数 7 065，词形归并后类符数为 6 163。

1. 高频词和检索项分布

首先，我们通过词汇检索功能查看两个语料中的高频词，一般来说动词和名词包含的信息量在一个语义群中比较多，因此在剔除无效数据后，我们选取了排名靠前的名词和动词做成了高频词表。通过对比两份语料的名词高频词统计，可以看到两个报告的高频名词存在很多重合，常见的有 market、loan、risk、federal、bank、credit、asset、leverage、fund、bond 等金融类词汇，2020 年的报告中也出现了 loss、COVID-19、pandemic 等新词，这种差异性也符合 2020 年的现实情况（表 5-5）。

表 5-5　《美国金融稳定报告》高频名词统计对比

《2020 美国金融稳定报告》		《2019 美国金融稳定报告》	
名词	词频	名词	词频
market_n	200.00	market_n	120.00
federal_n	176.00	asset_n	106.00
loan_n	165.00	loan_n	99.00
reserve_n	160.00	price_n	97.00
bank_n	155.00	risk_n	94.00
treasury_n	151.00	bank_n	93.00
asset_n	151.00	credit_n	86.00
fund_n	133.00	rate_n	79.00
credit_n	126.00	federal_n	78.00
risk_n	121.00	financial_n	75.00
business_n	113.00	figure_n	73.00
price_n	109.00	reserve_n	72.00

（续表）

《2020 美国金融稳定报告》		《2019 美国金融稳定报告》	
financial_n	99.00	source_n	69.00
figure_n	94.00	treasury_n	65.00
security_n	94.00	business_n	58.00
source_n	85.00	leverage_n	57.00
board_n	82.00	debt_n	57.00
stability_n	72.00	fund_n	56.00
bond_n	67.00	board_n	56.00
debt_n	65.00	security_n	56.00
quarter_n	62.00	stability_n	55.00
household_n	60.00	system_n	55.00
funding_n	60.00	level_n	54.00
leverage_n	58.00	household_n	47.00
loss_n	52.00	growth_n	46.00
consumer_n	52.00	liquidity_n	46.00
liquidity_n	47.00	consumer_n	43.00
COVID-19_n	44.00	bond_n	42.00
investor_n	44.00	interest_n	41.00
yield_n	43.00	yield_n	41.00
growth_n	43.00	equity_n	41.00
mortgage_n	35.00	investor_n	36.00
lending_n	35.00	mortgage_n	21.00
balance_n	33.00	calculation_n	20.00
pandemic_n	31.00	shock_n	20.00

　　动词高频词表中我们剔除了无实际意义的情态动词，比如 can_v /
would_v / 和 be 动词 be_v。对比之后，我们发现两个年度的语料存
在很多相同动词，比如 have、remain、increase、use、hold、base、
rise、sell、include 等，相比 2019 年，2020 年的报告文本还出现了
support、identify、contribute、associate 等新的高频动词（表 5-6）。
我们利用高频词提取几个主要的语义网络群。

表 5-6 《美国金融稳定报告》高频动词统计对比

《2020 美国金融稳定报告》		《2019 美国金融稳定报告》	
动词	词频	动词	词频
have_v	190.00	have_v	111.00
remain_v	69.00	remain_v	48.00
increase_v	61.00	include_v	31.00
include_v	58.00	use_v	29.00
continue_v	50.00	increase_v	27.00
use_v	48.00	base_v	26.00
base_v	30.00	continue_v	23.00
support_v	29.00	hold_v	21.00
see_v	27.00	measure_v	19.00
provide_v	23.00	sell_v	16.00
reflect_v	23.00	rise_v	15.00
lead_v	23.00	see_v	15.00
rise_v	22.00	reflect_v	14.00
improve_v	21.00	owe_v	14.00
hold_v	21.00	expect_v	14.00
sell_v	20.00	move_v	13.00
identify_v	20.00	appear_v	13.00
measure_v	19.00	account_v	13.00
expect_v	19.00	show_v	12.00
show_v	19.00	define_v	12.00
take_v	19.00	exclude_v	12.00
contribute_v	18.00	indicate_v	11.00
leave_v	17.00	estimate_v	11.00
associate_v	17.00	provide_v	11.00
make_v	17.00	affect_v	10.00
affect_v	17.00	lend_v	10.00
decline_v	15.00	convert_v	10.00

　　LansBox 软件除了可以检索词汇在语料中的绝对频率和相对频率之外，还可以具体展示检索项在每一个语料库或子文件之间中的分布情况对比。过去多数研究主要关注检索项的频率信息，一定程度上忽略了检

索项在不同语料库文本中分布的离散情况，这可能会带来统计偏误，所检索到的某些高频词汇集中出现在某单一语料或极少数文本中。借用 LansBox 的 Whelk 功能可以很好地解决这一问题，通过将语料的频率信息和分布情况综合考察，从而更加直观全面地了解检索内容在各个语料中的分布情况，这对于特定用途语类或特殊话题语料的研究能够发挥重要作用。我们以 2020 年新出现的高频动词 support 为例，检索其在两个文本库中的分布情况，检索项设置为"support*"，明显看出该动词在 2020 年文本中出现了 55 次（参见表 5–7），而在 2019 年仅出现 3 次，可以大致推测 2020 年可能因金融形势相对复杂，美联储出台了很多扶持性政策。

表 5–7 2019 年和 2020 年《美国金融稳定报告》support* 词频对比

报告	总词符	频数	千分率
《2020 美国金融稳定报告》	27 646	55	19.89
《2019 美国金融稳定报告》	17 446	3	1.719

2. 文本情感分析

我们使用 Sentiment Analyzer 软件[1] 考察报告文本的情感基调，情绪基调得分为 –100 到 +100 之间，其中 –100 表示非常消极或严肃的语气，而 +100 表示非常积极或热情的语气。报告共分 purpose，framework，overview，near-risk to the financial system，figure notes 五大部分，我们分别选用了报告开头的概述部分（overview）和结尾的总结展望部分（near-risk to the financial system）。

测量结果显示，相比《2019 美国金融稳定报告》概述篇情感指数 18.8，2020 年的概述篇情感指数降低到 8.6（图 5–15）。《2019 美国金融稳定报告》总结展望篇情感指数为负值 –18.9，2020 年总结展望篇情感指数猛降到 –43.3（图 5–16）。可以推测市场情绪非常悲观，金融市场较为低迷，股市有很高概率出现崩盘。主要原因从国际方面看，新冠肺炎疫情开始在海外蔓延，市场担忧疫情带来的经济不确定性。大宗商

---

1 来自 Daniel Soper 网站。

品价格异常，2020 年 2 月出现原油期货价格下跌、黄金期货价格因避险需求上涨；美国国内方面，新冠肺炎疫情的发展导致假期延长、复工时间延后，投资、消费、出口等均受到一定冲击。在《2020 美国金融稳定报告》中看到尽管美联储和财政部采取了一系列救市政策，但美国金融市场不确定性仍然很高，如果未来美国经济复苏情况达不到预期水平，或者国内疫情情况进一步恶化升级，投资者的风险情绪就可能迅速发生转变，资产价格变得极其脆弱，金融市场存在极大风险。

《2020美国金融稳定报告》　　　　　《2019美国金融稳定报告》
　　概述篇情感指数　　　　　　　　　　概述篇情感指数

图 5-15　《美国金融稳定报告》概述篇情感指数对比

《2020美国金融稳定报告》　　　　　《2019美国金融稳定报告》
　总结展望篇情感指数　　　　　　　总结展望篇情感指数

图 5-16　《美国金融稳定报告》总结展望篇情感指数对比

　　本研究显示，词汇作为语言的一个重要组成部分，对经济、社会的发展变化反应最敏感、最直接，具有灵活性和动态性（钱毓芳、田海龙，2011）。通过对语言表征的量化分析，可以窥见美联储报告语言呈现的词频、词汇搭配和情绪指数等规律性特点，有利于快速了解美国经济现状。下节将进一步结合语义网络分析的结果具体来看美联储报告对美国金融形势的分析解读及未来预测。

5.4.2 美联储《2020 美国金融稳定报告》语义特征与经济影响

1. 美国经济走势特点分析

美国经济和金融的基本面受 2008 年金融危机的负面影响，2009—2014 年间的政策基调都是量化宽松为主，已连续实施了三轮量化宽松政策，主要表现为"降息"和"扩表"两项。"降息"就是指美联储将联邦基金目标利率降到 0%－0.25% 的超低水平；"扩表"主要是指在公开市场等实施"资产购买计划"，通过大量购买中长期国债和住房抵押贷款支持证券，以此给市场注入资本，为市场提供中长期资金支持。随着经济的复苏，美国国内宏观数据强劲，经济增长率和就业率均处于历史较好水平。美国经济自 2009 年 6 月以来就保持连续增长，处于经济扩张期，2009 年国内生产总值为 14.4 万亿美元，2019 年已经增加至 21.4 万亿美元；扩张期持续到 2020 年 2 月，国内经济实现了 128 个月的持续增长，这也是美国历史上最长的经济增长周期。期间，失业率下降到历史低位，2008 年失业率曾高达 10%，2015 年有所好转，失业率下降至 5%，2019 年 5 月失业率进一步下降至 3.6%；国内通货膨胀率相对温和，居民家庭收入处于增长趋势。虽然 2019 年以来，国内宏观数据出现分化，制造业和服务业采购经理人指数（Purchasing Manager's Index，PMI）大幅下降，经济下行风险增加，但 2019 年美联储加息进程明显减速，计划逐渐退出量化宽松金融政策，政策基调改宽松为中性。

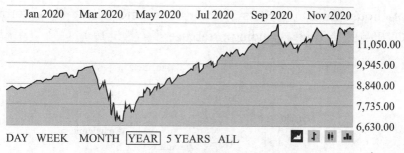

图 5-17　美国道琼斯指数走势图 2020 年

2. 突发疫情加剧美国金融风险

我们以 crisis* 为检索项，对 2019 年和 2020 年《美国金融稳定报告》文本中该词的语义网络进行统计对比（图 5-18），2020 年的金融报告与 crisis 搭配的高频词有 financial、households、markets、business、federal reserve、short-term、COVID-19、actions、funding、stabilize 等，可以判断 2020 年初的全球新冠疫情给美国金融市场带来巨大挑战。

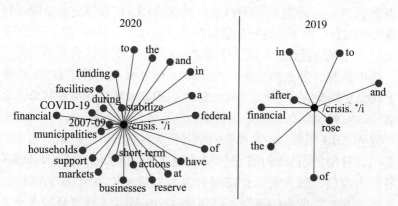

图 5-18　《美国金融稳定报告》crisis* 语义网络搭配图对比

为了进一步验证这个判断，我们又以 COVID-19* 为检索项考察语义网络，结果发现，2020 年的语料中，COVID-19 和 crisis 高度共现，两个检索项的语义网络图中的关键词几乎一致，都包含 financial、households、markets、business、municipality、short-term、COVID-19、actions、funding、stabilize 等（图 5–19）。

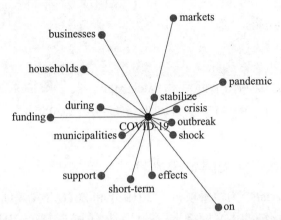

图 5–19 《2020 年美国金融稳定报告》COVID-19* 语义网络搭配图

对关键词进一步检索可以发现，突发疫情严重影响了美国资本市场的稳定。美国资本市场中，股票市场反应剧烈，仅 2020 年 3 月 3 日到 16 日短短十三天内，道琼斯、纳斯达克、标普 500 三大股指开盘跌幅扩大至 7%，三次触发熔断机制，2020 年 3 月 18 日交易盘同样触发下跌熔断机制，创下了美股创设熔断机制以来一个月内四次下跌熔断的历史纪录。急剧猛烈的下跌让资本市场在 16 个交易日内从牛市转为熊市，这在美国历史上都是第一次。2020 年 3 月成为美股自 1900 年以来下跌幅度最大的一个月，标普 500、道琼斯和纳斯达克跌幅分别高达 35%、38% 和 30%。

截至 2019 年末，美国非金融企业债务占其国内生产总值的比例高达 74%，且债务增长集中于低评级企业，企业债务信用资质明显弱化。随着国内疫情升级，美国 BBB 级和高收益级别信用债利差大幅飙升。近几年美国股票市场的连续上涨部分得益于在低利率市场环境下企业发债回购股票，但如果企业出现信用风险，股市债市的平稳状况难以为继且风险聚集。一旦出现外生冲击，恐慌情绪势必不断放大，资产价格大幅下降，风险资产也将遭到抛售，流动性危机近在眼前。政府出台适当的宏观经济干预政策和措施，稳定金融市场，稳住经济运行，是最佳选择。

与此同时，债券、货币等金融市场不确定性增加，债券整体信用持续下降。我们以 bond* 为检索项分别检索两个年度的语料，从 bond* 语义网络搭配图可以看到，相比 2019 年多了 outstanding，low，issuance 等关键词。通过进一步的文本检索发现，美国债券市场面临越来越多的未偿还债券（outstanding bond）、低企业信用（low credit）以及低债券回报率（low return）等问题。美国原本就面临严重的资产价格泡沫和债务杠杆问题，突发疫情又加剧了其债券市场偿还危机。

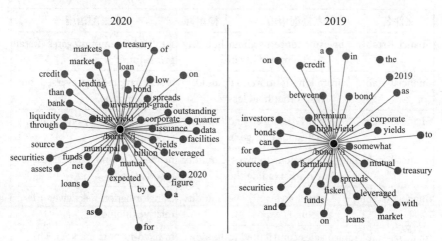

图 5–20　《美国金融稳定报告》bond* 语义网络搭配图对比

我们以 bond*（债券）为关键词检索语义网络，统计结果显示，两年年报出现了不同的语义网络特征。2019 年，与 bond 搭配的高频词为 credit（信用）、liquidity（流动性）、loan（贷款）、leverage（杠杆）、treasury（财政）、funds（基金）、market（市场）、invest（投资）、source（来源）、yields（产出）等。2020 年，与债券搭配的高频词为 outstanding（未偿付的）、low（降低）、issuance（发行）。从 bond 的语义网络高频词可以窥见美国金融市场的变化和危机。

3. 民间信贷危机四伏，金融纾困造血市场

我们使用第一节的高频词表中的名词 credit* 作为检索项，发现其关联的关键词有 losses、quality、corporate、household、consumer、 small business、auto、corporate、loans、bank，结合上文分析可以推测，美国信贷市场同样遭遇危机。我们以 liquid* 为检索项查看前后文词汇搭配验证了这个推断，文中多次用 "less liquidity""a deterioration in market liquidity""drain liquidity（from corporate bond market）""increase liquidity pressure""liquidity risk""liquid liability""MMLF[1]"，从前后关键词搭配可以看到信贷市场境况恶化，流动性承压严重（图 5-21）。

文件名	左搭配语境	检索词	右搭配语境
financial-stab	investor concerns about the possibility of	liquidity	fees and redemption gates. Retail prime funas
financial-stab	from long-term mutual funds that hold less	liquid	assets have mostly reversed, but the redemption
financial-stab	bonds. These open-end mutual funds engage in	liquidity	transforma tion by offering daily redemptions to
financial-stab	daily redemptions to investors, notwithstanding the	liquidity	profile of a fund's underlying assets. Funds
financial-stab	bank loans may be particularly exposed to	liquidity	transformation risks given the relative illiquidity
financial-stab	forced sales contributed to a deterioration in	liquidity	in fixed-income markets. The magnitude of investor
financial-stab	assets under worsening market conditions, further draining	liquidity	from corporate bond markets. The announcement
financial-stab	to support corporate borrowing, improved bond market	liquidity	significantly and eased strains faced by mutual
financial-stab	still lead to a deterioration in market	liquidity	of underlying assets. This structural vulnerability may
financial-stab	and collateral requirements by CCPs, could increase	liquidity	pressures on market participants, potentially even beyond

---

1　MMLF: 全称是 Money Market Mutual Liquidity Facility，指美国货币市场共同基金流动性便利工具。

（续表）

文件名	左搭配语境	检索词	右搭配语境
financial-stab	on the prices of junior CLO tranches.	Liquidity	risks at life insurers are at post 2008
financial-stab	insurers have widened the gapbetween the	liquidity	of their assets and the liquidity of
financial-stab	the liquidity of their assets and the	liquidity	of their liabilities, potentially making it harder
financial-stab	balance sheets. These assets — including CRE loans, less	liquid	corporate debt, and alternative investments — edged up
financial-stab	financial crisis (figure 4-8). Meanwhile, the share of	liquid	liabilities remains above its level during the
financial-stab	Share of P&C insurer assets 4-8. Less	Liquid	General account assets Held by U.S. Insurers
financial-stab	reduce lending to US. res-idents and liquidate	liquidity	holdings of U.S. assets in order to
financial-stab	MMLF is the Money Market Mutual Fund Liquidity	Liquidity	Facilit:. MMLF operations began on March 23.
financial-stab	MMLF is the Money Market Mutual Fund	Liquidity	Facility. CPFF is the Commercial Paper
financial-stab	ment company.72 Figure Notes Figure 4-1	Liquid	lassets are cash plus estimates of securities
financial-stab	estimates of securities that qualify as high-quality	liquid	assets as defined by the Liquidity Coverage

图 5-21 《美国金融稳定报告》liquid* 检索项关键词搭配图

　　针对汽车贷款、学生贷款和信用卡贷款等民间信贷危机，美国政府各部门连续出台紧急救助扶持政策。美国教育部宣布学生贷款还款暂停至 2020 年 9 月 30 日，且不产生任何罚息等费用。2020 年 8 月 8 日，特朗普总统签署行政令，宣布学贷还款时间延期至 2020 年 12 月 31 日。美国政府称将继续购买美国国债和抵押贷款支持证券以支撑美国经济抵御新冠肺炎疫情冲击，不设额度上限，并宣布了一系列新措施，以支持信贷流动，特别是资金流向家庭和企业。这种金融性政策相当于直接在财政上给予企业、公司等实体经济以及家庭现金流支持，在一定程度上解决了目前在新冠疫情影响下大部分企业、公司甚至家庭存在的现金流断裂问题，美股整体股市无论是道琼斯指数还是标普 500 在之后的一个星期内都有大幅提升。同时，为应对新冠疫情给经济带来的冲击，美国政府推出了规模空前的财政和货币救助政策。财政部通过直接向纳税人支付现金、提高失业人员和其他弱势群体福利、向受损严重的中小企业提供援助贷款、退还和延迟企业社保缴费，以及补贴医院、州和地方政府应对疫情的支出项目，扩大财政开支。美联储通过降息、购买债券、设立各种贷款工具等措施，向银行机构和金融市场提供流动性，为实体经济注入资金。大规模的政策救助稳定了金融市场和消费者预期，支撑了金融机构、企业、地方政府和公共机构的运行，减缓了经济下行的速率，化解了金融危机积累的条件，但同时也带来了债务和货币不稳定等经济金融风险。

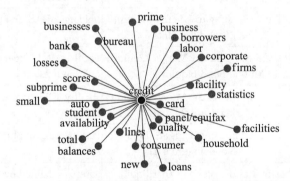

图 5-22 《美国金融稳定报告》credit* 语义网络搭配图

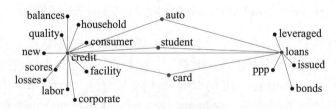

图 5-23 《美国金融稳定报告》credit*+loans* 语义网络搭配图

为了明确美国到底在哪些方面面临信贷流动性危机，在 credit* 语义网络检索的基础上，我们关联了 loans* 检索项，得到了新的语义网络搭配图（图 5-22 至图 5-23），可以看到两者共现的关键词是 auto、student、card，因此可以推测美国至少在汽车贷款、学生贷款和信用卡贷款这几个领域面临信贷流动性危机。

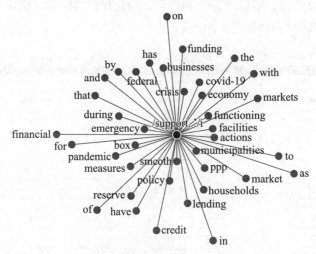

图 5-24　《2020 美国金融稳定报告》support* 语义网络搭配图

高频词：pandemic、measures、ppp、households、market、business、financial

图 5-25　《2019 美国金融稳定报告》support* 语义网络搭配图

高频词：financial

我们对 2019 年和 2020 年《美国金融稳定报告》的关键词 support* 的语义网络结构提取发现，与 support* 高频出现的语义包括疫情（pandemic）、措施（measures）、每家每户（households）、市场（market）、商务（business）、金融（financial）等方面，说明美国稳定金融最需要的是在防控疫情方面给每家每户、市场、企业和金融提供支持（图 5-24 至图 5-25）。

量化宽松的政策主要包括量化和宽松两个部分，一方面是指央行通过货币手段（降息 / 加息）或者提高、降低准备金率来调控货币供应量，推动消费和投资，美联储则表现为实行零利率或近似零利率政策；另一方面，如果利率政策效应式微，央行则会通过公开市场购买政府债券、银行金融资产等做法来直接定量增加货币供应量，向市场注入大量流动性资金进行干预，以鼓励开支和借贷，因此我们将检索项设定为"inter-est* "和"open market"（图 5-26 ）。

Search	/interest.*/i	Occurrences	40 (14 47)	Texts 1	▼ Corpus	Corpus 2-2020 financial stability report	▼ Context	7	▼ Display Text
Index	File		Left		Node		Right		
1	financial-stab		lending and relief programs and by low		interest		rates. That said, some households and businesses		
2	financial-stab		a period of sharply reduced revenues, featuring		interest		and principal payments that are deferred over		
3	financial-stab		since May, and, when adjusted for low		interest		rates, valuation pressures appear roughly in line		
4	financial-stab		After accounting for the low level of		interest		rates, however, measures of the compensation for		
5	financial-stab		and forceful policy responses—including fiscal stimulus, lower		interest		rates, and various asset purchase and emergency		
6	financial-stab		premiums are consistent with market expectations for		interest		rates to be low for a long		
7	financial-stab		risks from future inflation or volatility in		interest		rates than the realized returns of shorter-term		
8	financial-stab		Federal reserve Board, Statistical release H.15, "Selected		Interest		rates." 0 1 2 3 4 5		
9	financial-stab		buffers and refinanced their debt at lower		interest		rates and longer maturities. Despite the decline		
10	financial-stab		higher valuations supported, in part, by low		interest		rates Valuations in equity markets have risen		
11	financial-stab		sup- ported by the low level of		interest		rates. However, downside risk remains, given the		
12	financial-stab		for forgiveness, and the low level of		interest		rates means that businesses can carry more		
13	financial-stab		2020 as companies take advantage of low		interest		rates to bolster cash reserves needed to		
14	financial-stab		as a buffer. More- over, historically low		interest		rates continue to somewhat mitigate investor concerns		
15	financial-stab		as firms' cash position improved. Despite lower		interest		rates, the ratio of earnings to interest		
16	financial-stab		interest rates, the ratio of earnings to		interest		expenses (the interest coverage ratio) dropped sharply		
17	financial-stab		ratio of earnings to interest expenses (the		interest		coverage ratio) dropped sharply in the second		
18	financial-stab		a result of the COVID-19 outbreak. The		interest		coverage ratio for the median firm is		
19	financial-stab		calculations based on S&P Global, Compustat. 2-6.		Interest		Coverage ratios for Public Nonfinancial Businesses −2		
20	financial-stab		with ratios of debt to earnings before		interest		taxes, depreciation, and amortization greater than 6—dropped		
21	financial-stab		Despite the long economic expansion and low		interest		rates, delinquency rates on auto loans for		

图 5-26 《美国金融稳定报告》interest* 检索项关联搭配图

"The Federal Reserve took a number of steps to support smooth market functioning. First, between March 9 and March 17, the Federal Reserve expanded its overnight and term repo operations to address disruptions in Treasury financing markets and ensure that the supply of reserves remained ample. Second, on March 15, the Federal **Open Market** Committee（FOMC）authorized the purchase of at least $500 billion and $200 billion of Treasury securities and agency RMBS securities, respectively, and on March 23, the FOMC announced it would expand the size of asset purchases in the amounts needed to support smooth market functioning."

[译文]：美联储采取了一系列措施，支持市场平稳运行。首先，在 3 月 9 日至 3 月 17 日之间，美联储扩大了隔夜和定期回购业务，以

应对美国国债融资市场的中断，并确保储备供应保持充足。其次，3 月 15 日，联邦公开市场委员会（FOMC）分别批准购买至少 5000 亿美元和 2000 亿美元的美国国债和人民币证券，3 月 23 日，联邦公开市场委员会宣布将扩大资产购买规模，以支持市场平稳运行。

表 5-8　美国 2020 年量化宽松政策

序号	时间	政策类型	具体实施方案
1	2020 年 3 月 15 日	利率政策	美联储公开市场委员会决定将联邦基金利率目标区间调降 100 基点，至 0%~0.25%。
2	2020 年 3 月 23 日	公开市场操作	美国联邦储备委员会 23 日宣布，将继续购买美国国债和抵押贷款支持证券以支撑美国经济抵御新冠肺炎疫情冲击，不设额度上限。 美联储还宣布一系列新措施，以支持信贷流动，特别是资金流向家庭和企业。
3	2020 年 3 月 25 日	公开市场操作	美国众议院批准了 2 万亿美元的经济刺激法案。

美联储量化宽松操作为"资产购买计划 + 降息"（表 5-8）。2020 年 3 月 3 日，美联储紧急降息 50 个基点，将联邦基金利率下调至 1%~1.25% 目标区间。3 月 15 日，美联储再度紧急降息 100 个基点，将联邦基金利率下调至 0%~0.25% 目标区间，重回零利率时代。5 月 13 日，面对国际市场关于美联储将步欧洲中央银行和日本中央银行的后尘，实行负利率政策的广泛预期，在重回零利率、拒绝负利率的条件下，美联储下一步的量化宽松操作实际上只能通过资产购买计划来进行。但是，与全球金融危机时期不同，此次美联储的资产购买计划除了"扩大资产购买规模"，还增加了"调整资产购买结构"：（1）关于扩大资产购买规模。2008 年月，美联储第一次实施资产购买计划，通过三轮量化宽松操作，将其资产负债表规模从不足 1 万亿美元扩大至 4.5 万亿美元。2020 年 3 月 23 日，美联储再次开启无上限量化宽松操作，目前美联储资产负债表总规模已超过 7.2 万亿美元，占国内生产总值比重的 33.1%。（2）关于调整资产购买结构。在全球金融危机期间，美联储三轮量化

宽松操作都是购买中长期国债和抵押贷款支持证券（Mortgage-Backed Security，MBS）。在此次疫情应对中，美联储的资产购买结构发生了显著变化，除购买中长期国债和 MBS，还大量购买企业债和市政债等较高信用等级债券。2020 年 5 月下旬，美联储对企业债和市政债的购买规模已经超过中长期国债。

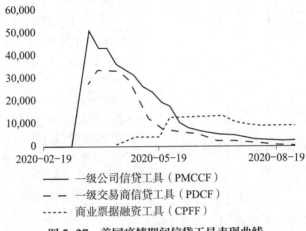

图 5-27　美国疫情期间信贷工具表现曲线

分析一定时期的政府机构话语，不仅可以了解政府的工作重点，还可以把握经济发展的轨迹。关于未来经济发展趋势，《美国金融稳定报告》也为美国敲响警钟，新冠肺炎疫情及其对美国经济的影响仍高度不确定，或将持续影响金融市场稳定。报告指出，迄今为止大部分资产保持着强劲水平，因为投资者需求上升，而且美国政府采取了支持金融体系的干预措施。然而，不确定性仍然很高，如果事实证明经济复苏前景不那么乐观，或者遏制疫情的进展令人失望，投资者的风险情绪就可能迅速发生转变，金融市场将承压，资产价格极易大幅下跌。

第 6 章
国际贸易话语研究

6.1 国际贸易语言成本研究

6.1.1 国际贸易语言成本测量方法

语言是经贸往来的主要工具，不仅承载着一个国家和民族的文化，也可能作为一种重要的影响变量直接或间接地影响国家之间的经济活动。在现有的关于国际贸易影响效应因素的研究中，学者将大部分关注点聚焦在中国与进口国的人均 GDP、关税壁垒、贸易对外开放度、地理距离和文化差异水平等因素上（曲如晓，2010；王洪涛，2014），较少定量地考虑语言成本在国际贸易中的影响效应。

语言成本的提出并非偶然。当今世界，每个国家基本上都有自己的母语，不同语言表现为诸如词汇或者音节的差异，比如，汉语的表意性与英语的表音性。类比于生物学上的遗传距离，正是由于语言结构的差异才有语言距离的概念。另外，语言距离概念的提出说明学界已开始注重语言量化以及语言变量在经济学中的功用（崔璨、王立非，2020）。正如韦森（2005）所讲语言构成了人之所以成为人的主要维度，不了解语言，不研究语言在人类社会形成和市场机制运作中的作用，显然难以对人类经济世界的内在秩序及其变迁机理有一个到位的理解与把握。正是适应于研究语言本质、功用以及语言的价值、资源属性的需要，语言距离滥觞于 20 世纪 90 年代，率先由经济学家奇斯维克（Chiswick）提出，用于研究语言差异对移民工资收入的影响，得出语言是影响移民融入土著社会的显著变量。在其研究中，也明确了语言距离的含义指不同语言的差异程度，主要通过语言内部因素表现出来。显然语言距离是量的概念，需要进行测度才能赋予其应有的价值（苏剑，2015）。

语言成本指因语言差异引致的交易成本，大致可分为直接语言成本和间接语言成本。直接语言成本包括国际经济活动中国家、组织或个体显性的直接性语言投入，包括国家语言教育、培训支出及口笔译等语言服务费用；间接语言成本是指国际经济活动中因语言差异引发的沟通不畅、误解甚至沟通错误造成的隐性的间接损失（王立非，2021b）。

语言距离的测度常见四种方法（苏剑，2015）：共同语言虚拟变量法、语言服务便利指数（WALS 指数法）、其他距离变量法及语言成绩测评法（表6–1）。语言服务便利指数法依据《世界语言结构图谱》（*The World Atlas of Language Structures*，以下简称 WALS）提供的特征指标，测量汉语与"一带一路"沿线各国语言之间的距离，计算出语言服务便利度指数。WALS 数据库共囊括 2650 种语言，涉及音韵、形态、名词范畴、名词句法、动词范畴、语序、简单句、复杂句、词汇、手语和其他共 11 类、144 种语言特征。前 8 类特征提供了每种语言的主要结构特征，是 WALS 的核心内容，后 3 类主要针对特定语言形成过程中产生的自然属性，最后一类通常被视为边缘性语言结构。

共同语言虚拟变量法则是采用赋值的方式，如果两国母语相同或者相近，则设定为 1，否则设定为 0。其他距离变量的测度方法还包括测度宗教、文化的影响力，比如看国家之间是否法律体系相似或宗教信仰相似，宗教信仰越相似则数值越小。

表6–1　语言距离测量方法

名　称	测度方法	特　点
共同语言虚拟变量法	虚拟变量法，官方语言相同则赋值 1，不同则 0。	设置简单但无法精准刻画差异度。
语言服务便利指数	根据 WALS 官网的语言特征差异赋值加权计算法。	较客观，能较好反应语言内在差异。

（续表）

名　称	测度方法	特　点
其他距离变量法	参考核心词汇表，计算同个词汇的字符转换后的距离。	有一定客观性。
语言成绩测评法	使用具有代表性考试的测试分数。	多采用英语类雅思、托福成绩，语种单一。

6.1.2　国际贸易语言成本测量指标体系构建

1. 研究问题

　　"一带一路"倡议自 2013 年提出后，近六年以来从倡议到共识、从愿景到行动，不断深化，在国际社会中取得了巨大的社会、经济和文化效益。我国高度重视"一带一路"建设，在全球经济低迷、贸易保护主义抬头，全球治理体系亟待改革的背景下，坚定推进"一带一路"建设有助于我国抢抓新形势下的经贸话语权，参与制定新一轮的全球经贸规则。高质量"一带一路"建设的前提是做好语言互通，语言的差异可能引发交易成本的上升，沟通不畅也会加大经贸摩擦。"一带一路"沿线国家使用的语言多达 2800 余种，其中仅官方语言就多达 54 种。"一带一路，语言铺路"，语言成本在多大程度上影响中国与"一带一路"沿线国家贸易伙伴之间的经贸流量？基于此，本研究回答以下四个问题：

　　第一，我国在"一带一路"建设中语言成本变量如何衡量，是否存在直接语言成本（语言距离）与间接语言成本（文化距离）的差异？

　　第二，直接语言成本（语言距离）如何影响我国"一带一路"建设中对外贸易？

　　第三，间接语言成本（文化距离）如何影响我国"一带一路"建设中对外贸易？

　　第四，如何降低我国在"一带一路"建设中的语言成本，有何建议？

2. 研究模型

1）直接语言成本：语言距离

语言成本包括语言距离指数和文化距离，前者作为直接语言成本的替代变量，后者作为间接语言成本的替代变量。

语言距离指数采用 WALS 世界语言图谱，为每种语言都进行了语言特征的赋值，例如，在辅音特征中，每种语言的辅音特征分为少、较少、中等、较多、多五个等级，英语和汉语赋值都为中等。而在元音特征中，汉语赋值为中等，而英语赋值为较多，其他特征赋值以此类推。我们从 WALS 中选取"一带一路"沿线国家的语言，将它们与汉语的相似度指标逐个比较，为汉语与"一带一路"沿线国家的语言特征赋值。我们采用经济学常用的虚拟变量赋值方法，如果两种语言在所测量的指标上相似，则该特征赋值为 1，否则，赋值为 0。把所有语言特征都赋值后计算出两种语言相似度得分。如果某国有两种（含）以上官方语言，我们取两种（含）以上官方语言与汉语相似度得分的平均值作为最终得分。

2）间接语言成本：文化距离

文化距离测量选取 Kogut-Singh 指数，该指数是最为常用的文化指数，多用来衡量文化差异，由 Kogut & Singh（1988）选取 Hofstede 提出的文化维度中的权利距离指数（Power Distance）、个人主义 / 集体主义（Individualism）、男性主义 / 女性主义（Masculinity）、不确定性规避指数（Uncertainty Avoidance）四个维度指数，在 Hofstede（1984）的文化距离概念基础上构造的公式计算得出：

$$DC_{ci} = \left[\sum_{j=1}^{4} (C_{ij} - C_{ci})^2 / V_{icj} \right] / 4$$

其中，DC_{ci} 表示中国（c）与"一带一路"沿线国家（i）之间的文化距离，C_{cj}、C_{ij} 分别表示中国（c）、"一带一路"沿线国家（i）在第 j 维度上的文化指数，V_{icj} 表示中国与"一带一路"贸易伙伴在第 j 维度文化指数上的变异系数。文化具有相对稳定性，文化维度指数的数据每 5 年更新一次，为体现最新的数据动态，本研究在文化距离变量中加入两个新指标，即长期取向和短期取向（Long-Term vs. Short-Term Orientation），放纵与自我约束（Indulgence vs. Restraint），构建更健全的文化维度变量：

$$DC_{ci} = \left[\sum_{j=1}^{4}(C_{ij} - C_{ci})^2 / V_{icj}\right]/6$$

3）引力模型

本研究以引力模型为基础模型，引入语言成本相关变量构建扩展的引力模型如下：

$$\ln(etrade_{it}) = \alpha + \beta_1\ln(cdist_{it}) + \beta_2\ln(dist_i) + \beta_3\ln(gdp_{it}) + \beta_4\ln(dist_i) + \beta_5\ln(idist_{it}) + \mu_{jt}$$

上述回归模型中下标 i 代表国家个体，t 代表时间，$etrade_{it}$ 代表中国 t 年度对"一带一路"沿线国家 i 的贸易出口额。其中解释变量包括六组：（1）$cdist_{it}$ 表示中国与进口国 i 在 t 期的文化距离，以此变量间接刻画语言差异导致的间接成本，文化距离越远，语言差异引致的间接成本越高，对贸易额的负作用越大，因此假定该变量与因变量呈负相关。$cdist_{it}$ 的具体计算方法见第二小节；（2）$ldist_i$ 表示中国和进口国（地区）i 之间的语言距离指数，本研究中以该变量刻画语言差异导致直接成本，作为语言直接成本的替代变量，初步假定语言距离指数越大，语言直接成本越高，交易成本随之上升，不利于双方商品贸易的进出口，因此假定 $etrade$ 与 $ldist$ 呈负相关；（3）gdp_{it} 为进口国 i 的人均国内生产总值，一般认为经济规模越大，对进口的需求也就越大，商品的进口水平也将上升；（4）$dist_i$ 表示中国和进口国（地区）i 之间的地理距离，一般认为两国物理距离越大，交易成本越大，贸易额就会越小，因此假定 $dist$ 与 $etrade$ 呈负相关；（5）$idist_{it}$ 表示中国和伙伴国 i 之间的制度距离，制度距离越大，则两国在法律、政治稳定性上差异越大，潜在造成交易成本的增加，不利于两国贸易，因此假定 $idist$ 与 $etrade$ 呈负相关；（6）μ_{jt} 为随机干扰项，均值为零，用来衡量不可观察随机误差或随机性因素（表 6–2）。

表 6-2 "一带一路"经贸合作的语言成本变量

分类	名称	描述	数据来源
被解释变量	货物贸易出口额（etrade）	中国与"一带一路"沿线贸易伙伴国家（或地区）年度商品贸易出口额。	联合国贸易数据库
解释变量	语言距离（ldist）	中国与"一带一路"沿线贸易伙伴国家（或地区）语言服务距离指数。	根据 WALS 官网数据推算
	文化距离（cdist）	中国与"一带一路"沿线贸易伙伴国家（或地区）文化距离。	根据 Hofsted 官网数据加权计算
	伙伴国经济规模（gdp）	贸易伙伴国或地区经济发展规模，用相应国内生产总值表示。	联合国统计署数据库 世界银行数据库各国经济发展
	地理距离（dist）	中国与贸易伙伴国或地区首都之间的地理距离。	www.indo.com
	制度距离（idist）	中国与贸易伙伴国或地区之间的制度距离，综合加权以下几个指标：（1）政治稳定性指数：政府的执政能力，包括政府对政治动乱、分裂主义和恐怖主义的控制程度；（2）腐败控制指数：对通过行使公共权力谋取私人利益的惩治力度，包括社会精英的各种轻微和其他形式的腐败行为；（3）法治完善指数：衡量个人和机构对社会规则的遵守情况，包括公民对法律法规的遵守情况、企业合同的执行力度、社会治安等。	全球政治治理指标

4）"一带一路"国家

根据数据可得性，本研究选取"一带一路"沿线 64 个国家中的 48 国作为调查对象，考察我国与 64 国开展双边贸易的语言成本（表 6-3）。

表 6-3　与我国开展双边贸易的"一带一路"沿线国家

所属区域	"一带一路"沿线国家
东南亚	越南、泰国、老挝、柬埔寨、马来西亚、新加坡、印度尼西亚、菲律宾
南亚	印度、文莱、尼泊尔、斯里兰卡、巴基斯坦、孟加拉国、不丹
中亚	哈萨克斯坦、吉尔吉斯斯坦
中东欧、南欧	俄罗斯、拉脱维亚、乌克兰、立陶宛、爱沙尼亚、波兰、捷克、斯洛伐克、匈牙利、斯洛文尼亚、克罗地亚、罗马尼亚、保加利亚、阿尔巴尼亚、波黑
西亚（中东地区）	土耳其、阿联酋、巴林，阿曼、以色列、科威特、黎巴嫩、埃及、沙特阿拉伯、卡塔尔、伊朗、塞浦路斯、亚美尼亚、阿塞拜疆、格鲁吉亚、也门

6.1.3　国际贸易语言成本对经贸影响测量

1. 回归统计分析

通过绘制语言距离指数与贸易出口额的散点图，可以初步看到两个变量之间存在正向线性变动的关系（图 6-1）。文化距离指数与贸易出口额的散点图的变动方向与图 6-1 相反，即两个变量存在负向线性变动的关系（图 6-2）。

数据集为高度平衡的短面板数据，为了保证结果的稳健性，达到最优估计，本次测量先依次使用固定效应、随机效应、混合回归构建模型并分析。从结果来看，当以贸易出口额为因变量，以语言成本变量（cdist，ldist）和其他控制变量为自变量，并使用以国家为聚类变量的聚类稳定标注差，进行最小二乘回归分析时，模型可决系数最高，模型和变量最显著（表 6-4）。

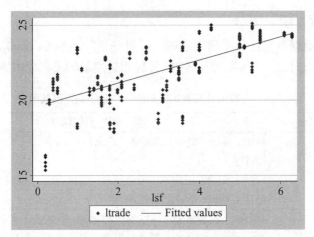

图 6-1 语言距离指数与贸易出口额正向相关散点图分析

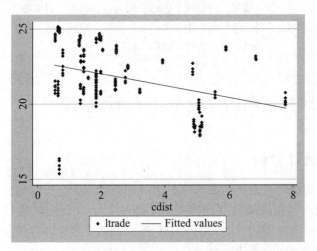

图 6-2 文化距离指数与贸易出口额负向相关散点图分析

表 6-4 国际贸易语言成本与经贸影响建模分析结果对比

模型	R-sq 值	系数	*P* 值
混合回归分析	R-squared=0.7171	主要变量系数显著	F (6.25)=16.29 Prob>F=0.0000

（续表）

模型	R-sq 值	系数	P 值
固定效应分析	Within=0.0004 between=0.1393 Overall=0.1034	变量系数不显著	F (2, 25)=0.01 Prob>F=0.9859
随机效应分析	Within=0.0004 between=0.6742 Overall=0.6817	主要变量系数显著	Prob>chi2=0.0000

随机效应模型和混合回归模型的结果差别不大，明显优于固定效应模型分析。同时，解释变量之间不存在严重的多重共线性结果显示，各变量的方差膨胀因子都比 10 小，VIF 均值为 2.8，容忍度大于 0.1，可以直接进行回归分析（表 6–5 至表 6–6）。

表 6–5　解释变量多重共线性检验

变量	cdist	dist	gdp	lsf	idist	ncost
方差膨胀因子	4.54	2.56	1.23	1.84	1.22	5.41
容忍度	0.22	0.39	0.81	0.54	0.82	0.18

表 6–6　stata 模型回归结果

Linear regression

Number of obs=117

$F(6, 25)=16.29$

Prob>F=0.0000

R-squared=0.7171

Root MSE=1.0379

(Std. Err. adjusted for 26 clusters in contr)

ltrd	Coef.	Robust Std. Err.	t	P>|t|	[95% Conf. Interval]	
ldist	−1.74604	0.9210656	−1.90	0.070	−3.64301	0.1509298
lgdp	0.3727806	0.3469612	1.07	0.293	−0.3417993	1.08736
ncost	−1.53621	0.3469043	−4.43	0.000	−2.250672	−0.8217468
lcdist	−2.93691	0.6669738	−4.40	0.000	−4.310568	−1.563252
lidist	0.2667763	0.2439241	1.09	0.285	−0.2355948	0.7691474
llsf	2.238589	0.3182778	7.03	0.000	1.583084	2.894095
_cons	39.15931	8.231954	4.76	0.000	22.20528	56.11333

2. 结果与讨论

语言成本对"一带一路"沿线贸易出口额的实证结果显示：

第一，进口国的人均 GDP 系数都为正，且在 1% 的水平上统计显著，表明"一带一路"沿线国家的经济发展水平越高，购买力越强，人均消费能力越高，其对中国产品的需求就越大，这符合理论预期；

第二，文化距离（cdist）与产品贸易出口额呈显著负相关，说明中国与东道国之间的文化距离越大，风俗习惯、道德观念等文化差异越大，语言及文化的沟通成本就越高，成本的推升使得东道国居民对中国产品的进口需求降低，从而导致中国产品的出口减少；反之文化差异越小的国家间则越容易进行产品的贸易；

第三，语言距离（ldist）系数为正，且在 1% 的水平上统计显著，说明进口国与中国之间的语言距离系数越小，差异越小，则语言成本越小，语言直接成本与产品出口额显著正相关，进口国市场规模越大，语言距离系数越小，则越有利于扩大我国产品的出口；

第四，地理距离（dist）的系数为负，且在 1% 的水平上统计显著，表明距离所代表的运输成本是阻碍贸易的重要因素，这与理论预期保持一致。遥远的地理距离不仅会增加签订合同的成本，而且会增加履行合同的成本，地理距离越远的国家，文化的差异性也可能越大；

第五，制度距离（idist）与产品贸易出口额在 5% 的水平上不具有统计上的显著性。可能是本节中的数据选取的主要是进口国和出口国的腐败控制指数和法治完善指数作为替代变量，这两个指数对一国的贸易进口影响较小，制度距离可能更多影响经济主体之间的跨国投资活动，因此该统计结果也符合经济理论的预期。

随着"一带一路"建设的稳步推进，中国与沿线国家之间的人文交流、经贸往来都更加频繁。"一带一路"倡议旨在加强沿线各国间的政策沟通、设施联通、贸易畅通、资金融通、民心相通，而语言是实现"五通"的前提和基本保障。经贸交流中是否存在语言成本？语言成本又在多大程度上影响中国与沿线国家的贸易额？对此，本研究梳理了语言不同维度，构建语言成本变量，利用 2015—2019 年国别层面的短面板数据，基于扩展的引力模型研究语言成本对中国在"一带一路"沿线国家出口贸易额的影响作用。研究发现：除地理距离以外，语言成本也显著地抑制了中国对"一带一路"沿线国家的对外直接投资，主要表现有语言便利指数与出口额正向相关，语言距离越小，语言直接成本越小，则中国对该国的贸易出口额就越大；在语言间接成本上，文化距离越大，文化差异引致的间接语言沟通成本就越高，则中国对该国的贸易出口额就越小；而制度距离的抑制性则不显著，上述结论对于不同的模型设定具有稳健性。

本研究具有以下三点启示：

第一，充分认识语言文化差异对我国开展"一带一路"建设造成的困难和风险，在赴"一带一路"沿线各国贸易投资前，应充分做好前期调研，掌握贸易投资对象国的语言文化国情，并制订科学、有效、可行的应对计划和行动方案。

第二，充分认识语言服务便利度对我国开展"一带一路"双边贸易投资的促进作用，大力加强我国同"一带一路"沿线国家的人文交流，有计划地开展"一带一路"沿线国家的国际中文教育，加强"一带一路"沿线国家紧缺语种人才的培养，提高语言服务能力。

第三，充分认识语言服务成本对我国开展"一带一路"建设的影响，提高我国与"一带一路"沿线国家语言服务便利度，减少国际贸易沟通中的语言成本、提升贸易便利化水平，为实现互联互通提质增效。

6.2　国家贸易话语研究

6.2.1　《2019 美国 WTO 合规报告》话语分析

1. 研究语料

2020 年 3 月 7 日，美国贸易代表办公室（Office of the United States Trade Representative，USTR）在其官网公布了向国会提交的《2019 年度中国遵守 WTO 规则情况的报告》（以下简称"2019 年合规报告"）。这是 USTR 依据《美中关系法 2000》第 421 节向国会提交的第 18 份关

于中国 –WTO 合规分析的报告。总容量为 109 494 词符，6 475 类符，5 620 词目。USTR 领导的贸易政策员工委员会中国分委员会负责起草和编制这份报告，委员会的成员除了 USTR 的专家外，还包括来自国会、商务部、财政部、农业部和美国专利商标局的专家。本研究采用批评话语分析研究范式，运用语料库定量方法分析该报告的语言形式特征，在此基础上对报告的话语实践进行阐释，结合当今世界"百年未有之大变局"的社会文化背景对报告释放的信号做出基于事实的解释。

2. 研究框架

本研究采用 Fairclough（1989）的批评话语分析三维框架，即文本（text）、话语实践（discourse practice）和社会文化实践（socio-cultural practice）。三个分析步骤包括：描述（description）—阐释（interpretation）—解释（explanation），即描述文本的各种语言形式特征，阐释文本的生成过程，解释话语实践和社会文化实践之间的辩证关系（朱桂生、黄建滨，2016：59）。基于此，本文的分析步骤如下：

首先，在文本层面，采用语料库语言学定量方法，借助语料库分析软件 LancsBox 4.5（Brezina et al.，2020），基于 Halliday 的系统功能语法对词频、词丛、主题词、搭配网络等语言学形式特征进行描述，探讨美方主要运用什么语言形式和词汇选择策略来建构文本。其次，在话语实践层面，基于 Foucault 的话语秩序理论，采用定性批评话语分析方法，阐释语篇与话语实践过程的关系。最后，在社会文化实践层面，结合当前世界政治经济的新格局和新动向，解释文本、话语实践和社会文化实践之间的关系以及权力、偏见和不平等等现象，揭示在文本建构和话语实践过程中可能产生的真相扭曲以及权力和意识形态的作用机制。

Fairclough（1992）认为，文本分析可从词汇、语法、文本结构等方面展开，具体可涉及分类、隐喻、情态、主题词、及物性、主被动语态、文本结构以及衔接手段等内容。钱毓芳（2010）认为，语料库能够提供词频、词丛、主题词、搭配等重要的数据类型。词频反映出的基本语言特征往往包含话语的意义（McEnery，2006）；词丛展示的是一个词的上下文及其惯用结构（Scott，2004）；主题词指统计意义上具有特殊频率的词，显示某种表达信息的方式；搭配是指"单词共现的趋向"（Hunston，

2002：68）或"习惯性相伴的词"（Firth，1957：182），搭配网络能够反映文本或话语的重要词汇和语义关联度（Baker，2006；McEnery，2006；Phillips，1985）。根据本研究语料的特征和属性，我们使用语料库工具 LancsBox4.5，从词丛、主题词和语义搭配方面进行话语分析。

3. 结果与讨论

1）高频词丛分析

我们通过 LancsBox4.5 的 Words 功能提取高频词丛（Gram=3），过滤掉语义宽泛模糊的无效词丛（如 with regard to, as well as, in addition to 等），合并同类词丛（如 the United States, the U.S. and/has 等），得到出现频次最高的前 50 个词丛（表 6-7）。

表 6-7　2019 年合规报告文本高频词丛列表（Top 50）

序号	高频词丛	频率	序号	高频词丛	频率
1	the United States	754	26	electronic payment services	35
2	report to Congress（on）	383	27	goods and services	35
3	China's WTO compliance	383	28	requires China to	34
4	2019 USTR report（to）	188	29	took place in	33
5	Phase One agreement	113	30	states and China	33
6	its WTO accession（to）	101	31	products and services	32
7	to the WTO	90	32	will continue to	32
8	China committed to	75	33	the two sides	32
9	the Chinese government	72	34	as a result	30
10	China agreed to	67	35	China also agreed	29
11	other WTO members	65	36	the area of	29
12	U.S. and other	62	37	S&ED meeting China	28
13	to ensure that	53	38	It appears that	28
14	for public comment	52	39	in the area	27
15	policies and practices	51	40	the draft measure	26
16	WTO accession agreement	46	41	China's regulatory authorities	25
17	a number of	45	42	urge China to	25

（续表）

序号	高频词丛	频率	序号	高频词丛	频率
18	the use of	43	43	the development of	25
19	the same time	43	44	WTO case challenging	24
20	as previously reported	41	45	market access for	23
21	(made) in China 2025	39	46	China has not	23
22	JCCT meeting China	37	47	Chinese government officials	23
23	the state council	37	48	secure and controllable	22
24	intellectual property rights	36	49	serious concerns about	22
25	and other foreign	35	50	billion of Chinese	22

对 2019 年合规报告的高频词丛统计分析得到以下两个重要发现：

（1）与"中国"相关的高频词丛出现频率多达 915 次，其中名词短语包括：中国–WTO 合规情况（383）、中国政府（72）、美中商贸联合委员会会议（37）、美国和中国（33）、美中战略与经济对话会议（28）、中国监管机构（25）、中国政府官员（23）；动词短语包括：中国曾承诺（75）、中国曾同意（67）、中国制造 2025（39）、要求中国（34）、敦促中国（25）、中国并没有（23），从中可以看出美方对中方的无端指责和质疑态度。

（2）与"世贸组织"相关的高频词丛出现频率为 709 次，包括：中国–WTO 合规情况（383）、加入 WTO（101）、向 WTO（提交）（90）、其他 WTO 成员（65）、加入 WTO 协议（46）、（提起）挑战……的 WTO 诉讼（24）。反映出美方一再强调中国未能履行加入 WTO 的承诺和协议，损害了其他 WTO 成员的利益，因此美方提起针对中方的诉讼，向受众灌输中国不合规、美方极力塑造维护国际贸易秩序的"卫道士形象"，反映出抹黑中国的嘴脸。

2）主题词分析

我们采用 LancsBox4.5 的 GraphColl 生成主题词"中国"和"美国"的可视化搭配图谱，展现主题词及其搭配词的共现规律，包括节点词搭配的强度、频率、分布性、关联性等特征，从中获取相应的话语事件和话语子主题。图谱中的搭配词与节点词距离越近，表示两者之间的搭配关系越强，统计显著性越高；搭配词的颜色越深，表示与节点词搭配的频次越高。

分析显示，高频词 China 左侧搭配实词（span=5），按 MI 由高到低排列分别为 states，united，WTO，made，meeting，agreement 等；右侧搭配实词（span=5）按 MI 由高到低排列分别为 committed，agreed，foreign，2025，market，measures 等。图 6-3 清晰地显示出"中国"被大量带有消极语义韵且意义相近的修饰词密集包围，名词包括：问题、政府、补贴、义务、协议、法律、措施等；动词包括：要求、敦促、施压、反对、限制、制约等；形容词包括：监管的、严重的、重大的、不公平的等。另外值得注意的是，转折类连接词使用频率较高，如尽管、虽然、但是等。这些密集且重复出现的带有消极语义韵的修饰词把"中国"塑造成了反市场化和重商主义的负面形象。由此可见，这些修饰词对"中国"的反复描述，诱导受众对中国做出一些非理性判断，认为中国不遵守 WTO 规则和协定，损害了其他成员国的利益。这暴露出以 USTR 对中国对外贸易政策和国家形象的刻意歪曲、丑化和污名化的态度立场，反映出"中国威胁论"的思想仍然大行其道。

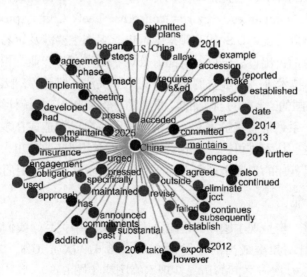

图 6-3　China 搭配网络

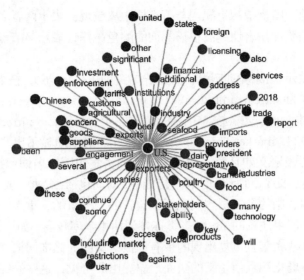

图 6-4　U.S. 搭配网络

　　GraphColl 的结果显示高频词 U.S.（图 6-4）左侧搭配实词（span=5）按 MI 由高到低排列分别为 market, additional, president, states, access, imports, united 等；右侧搭配实词（span=5）按 MI 由高到低排列分别为 industry, companies, exports, concerns, beef, China, products 等。从图 6-4 可以看出，U.S. 的高频搭配词中，名词主要涉及贸易活动与贸易对象，包括：出口、进口、食品、公司、供应商、产业、相关方、关税、壁垒、技术等；动词包括：继续、进入、关注、贸易等；形容词包括：农业的、外国的、金融的、附加的、重大的、全球的等。从统计结果来看，美国通过一系列带有保护主义语义韵的词语将自己塑造成在多领域通过关税、金融、技术许可、产业政策等措施保护本国产业和工人利益、维护世界贸易秩序的卫道士形象，实质上是霸权主义在文本层面的再现。

3）语义搭配

　　为了进一步呈现主题词的搭配语境和语义网络关系，我们用 Graph-Coll 生成出现频次最高的主题词 China（3 619 次），U.S.（2 170 次）和 WTO（839 次）之间的语义共现网络图谱（图 6-5）。我们发现，与"中国""美国"和"世贸组织"同时出现的高频搭配词包括：承诺、义务、问题、关税、出口、贸易、产品、成员、产业、政府、补贴、技术、合规等。通过追溯原句并结合原句所在的上下文语境，我们得到以下四个发现：

第一，报告中提及的中国加入 WTO 后做出的"承诺"包括：多边承诺、中美双边承诺、货物与服务承诺、开放市场的承诺、改变政策和做法的承诺、减少投资限制的承诺、知识产权保护和技术转移的承诺等；与"承诺"共现的高频动词包括：（一再）未能兑现、出尔反尔、改变、尚未完全履行等；

第二，报告指出中国作为 WTO 成员国，应履行的"义务"包括：开放市场，开展公平、互惠、平衡的贸易，海关及贸易管理，信息技术与通信行业规范等；与"义务"共现的高频动词包括：无视、敦促、违反等；

第三，现阶段美方关注的主要问题包括：最惠国待遇、透明度、行政决定的独立审查、农业、贸易技术壁垒、海关估价、进口许可证、反倾销、补贴和反补贴措施等；

第四，报告指责中国没有遵守承诺加大对美国农产品的进口力度，导致美国政府采取对尚未被加征关税的 3000 亿美元中国产品加征新关税，引发中美贸易战。

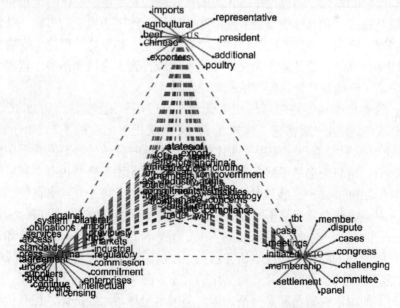

图 6-5 China + WTO + U.S. 语义搭配网络图

本研究发现，WTO 合规报告选用消极语义韵词汇策略，将中国丑化成不遵守 WTO 规则、非市场化、重商主义形象，指责中国采取不公平、不透明、不开放的贸易政策和做法损害美国和 WTO 成员国的利益，体现出话语霸权，反映出美国政府的"冷战思维"和"中国威胁论"意识形态。基于语料库的国家经济话语分析可以认清文本背后隐藏的真相、权力与意识形态之争，为经济话语研究和商务英语教学提供新视角。

6.2.2 《2020 美国贸易与发展报告》隐喻特征研究框架构建

1. 隐喻特征理论框架

《我们赖以生存的隐喻》书中，Lakoff & Johnson（1980）提出隐喻不仅是一种语言现象和修辞手段，更是一种思维方式。他们认为，隐喻在日常生活中无处不在，不仅体现在语言上，更体现在思想和行动上。他们提出的概念隐喻理论主张人类的认知系统是高度隐喻化的，隐喻的本质是通过一种具体的事物去理解和体验另一种更为抽象的事物。概念隐喻理论吸引了来自不同学科许多学者的关注。基于这种理论，隐喻在心理学、哲学、公共管理和文学等诸多领域得到了应用和拓展，这也大大丰富了隐喻及其他相关领域的理论发展。

隐喻思维在经济领域的相关概念常有应用。追溯到最早的经济学开山鼻祖亚当·斯密的《国富论》，文中就用"无形的手"（invisble hand），又称"看不见的手"来比喻经济运行中有一只看不见的手在自动调节，这只无形的手就是市场。对应"无形的手"当然也有"有形的手"（visible hand），也就是指经济活动中政府的宏观干预或者调控，这样一对隐喻概念背后是不同经济运行体制的博弈。再比如经济杠杆（economic lever）、流动性（liquidity）、人力资本（human capital）等都是很早就使用的隐喻。因此本研究以英语经济隐喻为研究对象，探讨隐喻在经济领域的认知功能及其与文化的关系。随着经济全球化的发展，中国与其他国家的贸易联系日渐加深。美国是全球最大经济体，拥有世界范围内最具创新力和竞争力的企业，研究美国的宏观经济语料在话语理论和经济实践中具有一定的借鉴价值。

根据 Lakoff & Johnson 的划分，概念隐喻包括三类，分别是本体隐喻、方位隐喻和结构隐喻。本体隐喻是指将事件、活动、情感、思想等抽象概念视为有形的实体或容器的隐喻，例如"我们要和贫穷作斗争"；方位隐喻是指用上下、左右、前后、内外等空间概念来表达其他概念的隐喻，也被称为空间隐喻，比如"他处于我的掌控之中""权力至上"等；结构隐喻指通过一个结构清晰概念去构建另一个界定模糊、内部含混，或者完全缺乏内部结构的概念，例如"辩论是战争"。概念隐喻是始发域（source domain）向目标域（target domain）的映射（mapping）。一般而言，始发域是一些具体的、熟悉的概念，而目标域是较为抽象的、不太熟悉的概念。

越来越多的隐喻研究开始关注与情感相关的隐喻映射。比如关于愤怒的隐喻 "boiling with rage" "the crowd was at boiling point"，目标域为压力的表述有 "got very steamed up" "let off steam" "good safety valve for stress" "playing in the pressure cooker of the European Cup finals"（Goatly，2011）。Stevenmayews（2011）在英国国家语料库中搜索目标域词汇，采用比较语料库方法和内省方法，将分析限定于英国国家语料库情感类语义域的隐喻，情感类语义域主要是愤怒、恐惧、幸福、悲伤和厌恶，发现愤怒（anger）可以"涌出"（well up）和"从眼睛中涌出"（pour from eyes），恐惧（fear）可以"来回萦绕脑海且非理性"（haunt and can be irrational），喜悦可以"无拘无束并产生温暖"（unrestrained and generate warmth）。

2. 研究问题

本研究以 Lakoff & Johnson（1980）提出的三类概念隐喻为理论框架，围绕以下问题展开研究：

第一，美国的《2020 年贸易与发展报告》主要有哪些关键主题域？《2019 年贸易与发展报告》相比，在主题域上有何区别？

第二，在《2020 年贸易与发展报告》的语料中，反映情感倾向的主题域使用的概念隐喻有哪些特征？关键语义域通过哪些源域使其概念化？源域的使用有何异同？

第三，这些概念隐喻的使用反映了美国怎样的经济现状？

3. 研究语料

本研究以美国《2020 年贸易与发展报告》为主要的研究语料，报告来自美国贸易代表办公室官方网站，该机构主要负责制定和协调美国国际贸易、商品和直接投资政策等商务活动，贸易与发展系列报告为年度报告，每年定期更新，因此本研究的参照语料库也以前期同系列报告为主，主要以美国《2019 年贸易与发展报告》的文本为主，在关键词、主题语义域变化演变分析部分也选用了 2018 年的报告，以更好地考察报告的历时变化。语料库规模如下：2020 年词符为 100 798，类符为 10 777；2019 年词符为 130 240，类符为 11 958；2018 年词符为 43 081，类符为 17 249（表 6-8）。

表 6-8　贸易话语隐喻特征研究语料库规模

序号	语料库文本	词符	类符	词目
1	《2020 年美国贸易与发展报告》	100 798	10 777	9 024
2	《2019 年美国贸易与发展报告》	130 240	11 958	10 582
3	《2018 年美国贸易与发展报告》	43 081	17 249	16 862

4. 研究工具

本研究以 Wmatrix 4.0 为语料分析工具。Wmatrix 4.0 是一个由 Paul Rayson（2011）在 REVERE 项目中所开发的基于网络的在线语料库分析工具。Wmatrix 4.0 的特色之处在于内嵌的工具 USAS（UCREL Semantic Annotation System），用户将语料在线加载上传后，该工具就能够实现对文本自动进行语义域赋码。Wmatrix 4.0 的 USAS 语义域赋码集以汤姆·麦克阿瑟（Tom McArthur）的《朗文多功能分类词典》为基础，包含了 21 个语义域（如图 6-9），并可以进一步分为 232 个子语义域；Wmatrix 4.0 为文本中的词语自动标注的语义域可以大致对应概念隐喻的源域或目标域（Koller et al.，2008），可以简化隐喻的识别工作，尤其是人工识别的低效率。同时，先入为主地人为随机选择隐喻载体词违背了语料库语言学倡导的完全从语料出发的研究宗旨（孙亚，2012）。

表 6-9　21 个语义域划分与分布

A general and abstract terms	B the body and the individual	C arts and crafts	E emotion
F food and farming	G government and public	H architecture, housing and the home	I money and commerce in industry
K entertainment, sports and games	L life and living things	M movement, location, travel and transport	N numbers and measurement
O substances, materials, objects and equipment	P education	Q language and communication	S social actions, states and processes
T Time	W world and environment	X psychological actions, states and processes	Y science and technology
Z names and grammar			

5. 研究步骤

具体的隐喻提取与分析的步骤为：（1）使用 Wmatrix 4 对语料库文本统计高频及主题建构类的语义域，寻找潜在的概念隐喻始源域，初步判断潜在始源域，提取该语义域所有词目（lemma）和形符（token）。

（2）使用 MIPVU 作为隐喻识别工具。MIPVU 是由 Steen（2010）所开发的隐喻识别工具，或者更确切地说是一套相对完善的隐喻识别程序，其主要步骤如下：① 确定文本中的词语，并确定该词语的语境意义；② 确定该词语的基本意义；③ 确定该词语的基本意义与语境意义是否存在差别；④ 确定该词语的基本意义与语境意义的指称对象之间是否存在相似性，如果存在，则该词语是隐喻。本研究根据 MIPVU 的词典推荐，采用麦克米伦高阶英语词典识别词语的基本意义与语境意义。

6.2.3 《美国贸易与发展报告》隐喻特征分析

2018—2020 年美国贸易报告主题语义域对比显示（图 6-6），三份报告文本中共同显著的主题语义域包括：business:_generally（商业：一般）、cause & effect/connection（因果 / 联系）、change（改变）、cheap（便宜的）、difficult（困难的）、geographical_names（地理的 – 名称）、money_and_pay（资金与支付）、numbers（数字）、places（地点）等。

不同的是，2020 年贸易报告文本主题语义域还涉及 government（政府）、healthy（健康的）、money-generally（资金 – 一般）、money:_debts（资金：债务）、size:_big（规模：大型）、the_universe（世界）；2019 年除了 government、money-generally、money:_debts、size:_big 之外，还涉及 other_proper_names（其他合适的名称）、time:_new_and_young（时间：新的与年轻的）；2018 年涉及 knowledge（知识）、unmatched（不匹配）、vehicles_and_transport_on_land（陆地交通工具）。

关键语义域通过一系列源域将隐喻概念化，Lakoff & Johnson（1980）将概念隐喻划分为三类：本体隐喻、方位隐喻和结构隐喻。在三年报告文本的主题语义域中，涉及本体隐喻的有 healthy、new_and_young 等；涉及方位隐喻的有 places、closed、hiding/hidden 等；涉及结构隐喻的有 size:_big、change 等。

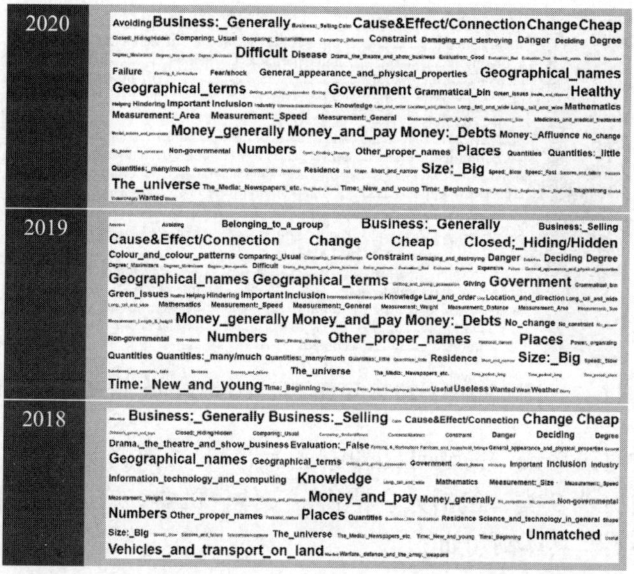

图 6-6　美国 2018—2020 年贸易报告主题语义域云图对比

　　统计显示，美国 2018—2020 年三年的贸易报告，关键主题词存在很大差别（图 6-7）。2020 年突出的关键词有 COVID-19、pandemic（疫情）、international investment（国际投资）、financial（金融的）、demand（需求）、income（收入）、growth（增长），很明显美国贸易环境很大程度上受疫情影响，可以推测其重点可能在探讨关于经济投资、经济复苏和供需的经贸问题。2019 年突出的关键词有 international investment（国际投资）、developing countries（发展中国家）、debt（债务）、capital（资本）、development（发展）、growth（增长）等，根据高频词分布可以推测当年的贸易报告可能更多涉及国际投资、债务问题和国内外的发展问题。2018 年突出的关键词有 infrastructure（基础设施）、free-trade（自由贸易）、UNCTAD（联合国贸易和发展会议）、digital（数字的）、global growth（全球增长）等，根据这些关键词的词频大小可以推测当年的贸易报告可能更多的关注全球自由贸易、跨境贸易、数字经济和国际经济组织的合作问题。

图 6-7　美国 2018—2020 年贸易报告关键词词频密度云图对比

通过对语义域、关键词及隐喻进行统计，美国贸易报告文本中的概念隐喻可分为 9 类，包括人、植物、实体、机器、旅途、战争、流体、建筑、容器。具体例句如下：

[1] All the participating governments recognize the contribution that liberal trading policies can make to the **healthy growth** and development of their own economies and of the world economy as a whole.

例 [1] 中的 healthy 将经济比作人体，强调自由的贸易政策能够促进经济的健康发展，此处 growth 是借用了源域植物从发芽、生长、茂盛、成熟、收获、凋零的过程隐喻，即经济也会经历初创、发展、繁荣、衰败的周期。

[2] The United States has proposed rules in all key areas of digital trade, such as those related to cross-border **data flows**, privacy, source code, and cybersecurity, to help ensure that digital trade can continue to **drive** economic **growth** and development and **support** the success of firms of all sizes, across all sectors, around the world.

例 [2] 句中使用的 flow 一词将跨国贸易的数据比喻为流动的液体，突出数据的海量、动态性、实时更新性等特征；drive 一词将经济比喻成机器，将机器的运行过程投射到经济域，即数字贸易可以成为推动这台机器前进的驱动力；support 一词采用建筑隐喻，将全球各个行业、各种规模的公司的成功经营比喻为房屋的建造，数字贸易是支撑这栋建筑的支架。

表 6-10 报告了 2020 年与 2019 年贸易报告高频关键主题语义域和占比排序。语义域代码的"+"表示积极意义语义域，而"-"则表示消极意义语义域。观察语料库为 2020 年贸易报告，观察语料库数据为语义域出现频次，% 则表示语义域在观察语料库中的占比，"+"表示观察语料库语义域频率显著高于参照语料库。参照语料库为 2019 年贸易报告，参照语料库数据为出现的语义域频率和占比。LL 为两个报告语义域差异程度，用对数似然值（LL）和似然率（LogRatio）表示。

表 6-10　2020 年与 2019 年贸易报告中差异最大的 10 个语义域对比

序号	语义域代码	观察语料库	%	参照语料库	%	LL	LogRatio	语义域类别
1	B2-	273	0.27+	28	0.021	295.69	3.64	Disease
2	B2+	238	0.23+	62	0.04	157.94	2.30	Healthy
3	E5-	140	0.13+	48	0.04	72.45	1.90	Fear/Shock
4	N3.6	113	0.11+	44	0.03	50.70	1.72	Measurement:
5	I1.1+	146	0.14+	57	0.04	65.30	1.71	Money:
6	X9.2-	165	0.16+	84	0.06	50.48	1.33	Failure
7	T1.1.3	403	0.39+	255	0.19	79.84	1.01	Time:
8	N3.2+	960	0.95+	763	0.58	96.91	0.69	Size:
9	I3.1	490	0.49+	392	0.30	48.27	0.68	Work
10	I2.1	1200	1.19+	962	0.73	117.27	0.67	Business:

6.2.4 《美国贸易与发展报告》隐喻特征对美国贸易影响的预测

本研究借助 Wmatrix 4.0 软件，采用 MIPVU 程序作为主要的隐喻识别工具，对所创建的美国《2020 年贸易与发展报告》语料库进行主题语义域和隐喻归类分析，参照语料库为《2019 年贸易与发展报告》，考察得到以下发现：

2020 年报告与 2019 年报告对比显示，差异最显著的前 6 类高频主题语义域分别是：I2.2 B2- [Disease]（疾病）、B2+ [Healthy]（健康）、I2.1+ [Business: Generally]（商业）、N3.2+ [Size: Big]（尺寸）、T1.1.3+ [Time: Future]（时间）、E5- [Fear/Shock]（恐惧／冲击）。统计显示，Disease 语义域的出现的高频词依次为 pandemic、outbreak、disease、contagion 和 infection；Healthy 语义域出现的高频词依次为 recovery、recovering、health、recover 和 healthy（表 6–11）。

表 6–11　高频语义域 I2.2 B2- [Disease] 和 B2+ [Healthy] 高频词分析

Disease 域高频词	语义域代码	频次/关键值	Healthy 域高频词	语义域代码	频次/关键值
pandemic	B2-	188/0.20	recovery	B2+	146/0.16
outbreak	B2-	13/0.01	recovering	B2+	56/0.06
disease	B2-	6/0.01	health	B2+	51/0.06
contagion	B2-	5/0.01	recover	B2+	23/0.02
infection	B2-	5/0.01	healthy	B2+	3/0.00

B2- [Disease]（疾病）和 B2+ [Healthy]（健康）主题是《2020 年贸易与发展报告》与 2019 年报告相比差异最显著的两个语义域，2020 年的文本相比 2019 年贸易报告，最高频的新语义域是"疾病"主题和"健康"，2020 年的贸易报告重点关注新冠疫情对美国贸易进出口产生的打击和影响。2020 年 1 月下旬，美国发现第一例新冠肺炎确诊病例。此后一、二季度随着疫情在美国的蔓延，美国迅速成为全球确诊人数和死亡病例最多的国家，多州曾一度出现医疗资源分配不均的情况。美国总统特朗普于 3 月 13 日宣布进入"国家紧急状态"（national emergency），6 月中旬美国疫情二次暴发，经济封锁政策加上松散滞后的政府应对机制，严重冲击美国多州的经济态势，二季度美国经济大幅衰退，失业率也创下大萧条以来的新高，美国对外经贸也同样遭受重击，进口增速下降幅度低于出口增速下降幅度。疫情和健康的问题不仅影响人们生活，也会影响一国经济体的贸易和发展状况，因此该主题在报告文本中成为新议题中出现频次最高的一项。

表 6-12　高频语义域 I2.1[Business: Generally] 和 N3.2+ [Size: Big] 高频词分析

I2.1 域高频词	语义域代码	频次 / 关键值	N3.2+ 域高频词	语义域代码	频次 / 关键值
economies	I2.1	342/0.37	growth	N3.2+	541/0.59
economy	I2.1	302/0.33	large	N3.2+	88/0.10
productivity	I2.1	204/0.22	expansion	N3.2+	67/0.07
recession	I2.1	44/0.05	growing	N3.2+	46/0.05
firms	I2.1	44/0.05	expanding	N3.2+	38/0.04

从 I2.1 [Business: Generally] 和 N3.2+ [Size: Big] 主题语义域中以看到经济的生产率（productivity）、经济复苏（recession）和经济增长（growth）问题是报告讨论的重点（表 6-12）。

表 6-13　高频语义域 T1.1.3 [Time: Future] 和 E5- [Fear/Shock] 高频词分析

T1.1.3 域高频词	语义域代码	频次 / 关键值	E5- 域高频词	语义域代码	频次 / 关键值
will	T1.1.3	308/0.33	shock	E5-	84/0.09
future	T1.1.3	48/0.05	shocks	E5-	32/0.03
next_year	T1.1.3	12/0.01	panic	E5-	5/0.01
going_to	T1.1.3	7/0.01	fear	E5-	4/0.00
Coming	T1.1.3	4/0.00	staggering	E5-	2/0.00

T1.1.3 [Time: Future] 和 E5- [Fear/Shock] 主题语义域统计显示，2020 年的贸易报告尤为关注未来时期的情况，将来时助动词 will 高频出现了 308 次，关键值达到 0.33。此外，多次频繁出现的未来词和短语还包括 future、next year、going to、coming，据此可以推测，美国在不断地采取各种财政政策挽救疫情危机，对美国未来经贸运行状况表示关切。排名第 6 位的主题域中还出现了 E5- [Fear/Shock] 语义域，出现的高频词为 shock、panics、fear、staggering，这些词的情感特征多为负面和消极倾向，由此可见，美国贸易报告传达出的信息是美国对本国的贸易状况非常不乐观。疫情的影响和美国国内外的动荡局势，危机覆盖了需求和供应端两端，也因此 2020 年美国贸易的报告文本凸显消极语调。因此，我们进一步选取了情感语义域来研究该主题域下的隐喻特征。

表6-14 2020年与2019年美国贸易报告5个高频情感语义域对比

情感域代码	观察语料库	%	参照语料库	%	LL	LogRatio	情感语义域
E5-	140	0.15	48	0.04	72.45	272.90	Fear/Shock
E3+	73	0.08	29	0.02	31.96	221.83	Calm
E3-	112	0.12	74	0.06	19.95	93.50	Violent/Angry
E4.1-	53	0.06	30	0.03	13.36	125.87	Sad
E4.1+	46	0.05	39	0.03	3.58	50.80	Happy

以2019年的贸易发展报告作为参照语料库,考察2020年度的文本情感倾向,选择情感语义域,发现位于前5位的为E5-[Fear/Shock](恐惧/冲击)、E3+[Calm](平稳)、E3-[Violent/Angry](生气/愤怒)、E4.1-[Sad](悲伤)、E4.1+[Happy](快乐),语义域代码的"+"表示积极意义语义域,而"-"则表示消极意义语义域,这些语义域组合在一起,直观上看似负面情绪更多(表6-14)。为了更加细化精确地考察,我们对以上情感语义域做隐喻识别及归类。

表6-15 目标域为"shock*/panic/fear"的隐喻分析

源域	《2020年美国贸易与发展报告》中的隐喻表述
物体	trigger shocks; unprepared for a major shock; a systemic panic; sharp economic shocks
疾病	recover from the current shock
海浪	shock wave
尺寸	a shock of this scale
地震	a shock of this magnitude
战争	fight the COVID-19 shock

我们发现在目标域为"shock*/panic/fear"的隐喻表述中,源域可能是物体(object)、疾病(disease)、海浪(wave)、尺寸(size)、地震(earthquake)和战争(war)(表6-15)。

在例句 [1] 中有一个短语"trigger further shocks"，Macmillan 词典中 trigger 的基础定义是"to make a machine or piece of equipment start to work"，在这里，shocks（冲击）被物化，仿佛是一种器械或设备即将被启动。在句 [2] "fears of inflation have long turned into ..."（对通货膨胀的担忧转变为……），fear（担忧、恐惧）是抽象词汇，表示人思维中的害怕情绪，但通过 turn 这个词就变成了概念化的实体名词（something），这也正好对应词典中对 turn 的基础定义"to change and do or become something else"。在句 [3][4] 中"a shock of this magnitude / a shock of this scale"，shock 变成了具有可度量、可测度的尺寸化的实体名词。在句 [8] 中，"fight the COVID-19 shock"，使用了 fight 这个词，很明显通过隐喻将战争概念投射至美国对疫情的应对上。

[1] The wrong policy steps and ignoring the experience of the last decade could **trigger further shocks** which would not only **derail recovery** but could **usher** in a lost decade.

[2] While **fears of inflation** have long **turned** into efforts to encourage it.

[3] **A shock of this scale** will certainly have persistent, and likely permanent effects on the society.

[4] **A shock of this magnitude** will have long-run consequences for the growth rate of potential output.

[5] **The COVID-19 shock** will probably **raise** private non-financial debt ratios around the world.

[6] The COVID-19 **shock triggered** a new round of cuts in central bank policy rates.

[7] That the recovery to the **COVID-19 shock will require** increased public investment.

[8] Proposals of more aggressive and innovative monetary policies to **fight the COVID-19 shock**.

[9] And once tax breaks, bailouts and cheap money had helped **calm market nerves**, calls for fiscal rectitude grew ever louder.

[10] It is not fiscal discipline but central **bank liquidity** that can **tame the markets.**

[11] A degree of **calm has been restored** in these markets since April.

[12] First on the list is **relaxing** financing constraints through an expansion of SDRs (UNCTAD , 2020a)

[13] Vested interests were pushing back against the New Deal as the war economy was **winding down.**

在本研究目标域为 "calm" 情绪类的隐喻表述中，源域常见的有人（person）、地方或空间（place）以及风（wind）（表 6–16）。在句 [9] 中，"calm market nerves" 译为安抚市场紧张情绪，将市场比如成人类的神经（nerve），需要安抚；在句 [10] 中 "tame the markets"，此处将市场比如成需要规训的生命体，词典中 tame 的基础含义是 "to train an animal to stay calm when people are near it and to make it used to being with them"，我们可以倒推出作者认为市场是需要被驯服的，说明目前的市场状况并不理想，未能服从特定的规则。在句 [11] 中 "calm has been restored in these markets"，表示市场重获平稳，此处 restore 的词典基础含义是 "to give something that has been lost, taken, or stolen back to the person who it belongs to"，也就是将市场稳定这个抽象概念实体化。在句 [13] 中 "war economy was winding down"，说战争经济即将结束，采用了风作为源域，风逐渐弱化停止。其他目标域为 "violent/angry" 以及 "sad" 语义域的隐喻表述中，源域到目标域的映射机理也类似，源域多为物体、数量与测量、时间等（表6–17 至表 6–18）。

表 6–16 目标域为 "calm" 的语义域（calm / tame / relaxing / wind down）

源域	《2020 年美国贸易与发展报告》中的隐喻表述
person	calm/tame the markets; tame corporate power / credit cycles; relax constraints
place	calm has been restored
wind	economy was winding down

表 6-17　目标域为"Violent/Angry"的语义域（threat/anger）

源域	《2020 年美国贸易与发展报告》中的隐喻表述
great	threats are greatest
amounts	increasing anger
growth	growing threat

Morgan（1993）认为理解隐喻的关键在于理解隐喻背后隐藏的情感和态度意义。在本研究的语料库中我们不难发现，情感类语义域相关隐喻表达也相对负面，比如战争隐喻中视疫情的冲击为战争，人物类隐喻中试图驯服（tame）市场、安抚（calm）市场的情绪，尺隐喻中搭配多为 Great Depression / prolonged depression / edge of depression，或者视冲击为海浪（wave）、地震（earthquake）甚至疾病（disease）。可以推测，美国作为全球疫情最严重的国家，经济贸易的表现严重受挫，经济复苏前景较为悲观。

表 6-18　目标域为"sad"的语义域（depress*）

源域	《2020 年美国贸易与发展报告》中的隐喻表述
great	Great Depression
time	prolonged depression
knife	edge of depression

本节探索了美国贸易报告中的概念隐喻，借助 Wmatrix 软件，采用 MIPVU 程序作为主要的隐喻识别工具，对美国《2020 年贸易与发展报告》语料库进行主题语义域和隐喻归类分析，以美国《2019 年贸易与发展报告》为参考语料，考察情感主题语义域分布特点和隐喻特征，考察概念隐喻如何从源域出发，映射到目标域，在这个过程中抽象的经济概念和经济现象得到了通俗易懂的类比解释，隐喻的背后实质隐藏着相应的认知基础与倾向，深入分析这些概念隐喻能更好地理解国家经济话语。

第三部分
中观经济话语

第 7 章
企业年报话语研究

7.1 企业年报话语研究进展

7.1.1 企业年报的定义与分类

1. 企业年报定义

企业年报是企业披露财务和管理信息的重要手段之一，企业年报指按各国上市公司监管机构规定编写的财务报表、文字叙述、图片和图表的上市公司正式报告，是上市公司向股东提供公司业绩和经营能力信息的通道，有助于股东对是否投入、投入多少资金以及如何调整管理结构进行判断。当投资者不能完全了解公司经营状况和财务报表信息时，他们可能会对投资产生犹豫。当消息发布者能够按照预期来向信息接受者解释信息时，该沟通过程是有效沟通。然而当企业年报内容的可读性低时，大多数读者难以理解年报内容，这时信息沟通可能受到阻碍。在这种情况下，投资者可能会误解报告内容。因此，包含全面且有效信息的公司年度报告对公司的潜在与实质性发展起到了重要的作用。

2. 企业年报分类

企业披露财务信息的文本一般包括年度报告、季度报告、招股说明书、盈余公告、管理层盈余预告、CEO 致股东信函、包含财务业绩数据的财经新闻，以及电话会议纪要文本。上市公司定期提交的报告可大致分为年度报告和中期报告（包括季度报告和半年期报告）。显然，年度报告在所有的报告中重要性最强、关注度最高。三大财务报表——资产负债表、损益表、现金流量表占据了年度报告的大量篇幅。但是，近年来，年报融入了很多文字说明（如股东信、管理层讨论与分析、业务审查等），使它的内容和形式都发生了重大变化。

Courtis（1995）认为，年报的目的是向股东、投资者以及其他读者告知公司的经营情况、现行财务报表和管理结构。国外的典型企业年度报告通常包括以下 11 个部分：（1）公司综合信息；（2）经营和财务状况；（3）董事报告；（4）公司治理信息；（5）董事长致辞；（6）审计报告；（7）非审计信息；（8）财务报表；（9）财务报表附注；（10）会计政策；（11）其他内容。我国上市公司的年度报告一般包括 8 个部分：（1）公司简介；（2）会计数据和业务数据摘要；（3）股东情况介绍；（4）股东大会简介；（5）董事会报告；（6）监事会报告；（7）重要事项；（8）财务会计报告。有时候，财务报告属于不同话语类型。在一项专注于 15 家港股上市公司年度报告的跨话题的研究中，Bhatia（2008：167）观察发现，基于公司过去业绩的财务数据，大多数年度报告可以被描述为会计话语。然而，也有公关话语，特别是在报告的叙述部分和董事长的信中，旨在提升公司的正面形象，给利益相关者鼓劲打气。尽管这两种话语类型不同，反映出不同的公司做法，一种是标准化法律要求的会计程序，另一种是营销公关宣传，但是在同一个企业年报文本中结合使用，既能获得读者好感，又能增强可信度。

7.1.2 **企业年报话语研究现状**

近二十年来，企业年报文本研究成为语言学和管理学的一个重点（Henry，2008；Loughran & McDonald，2016）。Bekey（1990）的调查结果显示，文字叙述和分析占企业年报篇幅的一半以上，文字叙述形式丰富，包括：董事会主席致辞、业务审视与财务状况、董事会报告、公司治理报告、薪酬报告、社会环境报告、管理层讨论与分析、致股东信等。

我们检索 Web of Science 期刊数据库[1] 关键词[2]，从过去 16 年（2005—2020）的论文，中得到与企业年报话语研究相关的 SSCI 期刊论文 159 篇，统计发现：

第一，企业年报话语受到语言学关注度上升。

2005—2018 年，国外企业年报话语的语言学研究总体呈现波浪式上升的趋势，企业年报话语近一半的论文发表在语言学期刊上（占44.8%），如 *English for Specific Purposes*、*Text & Talk*、*Journal of Pragmatics* 等，反映出企业年报话语研究的语言学属性。此外，有相当一部分研究发表在传播学期刊上，发表量最多的前五份期刊中有四份传播学期刊，如 *IEEE Transaction on Professional Communication*、*International Journal of Business Communication*、*Journal of Business and Technical Communication* 等，传播类期刊发文量占总发文量的 34.5%，反映出企业年报话语在企业传播领域受到关注。广告学、心理学、公共关系学等期刊也关注企业年报话语，如 *Journal of Advertising*、*Public Relations Review* 等，更加证明了企业年报话语研究的跨学科特点。

第二，财务会计领域对企业年报话语研究呈上升趋势。

近五年来，账务会计领域企业年报话语研究的发文数量持续增长，截至 2018 年，发文量较五年前增长了近三倍。财务会计领域企业年报研究出现了明显的"话语转向"。统计显示，大多数企业年报话语论文发表在管理会计类期刊上（占 67.3%），如 *Journal of Accounting and Economics*、*Accounting Auditing and Accountability Journal*、*Accounting and Business Research*、*Accounting Review*、*Corporate Governance-An International Review*、*Management Science* 等。还有部分论文发表在金融学期刊上，如 *Journal of Behavioral Finance*、*Journal of Financial Economics*、*Financial Management*、*International Review of Financial Analysis* 等，金融类期刊发文量占总发文量的 15.1%。企业年报话语研究还发表在计算机科学、经济学、商务沟

1　Web of Science 数据库核心合集即社会科学引文索引（SSCI）数据库。

2　"textual analysis and financial report" "textual analysis and accounting" "textual analysis and annual report" "textual analysis and quarterly report" "textual analysis and earnings press release" "textual analysis and earnings conference call" "textual analysis and earnings announcement" "textual analysis and IPO prospectus" "textual analysis and accounting" "corporate report narratives" "corporate accounting narratives" 等。

通学等不同领域期刊上，如 *Decision Support Systems*、*Applied Economics Letters*、*International Journal of Business Communication* 等，反映出企业年报文本研究具有跨学科属性。

企业年报的文字部分信息相对于财务数据的自由度较大，因而，文本信息可以为学者们探究市场效率提供更多有价值的信息（Li，2006）。总之，企业年报文本包含了众多信息，具有很高的研究价值（肖浩等，2016），对会计信息的交流与传播发挥着至关重要的作用。近年来，计算机技术，尤其是自然语言处理技术的发展，为企业年报话语特征等非结构化文本数据的抓取和量化提供了条件，因此，越来越多的学者开始关注企业年报话语研究。

7.2 中外企业年报语篇结构关系特征及话语管理

7.2.1 中外年报语篇结构关系特征对比分析

王立非、部寒（2016）对中美银行企业年报语篇结构关系特征进行考察，所选语料为中国工商银行（以下简称工行）和美国花旗银行（以下简称花旗）2015 年年报中的 CEO 致辞，工行语篇总长度为 3 272 个中文字符，花旗语篇总长度为 1 885 个英文词符。这两家银行市值曾分别位列中美第一，具有一定代表性。本研究使用软件 RST Tool345 对英汉语篇结构分别切分和标注，进行量化统计并输出统计数据。参照《话语标注参考手册》（*Discourse Tagging Reference Manual*）（Carlson et al., 2021），根据金融语篇结构关系的特点，作者对现有的关系进行补充，新增加了两个单核心结构关系：Example（举例关系）、Attribution（从属关系）以及一个多核心结构关系：Same-unit（同一单元）。

表 7-1　工商银行年报 CEO 致辞中语篇结构关系分布特点

语篇结构关系		频次	占比（%）
Elaboration	阐述关系	53	32.90
Volitional-result	意愿性结果关系	36	22.40
List	并列关系	34	21.10
Circumstance	环境关系	9	5.60
Means	方式关系	6	3.70
Top	顶层结构	6	3.70
Purpose	目的关系	5	3.10
Background	背景关系	3	1.90
Evidence	证据关系	2	1.20
Condition	条件关系	1	0.60
Evaluation	评价关系	1	0.60
Example	举例关系	1	0.60
Justify	证明关系	1	0.60
Nonvolitional-result	非意愿性结果关系	1	0.60
Preparation	准备关系	1	0.60
Volitional-cause	意愿性结果关系	1	0.60
总计		161	100.00

　　统计结果显示，工行年报 CEO 致辞共出现了 15 种修辞结构关系，其中阐述关系频率最高（32.90%），其次是意愿性结果关系（22.40%），然后是并列关系（21.10%）。此外，环境、方式、背景和目的关系也多次出现。而证据、条件、评价、举例、证明等关系较少（见表 7–1）。花旗英文年报 CEO 致辞语篇结构关系统计结果显示，花旗银行年报 CEO 致辞中共出现了 27 种修辞结构关系，其中频率最高的是阐述关系（24.40%），其次是并列关系（21.40%）和联结关系（8.30%），此外，让步、对照、评价、从属、意愿性结果等关系也出现较多，频率均大于 4%，而对比、背景、举例等关系出现较少（见表 7–2）。

表 7-2　花旗银行年报 CEO 致辞中语篇结构关系分布特点

语篇结构关系		频次	占比（%）
Elaboration	阐述关系	41	24.40
List	并列关系	36	21.40
Conjunction	联结关系	14	8.30
Concession	让步关系	11	6.50
Antithesis	对照关系	8	4.80
Evaluation	评价关系	8	4.80
Attribution	从属关系	7	4.20
Volitional-result	意愿性结果关系	7	4.20
Evidence	证据关系	5	3.00
Justify	证明关系	5	3.00
Nonvolitional-cause	非意愿性原因关系	5	3.00
Purpose	目的关系	5	3.00
Circumstance	环境关系	4	2.40
Means	方式关系	4	2.40
Top	顶层结构	3	1.80
Volitional-cause	意愿性原因关系	3	1.80
Background	背景关系	2	1.20
Condition	条件关系	2	1.20
Same-unit	同一单元关系	2	1.20
Solutionhood	解答关系	2	1.20
Contrast	对比关系	1	0.60
Disjunction	或然关系	1	0.60
Example	举例关系	1	0.60
Interpretation	解释关系	1	0.60
Joint	连接关系	1	0.60
Otherwise	析取关系	1	0.60
Restatement	重述关系	1	0.60
Summary	综述关系	1	0.60
总计		168	100.00

　　我们对比两类语篇的概念关系、人际关系和语篇关系的异同，结果显示，两类语篇中最高频的关系为概念关系。概念关系主要用于对事件、

情形的阐释和描述（Abelen et al.，1993），信息性较强。概念关系在工行语篇中的出现频率高达 90%，在花旗语篇中的出现频率也接近 70%。两类语篇中概念关系出现都较多，说明 CEO 致辞多以陈述客观事实和披露客观信息为主，符合年报的语篇功能。年报必须如实向股东和股民通报公司业绩和经营状况（Bhatia，2008）。此外，两类语篇在三类关系分布上存在较大差异：（1）概念关系在两类语篇中使用频率都较高，在工行汉语语篇中的使用频率比花旗语篇高出 20%。（2）人际关系在工行语篇中的使用频率只有 5%，而在花旗语篇中达到了 29%。使用人际关系，可以通过表达作者的态度和推断，影响读者的态度和行为。它主要用于增强话语的说服力和感召力（Abelen et al.，1993），劝说性较强。（3）篇章关系在工行语篇中没有出现，在花旗语篇中也较少。总之，两类语篇在概念关系和人际关系使用频率上的差异表明，工行语篇更加注重客观事实的阐述和信息的准确披露，情感倾向较少。而花旗语篇更加注重与读者的互动，较多地表达了个人态度和判断。

　　语篇结构的概念关系功能差异对比显示，两类语篇都大量使用了阐述关系和并列关系，在各类语篇结构关系中位列前二。此外还都使用了目的、方式等关系，且这些关系的使用频率未显示出显著差异。差异较大的是意愿性结果关系、环境关系和非意愿性原因关系。工行语篇使用了较多的意愿性结果关系（22.4%）来介绍通过主动积极努力所取得的一系列成果，且使用了较多的环境关系（5.6%），表明工行注重对经济形势等现实环境的描述。而花旗语篇使用了较多的非意愿性原因关系（3.0%），来解释所采取行动的原因，注重理性分析。

　　语篇结构的人际关系功能差异对比显示，两类年报的人际关系使用频率差异较大，主要因为花旗语篇中让步、对照、评价、从属等关系出现频率较高，均在 3% 以上，而工行语篇中这几个关系极少出现。让步和对照关系在花旗语篇中出现频率最高，其功能在于增强读者对核心结构段的积极印象（Mann & Thompson，1987）。该语篇中，让步和对照关系通常在表述负面信息时出现，这两种关系连接的两个结构段中，核心结构段往往表述正面信息，辅助结构段往往表述负面信息。作者意识到并承认负面情况的存在，但使用让步或对照关系来表明积极态度或强调正面信息，弱化了负面信息对读者的影响。而工行年报在表述负面信息时，未使用这两种关系，而是直接说明自己的积极行为。此外，花旗年报语篇结构关系中从属关系的出现频率比工行高（4.2%），说明前者使用了很多引语。分析显示，引语多用来表达银行的意图和态度，而工行年报语篇中未出现从属关系和类似的个人主观意志的表达。其他频率差异较大的人际关系还有评价关系（工行0.6%，花旗为4.8%）和证明关系（工行为0.6%，花旗为3%）等。以上分析可见，相比之下，工行年报语篇结构关系的信息传递功能较强，劝说功能较弱；而花旗年报语篇结构关系的功能正好相反。

7.2.2 企业年报信息披露中的话语管理

企业年报非财务信息语篇是管理层讨论公司战略、业绩和重大问题的主要方式，因此，所承载的信息量要多于基本财务报表。应用非专业术语对企业绩效进行解读，更能反映出企业的深层次情况，年报非财务信息比财务报表更具有可读性，增加非财务信息的披露，从而增强年报的有用性。王立非、部寒（2016）通过对中美银行年报的研究发现，两类语篇中都包含非财务信息披露的话语管理，如公司外部环境、公司战略、风险及应对措施和顾客满意度。此外，花旗年报CEO致辞中还包含了未来前景预测和社区计划，说明其非财务信息披露更全面，更关注未来趋势和对所在社区的贡献（表7-3）。

表7-3 中美银行年报非财务信息披露的基本语篇单位分布（王立非、部寒，2016）

一级指标	投资者关系战略非财务信息披露指标（RNDI）						
二级指标	战略信息（SDI）				社区信息（RID）		总计
三级指标	公司外部环境	公司战略	未来前景预测	风险及应对措施	社区计划	顾客满意度	
工行	6	99	0	28	0	36	169
花旗	4	56	26	24	12	5	127

从每一个指标信息中所包含的基本语篇单位（elementary discourse

unit，EDU）数量来看，在公司外部环境和风险及应对措施上，两类语篇所包含的 EDU 数量相当。但是，工行在公司战略和顾客满意度指标的 EDU 数量分别为 99 和 36，远远超过花旗语篇 56 和 5，说明工行年报运用了更多的篇幅对这两部分内容披露更充分，更加重视公司战略的对外传播，同时也更加关注客户服务质量，有效运用了话语管理策略。相比之下，美国花旗银行年报更加注重对未来预期和企业社会责任的披露，这符合花旗银行投资人和股东的利益，也是股东和股民最为关心的利益回报。花旗银行注重企业社会责任宣传，在树立良好的企业声誉和形象采用了印象管理策略，这一点值得我国银行学习。

7.3　中外企业年报情感倾向性及资本市场反应

7.3.1　年报文本情感倾向性特征分析

1. 研究语料

王立非、部寒（2017）对中美企业年报文本情感倾向性考察，所选语料为 2015 年《财富》榜上中美前 50 强企业的英文年报，时间跨度为 2005—2015 年，企业类型包括金融、石油、IT 等，语料总量为中美企业年报各 310 份，共计 620 份。年报语料库总词符数为 45 122 201，其中中国企业年报语料总词符数为 23 517 191，美国企业年报语料总词符数为 21 605 010。

此外，为考察语篇态度与企业绩效的关系，本研究又分别选取两类语料：（1）中美 50 强企业排名前 10 位的上市公司（即榜首企业）过去 11 年（2005—2015）的英文年报，包含中国企业年报 89 份和美国企业年报 72 份；（2）中美 50 强企业排名后 10 位的上市公司（即榜尾企业）过去 11 年的英文年报，包含中国企业年报 72 份和美国企业年报 71 份。

2. 研究工具

本研究采用文本情感自动分析软件 Diction7.0，利用商务情感评价词表（Henry，2008），测量中美企业年报话语的积极与消极情感评价倾向度，对比分析中美企业年报的评价情感倾向度差异。借鉴 Henry（2008）和 Price et al.（2012）等研究，本研究测量商务语篇评价情感倾向度公式如下：

$$TONE_{iT} = \frac{Positive_{iT} - Negative_{iT}}{Positive_{iT} + Negative_{iT}}$$

公式中，$Positive_{iT}$ 为本年度年报的积极情感评价值，即平均每 500 词中出现的积极情感评价词词频；$Negative_{iT}$ 为本年度年报的消极情感评价值，即平均每 500 词中出现的消极情感评价词词频。评价情感倾向值 $TONE_{iT}$ 为积极情感评价值减去消极情感评价值之差除以积极情感评价值加上消极情感评价值之和。此外，通过检索样本语料发现评价情感表达前后的否定词极少，因此，可以忽略否定词对评价情感度测量的影响。

3. 研究步骤

为考察中美两类企业年报话语的评价情感主题倾向特征，将商务词表（Henry，2008）中的积极情感评价词表导入 WordSmith 工具，检索并提取中心评价情感词前后各 5 词搭配，以筛选出股东致函语篇中的主观陈述部分，组建小型评价情感表达语料库。将该语料库导入主题倾向测量可视化软件 VOSViewer，提取情感评价主题词，降噪和分类后得到中美 50 强企业年报评价情感主题倾向分布图谱。

4. 研究变量

对中美 50 强企业年报的评价情感值和财务绩效进行相关和回归分析，选取 $T+1$ 年的每股收益（EPS_{iT+1}）作为被解释变量指标，解释变量为 T 年年报的积极情感评价值、消极情感评价值和评价情感倾向值，控制变量为 T 年的每股收益（EPS_{iT}），构建回归模型，以考察评价话语对经济表现的影响和作用。

7.3.2　结果与讨论

独立样本 t 检验显示，中美企业英文年报的评价情感倾向度存在显著差异（$t=-6.979$，$df=618$，$p<0.001$），中国企业英文年报的评价情感倾向度低于美国企业英文年报（均值差 $=-0.25$）（见表 7-4）。

表 7-4　中美企业年报评价情感倾向度测量与对比

组别	样本数	均值	标准差	df	t 值	p 值	均值差
中国企业	310	0.0669	0.46692	618	-6.979	0.000	-0.2546
美国企业	310	0.3215	0.44133				

我们将评价情感主题词按照年报话语情感倾向多维评价框架中的评价情感主题进行分类统计（见表 7-5），再对比分析中美企业年报致股东信积极情感评价主题倾向，并进行卡方检验（见表 7-6）。结果显示，中美企业年报的积极情感评价主题倾向存在显著差异，中国企业年报的能力和活动主题倾向占比显著高于美国企业年报，而成就主题倾向占比显著低于美国企业年报。因此，相比之下，中国企业年报的积极情感评价资源多用于评价企业活动，而美国企业年报的积极情感评价资源多用于评价企业成就，以强调利好消息。这说明不同企业通过语言操纵，使用积极情感评价资源评价特定主题倾向，以强调利好消息，弱化负面消息，达到印象管理的目的（Merkl-Davies & Brennan, 2007）。

表 7-5　积极情感评价主题倾向词分类统计

企业年报		能力		活动		成就		其他	
		频数	占比（%）	频数	占比（%）	频数	占比（%）	频数	占比（%）
中	榜首企业	445	11.05	1496	36.08	762	17.70	1324	32.88
	榜尾企业	264	9.10	1003	37.15	464	18.92	1169	40.31
美	榜首企业	547	8.55	1510	32.21	2183	32.02	2578	37.81
	榜尾企业	440	8.55	1657	32.21	1399	27.19	1649	32.05

表7-6 中美企业年报股东致函积极情感评价主题倾向词频卡方检验

积极情感评价主题倾向	中国企业年报		美国企业年报		X^2	p 值
	频数	占比（%）	频数	占比（%）		
能力	709	10.24	987	8.25	20.91	0.000
活动	2499	36.08	3167	26.47	192.20	0.000
成就	1226	17.70	3582	29.94	−345.93	0.000

对比中国榜首和榜尾企业年报股东致函中的积极情感评价主题倾向分布情况，并进行卡方检验（见表7-7）。结果显示，中国榜首与榜尾企业年报股东致函的评价情感主题倾向分布存在显著差异（$p<0.05$），榜首企业的能力、活动和成就主题倾向占比都高于榜尾企业，说明相比之下，榜首企业的积极情感评价资源主要用来描述企业的能力、活动和成就，而榜尾企业将部分积极情感评价资源用于评价企业能力、活动和成就之外的其他主题倾向，其中可能包括外部环境等，有待进一步考察。但不管榜首还是榜尾企业年报，都是活动主题倾向的占比最高，成就主题倾向次之，能力主题倾向最低，说明中国企业年报的评价情感主题倾向分布具有较高的一致性，都倾向于对企业活动进行较多的积极评价。

表7-7 中国榜首和榜尾企业年报股东致函积极情感评价主题倾向词频卡方检验

积极情感评价主题倾向	中国榜首企业年报		中国榜尾企业年报		X^2	p 值
	频数	占比（%）	频数	占比（%）		
能力	445	11.05	264	9.10	6.75	0.009
活动	1496	37.15	1003	34.59	4.69	0.030
成就	762	18.92	464	16.00	9.68	0.002

我们再对比美国榜首和榜尾企业年报致股东信积极情感评价主题倾向分布情况，并进行卡方检验（见表7-8）。结果显示，美国榜首与榜尾企业年报致股东信的评价情感主题倾向分布存在显著差异，具体说来，美国榜首企业年报致股东信的积极情感评价主题倾向多集中于企业成就，而榜尾企业年报致股东信的积极情感评价主题倾向多集中于企业活动。这说明美国企业年报的评价情感主题倾向分布与企业业绩相关，业绩好的企业成就更高，因此倾向于对成就作出积极评价，强调利好，以塑造成就卓越的形象，影响受众印象；而业绩稍差的企业，成就也会

相对略差，因此积极情感评价资源多选择以企业活动作为主题倾向，以塑造积极主动的形象，削弱负面消息对投资者情绪的影响，表现出明显的印象管理行为。

表7-8　美国榜首和榜尾企业年报股东致函积极情感评价主题倾向词频卡方检验

积极情感评价主题倾向	美国榜首企业年报		美国榜尾企业年报		X^2	p 值
	频数	占比（%）	频数	占比（%）		
能力	547	8.02	440	8.55	−1.02	0.314
活动	1510	22.15	1657	32.21	−151.90	0.000
成就	2183	32.02	1399	27.19	32.34	0.000

7.3.3　年报文本情感倾向性对资本市场反应的预测

进一步对比中美 50 强企业年报的情感评价值与 $T+1$ 年业绩的相关性，皮尔森相关分析显示，中国企业年报话语的情感评价值与企业未来业绩不相关，积极情感评价值、消极情感评价值和评价情感倾向值的相关系数分别为：$r=0.082$，$p>0.05$；$r=-0.035$，$p>0.05$ 和 $r=0.04$，$p>0.05$；而美国企业年报话语消极情感评价值和评价情感倾向值均与企业未来业绩显著相关，相关系数分别为 $r=0.119$，$p<0.01$ 和 $r=-0.193$，$p<0.001$。二者存在差异，美国企业年报中的消极表达越少，未来业绩越好。最小二乘法回归分析显示，中国 50 强企业年报话语评价情感对企业未来业绩均无预测作用，而美国企业年报中的消极情感评价值对 $T+1$ 年业绩（EPS_{iT+1}）的回归系数为 −0.356（$t=-1.971$），在 5% 显著性水平下呈现显著负相关，且加入该变量后，修正拟合优度（R^2_adj）有所增加，说明该变量具有一定解释力。因此，美国 50 强企业年报的消极情感评价值对企业未来业绩具有一定的预测作用，消极情感表达自身具有一定的增量信息含量和可信度。

研究发现，我国榜首和榜尾企业年报的积极情感主题倾向分布表现出一定的一致性，而美国企业年报的积极情感主题倾向分布状况与业绩相关，榜首企业的积极态度资源多用于评价企业成就，榜尾企业的积极态度资源则多用来评价企业活动，表现出明显的印象管理行为。中国

50 强企业年报话语评价情感倾向与企业未来业绩无相关性；美国 50 强企业年报的消极情感值和评价情感倾向值与企业未来业绩显著相关，且消极情感值对未来业绩具有预测作用。本研究今后可以进一步考察年报话语态度资源中的情感、判断和鉴赏三个类别，篇章、隐喻等间接表达手段，以及介入与极差两类评价资源，探讨话语在企业传播和形象塑造中的价值，以及对商务话语研究、企业对外传播和商务英语教学的启示意义。

7.4 我国企业年报双重叙事及投资吸引效应

7.4.1 瑞幸企业年报双重叙事特征分析

本研究采用叙事理论视角，提出双重互动叙事分析框架，从显性叙事和隐性叙事两个维度分析瑞幸咖啡财务年报叙事特点。

1. 研究语料

英文语料为美国证券交易委员会（United States Securities and Exchange Commission，SEC）于美国时间 2019 年 4 月 22 日公布的瑞幸招股说明书 1 份，瑞幸官网从 2019 年 5 月上市以来发布的财务报告（季报）2 份，财务年报电话会议记录 2 份；总容量为 162 194 词符，8 916 类符，6 203 词目。

中文语料为中信出版社 2020 年 1 月出版的介绍瑞幸商业模式的书稿《瑞幸闪电战》1 份[1]，瑞幸前任 CEO 钱治亚 2019—2020 年在公开场

---

1 《瑞幸闪电战》一书作者沈帅波是新生代财经作家，自媒体写稿人，曾深入瑞幸内部，与一线员工及各部门高管进行访谈，将获取的一手资料融入书中，解读了瑞幸的经营哲学、运营方法、数据管理、人员结构、供应链管理、营销战略和品牌策略，可以说是瑞幸进行品牌宣传、讲述融资神话的代表作品。

合发表的演讲稿 3 份 [1]；总容量为 64 320 字符，13 121 类符，13 797 词目。

2. 研究方法

　　本研究采用语料库分析和内容分析方法，对中英文语料的叙事主题、叙事主体和叙事情境以及三者之间的互动进行深入的剖析。我们首先用语料库软件 LancsBox4.5 的 Words 功能分别生成中、英文语料的高频主题词，过滤掉功能词，仅保留名词、形容词、动词等实词，按照频率高低提取前 30 个主题词；然后用 GraphColl 功能生成高频主题词"咖啡"（coffee）的语义网络图谱，考察词语搭配和语义网络。GraphColl 数值设定为：跨距（span）选择左 5 至右 5，搭配强度选择频次（frequency），阈值（threshold）选择统计值（statistic value）大于等于 5，单位（unit）选择类符（type）。图谱中的搭配词与节点词距离越近，表示两者之间的搭配关系越强，统计显著性越高；搭配词的颜色越深，表示与节点词搭配的频次越高，以词频高低归纳出瑞幸的四个叙事主题。在对叙事主题、主体和情境进行定性的双重互动叙事分析时，结合同时期的主流媒体报道，沿着显性叙事和隐性叙事两个维度，揭示瑞幸的融资神话从盛行到泯灭的过程以及叙事对资本市场和经济活动的影响。

3. 结果与讨论

　　中英文语料高频主题词统计显示（见表 7–9），中文高频主题词可分为四类：（1）品牌价值，如瑞幸、咖啡、品牌、中国、产品等；（2）商业模式，如门店、成本、管理、市场、零售等；（3）技术驱动，如数据、系统等；（4）相关方，如员工、用户、供应商等。英文高频主题词可分为三类：（1）资本市场表现，如 shares、ordinary、million、securities等；（2）品牌价值，如 coffee、PRC、value、luckin 等；（3）相关方，如 customers、shareholders 等。

1　三份演讲稿分别是：2019 年 5 月 17 日在美国纳斯达克 IPO 现场发表的《瑞幸咖啡宣言》演讲稿 1 份；2019 年 5 月 29 日举办的瑞幸咖啡 2019 全球合作伙伴大会、暨全球咖啡产业发展论坛上的演讲稿 1 份；2020 年 1 月 9 日当选"2019 经济年度人物"时发表致辞的演讲稿 1 份。

表 7-9 瑞幸咖啡融资话语中英文语料高频主题词（Top 30）

序号	中文高频词	频率	序号	英文高频词	频率
1	瑞幸	859	1	shares	1070
2	咖啡	654	2	coffee	556
3	品牌	300	3	ordinary	534
4	数据	251	4	financial	472
5	企业	222	5	company	453
6	中国	207	6	business	439
7	门店	206	7	PRC	436
8	成本	193	8	million	434
9	公司	180	9	net	421
10	系统	155	10	share	394
11	管理	140	11	expenses	361
12	员工	138	12	RMB	341
13	市场	130	13	value	332
14	产品	126	14	customers	330
15	零售	123	15	luckin	315
16	用户	115	16	number	312
17	模式	110	17	securities	310
18	星巴克	108	18	loss	307
19	消费	105	19	shareholders	300
20	问题	100	20	cash	294
21	供应商	95	21	store	291
22	需要	93	22	tax	288
23	行业	88	23	foreign	272
24	传统	85	24	operating	265
25	价格	85	25	statements	263
26	团队	83	26	products	260
27	供应链	83	27	stores	259
28	时代	82	28	law	255
29	核心	81	29	preferred	251
30	新（的）	80	30	new	249

代表性中文高频主题词"咖啡"的语义网络（见图 7-1）显示，其

高频搭配词为：瑞幸（207）、中国（79）、市场（53）、消费（39）、品牌（37）、星巴克（33）、成本（24）、现磨（24）、速溶（23）、行业（21）、精品（20）等；代表性英文高频主题词"coffee"的语义网络（见图7-2）显示，其高频搭配词为：luckin（252）、China's（48）、brewed（43）、market（38）、freshly（36）、consumption（31）、products（28）、suppliers（28）等。根据对高频主题词的统计以及代表性高频主题词的语义网络分析，我们归纳出瑞幸融资话语的四个叙事主题：（1）品牌叙事；（2）产品叙事；（3）影响力叙事；（4）对比叙事。

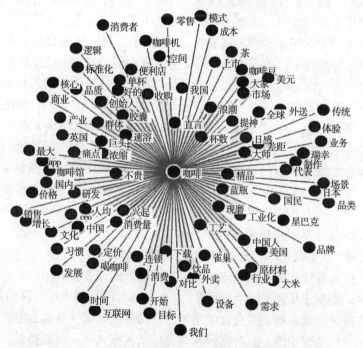

图 7-1　中文语料高频词"咖啡"语义搭配网络

研究发现，瑞幸的融资话语充分诠释了叙事的双重功能，在显性层面夸大次要信息、模糊化其商业模式缺陷和经营亏损等重要信息，在隐性层面从品牌认知、身份认同、意识形态、文化价值观等方面影响受众，进而达到快速融资和上市的目的。第一，在品牌叙事方面，瑞幸通过不同的叙事主体，包括官方渠道以及主流媒体发布各类奖项、荣誉和排行榜消息，多角度塑造品牌形象。根据研究语料，我们归纳出瑞幸构建的四类品牌形象：创新型企业、成长型企业、公益性企业、民族性企业。但是在隐性层面，瑞幸实则培养了众多中国消费者的消费习惯和身份认同感，用极度煽情的话术描述他们的热情，引起某些受众的强烈情感共鸣和盲目的民族主义情绪，点燃他们对自身社会地位和角色的深层感受，从而达到"病毒式传播"（Shiller，2019）的效果。第二，在产品叙事方面，瑞幸通过不同的叙事主体，在特定的叙事情境下，为"咖啡"这一叙事主题赋予了新的意义，并无限夸大中国咖啡消费市场的潜力和体量。瑞幸官方以及主流媒体的大肆宣传，模糊了其商业模式的缺陷和经营亏损的事实，掩盖了财务造假的黑幕，其商业模式的根本逻辑在于宣扬"中国市场规模万能论"，其本质是一种对快速成功的深层渴望。在这种渴望中，中国市场的购买力以及中国公司无与伦比的成长性被无限放大，但同时又伴随着文化弱势心理，在这一强一弱两种张力的作用下，瑞幸不切实际的神话收获了众多追随者，成为他们行为决策的动因。第三，在影响力叙事方面，瑞幸将 CEO、著名学者、权威投资机构的影响力作为品牌背书，实则反映出了瑞幸创始人白手起家的创业故事和资本催肥故事背后的伪管理文化，暴露出资本思维管理企业的弊端。第四，在对比叙事方面，瑞幸一方面公开挑战星巴克咖啡界霸主地位，这一举动为其赚足了人气；另一方面将自身定位为不同于传统企业的"引领全球互联网新零售的纳斯达克上市公司"，强调"用数字逻辑重组商业"。实则在隐性层面借助星巴克的品牌优势和无人零售的投资风口，扩大宣传、掩盖估值泡沫。因为在瑞幸的商业模式中，其营业收入根本无法覆盖其高昂的店铺租金、人工成本、原材料成本与营销费用。在无法通过经营获得正现金流的情况下，瑞幸就只能一直通过融资维持经营，一旦融资中断，这种高投入与高估值的模式就不可能持续。所以创始人只有一种选择，就是在估值泡沫破灭之前，通过编织一个更大的故事或者通过财务数据造假尽量维持住这个泡沫，并通过股票减持、股权质押、虚增支出与关联交易等各种手段进行变现。

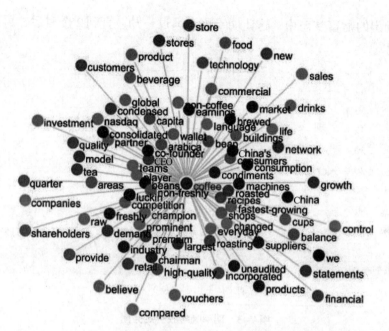

图 7-2　英文语料高频词 "coffee" 语义搭配网络

7.4.2　瑞幸企业年报双重叙事的投资吸引效应

　　本研究的中英文语料发布时间集中在 2019 年 4 月至 2020 年 1 月。我们采集了瑞幸从上市到停盘的股票价格，绘制出股价走势图，考察瑞幸融资话语对资本市场的影响。图 7-3 显示，上市当天价格为每股 20.38 美元，随后经历了 5 个月的小幅震荡，2019 年 11 月 7 日为每股 18.56 美元，与前期平均股价基本持平，随后开始一路走高，于 2020 年 1 月 17 日达到历史最高点每股 50.02 美元。在 2020 年 2 月 1 日浑水公司发布报告做空瑞幸的时候，其市值曾经跌落了 26.5%，但随着瑞幸在 SEC 发布公开回应，4 日开始逐步回升，10 日回归到暴跌前水平。可以判断，瑞幸企业叙事话语对资本市场明显起到了作用，瑞幸企业财务年报和有关瑞幸公司的一系列报告和演讲直接影响了投资热情，拉动该企业股票一路上涨，国内外投资者沉浸在瑞幸公司一系列 "精彩故事"

勾勒出的财富梦想中，这让瑞幸侥幸逃过一劫，直到 2 个月后才再次崩盘。

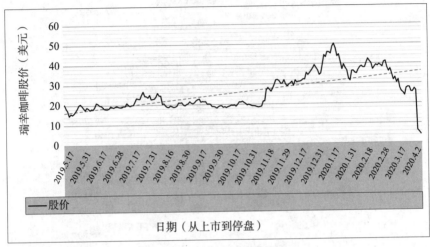

图 7-3　瑞幸咖啡股价走势图

数据来源：万得（WIND）金融数据库

　　根据传统有效市场假说（Fama，1965），股票价格是投资者对于市场信息所做出的实际反应，结合信息商品理论，企业需要不断生产并披露相关信息以满足投资者决策需求，从而使证券价格能够准确地反映其价值，实现市场效率的提升。但实际上，受制于委托代理问题和信息不对称障碍，这一过程异常坎坷（韩洪灵等，2020）。资本市场强化信息披露的关键在于缓解委托代理双方面临的信息不对称，如果一方（往往是管理层或大股东）利用信息优势来满足自身利益，这就为做空提供了契机（汪炜、蒋高峰，2004）。由此可见，瑞幸官方发布的话语和信息以及 SEC 等权威机构的背书叙事对瑞幸股价一路走高起到了推波助澜的作用。另外加之无数的媒体叙事引爆、新媒体和自媒体话语的协同发力，创始人、投资方、消费者共同参与叙事，在短时间内造就了瑞幸的融资神话，可见经济话语与叙事的强大力量。

第8章
企业网站话语研究

8.1 企业网站话语评价研究

　　企业网站是企业品牌形象的第一站，也将企业和世界链接在一起。企业网站的优势明显，时空限制对企业宣传而言不再是问题，企业网站可以帮助企业树立和提高企业形象，提高企业知名度，优化服务流程，及时发布产品信息，与现有客户保持密切联系，并与潜在客户建立商业联系，可以优化交流效率，扩大市场份额，提高市场竞争力。

　　国外企业网站表现研究包括网站信息的内容与组织、网站易用性和网站技术性等（Tarafdar & Zhang，2008）。网站信息内容往往与网站的目的相关（Bruce，1998；Davis，1989），包括易理解（McKinney et al.，2002）、易使用（Venkatesh & Davis，2000）和更新及时（Bailey & Pearson，1983）等特点。网站信息组织描述的是信息在网站上如何安排和分布，包括总体的布局和超链接的数量及有效性等（Abels et al.，1997；Shneiderman，1998）。网站易用性是指网站有助于有效执行与之关联的任务的属性和功能，使用户能够满意地完成和网站相关的目标（Agarwal & Venkatesh，2002）。技术性包括安全性，访问速度和可访问性。安全性经常通过规定用户身份验证和安全交易来实现（Devaraj & Kohli，2002；Koufaris & Sosa，2004；McKinney et al.，2002），访问速度决定了网站交付和显示网页的速度（Rose & Khoo，1999），网站可访问性对于浏览器持续不断地使用网站至关重要（Keeney，1999；von et al.，2002），并且可访问性和访问速度均取决于基础设施平台的技术可靠性（Novak et al., 2000）。

企业网站可以从网络信息资源角度进行评价，评价方法包括定性评价法、定量评价法、综合评价法。最常用的方法是访问量统计，此外，还有网络计量学"Webo-metrics"方法，由丹麦学者 T. C. Almind 等人在 1977 年首次提出。定性评价是指"按照一定的评价标准，从主观角度对网络信息资源所做的优选和评估"。Betsy Richmond 在 1991 年提出评价网络信息资源的 10C 原则。1998 年，Jim Kapoun 在他的论文《网页评价五标准》中提出了的五条评价标准：全面性、时效性、客观性、权威性、准确性。美国乔治大学 Gemer L. Wilkinson 教授等人在论文《评价标准和质量指示列表》提出了网络信息资源评价的 11 个大类 125 个"质量指标"。为了实现对企业网站对外话语质量测评，就需要构建企业网站对外话语质量的评价模型，还需对企业网站评价指标体系以及话语质量进行调研，通过理论梳理和数据调查，构建企业网站对外话语质量评价指标体系。

8.1.1 企业网站对外话语质量评价指标构建

1. 企业网站对外话语质量评价模型

企业网站评价主要涉及三个方面：网站建设、网站国际化和网站本地化。

网站建设反映企业网站的信息化建能力，主要考察以下八个指标：（1）网站定位，强调企业网站的建站目的和目标访问群体；（2）网站界面，探讨语言服务企业网站建设的艺术；（3）网站导航，网站的指南针（4）网站咨询，发布企业最新产品或服务信息；（5）网站互动，介绍企业如何通过网络与消费者展开富有意义的交流；（6）网站推广，提高企业网站的知名度和美誉度；（7）网站品质，企业开展网络营销的评估方法；（8）网站维护，不断更新维护企业网站。在以上框架的基础之上，对每一方面的具体标准进行细化研究。

网站国际化指建立适用于不同国家和不同文化习俗的网站，即建立外文网站，但外语网站不仅仅是中文网站的翻译，同时也考察企业网站

的有用性和易用性。国际化网站的有用性和易用性会对其用户的态度和
意图产生积极影响，用户对使用国际化网站的态度会影响其使用国际化
网站的意图；同时，网站的易用性和跨文化适应会影响国际化网站的有
用性。

网站本地化需要在国际化的基础上考虑当地的一些文化风俗习惯，
并对网站进行改版设计，使其能更符合当地用户的使用习惯，主要从以
下四个方面考虑。（1）内容本地化：内容的深度、内容的同化程度、导
航以及网站的服务和支持；（2）文化定制化：网页结构、图表、颜色、
产品和服务的推广；（3）本地网关：网关的可见度、URL 的可用度；
（4）翻译质量。

根据相关文献及前期研究，我们初步构建出企业网站对外话语质量
的三维评价模型（图 8-1）：

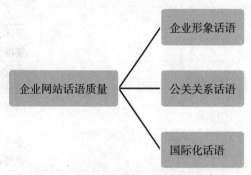

图 8-1　企业网站对外话语质量评价模型

2. 企业网站对外话语质量评价指标体系

李晨（2018）构建出企业官网话语质量评价模型，包含"企业形
象""公众关系""国际化"三个一级指标：

第一，企业形象。基于企业网站体现出的企业形象，主要包括公司
历史、经营理念和组织架构等。公司历史又可细分为总体介绍、年度事
件；经营理念又可分为企业宗旨和企业经营战略。

第二，公共关系。在市场营销学体系中，公关关系是企业用来建立
公众信任度的工具，具体包括文字媒体、多媒体、财务披露和沟通渠道。

财务披露具体体现为年度报告；文字媒体包括企业新闻和重要讲话，多媒体主要体现为音视频；沟通渠道可分为留言板／论坛和联系方式。

第三，国际化程度。企业通过直接或间接出口生产性要素或非生产性要素等方式，逐渐走向国际市场。评价企业网站国际化程度的指标包括国际形象宣传（企业 LOGO 标识）、国际市场营销、国际客户服务、使用便捷度和网站推广度。

本研究在确定网站评价 3 个一级指标和 12 个二级指标的基础上，确定了网站对外话语质量测评的具体观测指标，主要观测以下三级指标是否提供英文版或双语版，具体包括，企业是否提供总体介绍、年度事件、企业宗旨、企业经营战略、企业新闻、重要讲话、留言板／论坛、联系方式、海外招聘栏目、海外产销栏目等网站版块的外文版或双语版（表 8-1）。

表 8-1　企业网站对外话语质量评价指标体系

一级指标	二级指标	三级指标
企业形象话语	公司历史	总体介绍
		年度事件
	经营理念	企业宗旨
		企业经营战略
	组织架构	高层管理
		组织架构
公众关系话语	文字媒体	企业新闻
		重要讲话
	多媒体	音频／视频
	沟通渠道	留言板／论坛
		联系方式
	财务披露	年度报告
国际化话语	国际形象宣传（企业 LOGO 标识）	无标识
		全中文
		全英文
		双语
	国际客户服务	网站语种数目
		海外招聘栏目
	国际市场营销	海外产销栏目
	海外使用便捷	搜索框／导航索引
	网站国际推广	新闻更新速度

8.1.2 企业网站对外话语质量评价指标赋值

对企业网站对外话语质量的测评需要对三级指标体系进行量化，包括有二分类变量和序分类变量。这种按事物的某一性质划分的只有两类结果的变量，称为二分变量。指标体系中大部分指标都属于二分变量，即观测值有两种逻辑状态，包含真和假两个值，可将根据变量值的真假而赋值1或0。例如三级变量联系方式：0表示该企业网站没有联系方式，1表示可以在企业网站找到联系方式。有序分类变量是指其取值的各类别之间存在着程度上的差别，给人以"半定量"的感觉，因此也称为等级变量。是根据取值特征而分类的一种定性变量。有序多分类变量设有多个可能会出现的取值，各取值之间还存在等级关系，比如新闻更新速度（4= 一周内更新，3= 半个月内，2= 一个月内，1= 一个月以上，0= 无新闻更新）等。

三级指标一共 19 项，量化数值记为 A_{ij}，表示第 i 项指标（$i=1$，2，3…，18）、第 j 家企业（$j=1$，2，3…，34）对应的数值（表 8-2）。

表 8-2 企业网站对外话语质量量化赋值

一级指标	二级指标	三级指标	赋值 A_{ij}
企业形象话语	公司历史	总体介绍	0/1
		年度事件	0/1
	经营理念	企业宗旨	0/1
		企业经营战略	0/1
	组织架构	高层管理	0/1
		组织架构	0/1
公众关系话语	文字媒体	企业新闻	0/1
		重要讲话	0/1
	多媒体	音频 / 视频	0/1
	沟通渠道	留言板 / 论坛	0/1
		联系方式	0/1
	财务披露	年度报告	0/1

（续表）

一级指标	二级指标	三级指标	赋值 A_{ij}
国际化话语	国际形象宣传	企业无标识	无标识 =0
		企业 LOGO 标识 中英文	全中文 =1 中英文 =2 英中文 =3 全英文 =4
	国际客户服务	网站语种数目	语种数目
		海外招聘栏目	0/1
	国际市场营销	国际化栏目	0/1
	海外使用便捷	搜索框 / 导航索引	0/1
	网站国际推广	新闻更新速度	4= 一周内更新 3= 半个月内 2= 一个月内 1= 一个月以上 0= 无新闻更新

通过客观赋权的方法，进一步量化企业网站对外话语质量。由于在评价指标体系中，指标取值差异越大的指标，也就是越难以实现的指标，更能反映被评价单位的差距。这里采用变异系数法（coefficient of variation method）计算各项指标的权重。

由于评价指标体系中的各项指标的量纲不同，不宜直接比较其差异程度。为了消除各项评价指标的量纲不同的影响，需要用各项指标的变异系数来衡量各项指标取值的差异程度。各项指标的变异系数公式如下：

$$V_i = \frac{\sigma_i}{\bar{x}_i}(i = 1, 2, \cdots, n) \tag{1}$$

式中：V_i 是第 i 项指标的变异系数、也称为标准差系数；σ_i 是第 i 项指标的标准差（由于逻辑值 0 和 1，标准差选择 STDEVA）；$\bar{X}_i$ 是第 i 项指标的平均数。

各项指标的权重为：

$$W_i = \frac{V_i}{\sum_{i=1}^{n} V} \tag{2}$$

利用变异系数法综合评价湖南省企业网站对外话语质量指标体系中的各项指标的权重。基于网站收集的观测数据，计算各项指标的变异系数，并作为确定各项指标权重的依据。其标准差、平均数数据及其计算出的变异系数等见表（8-3）。

表 8-3　标准差、平均数数据及其计算出的变异系数

	个案数	平均值 $\overline{X}_i$	标准差 σ_i	变异系数 V_i	各项指标权重 W_i
VAR00001	34	1.0000	0.00000	0.0000	0.00000
VAR00002	34	0.7353	0.44781	0.6090	0.03217
VAR00003	34	0.6471	0.48507	0.7497	0.03959
VAR00004	34	0.7059	0.46250	0.6552	0.03460
VAR00005	34	1.0000	0.00000	0.0000	0.00000
VAR00006	34	1.0000	0.00000	0.0000	0.00000
VAR00007	34	0.3824	0.49327	1.2901	0.06814
VAR00008	34	0.9412	0.23883	0.2538	0.01340
VAR00009	34	0.0000	0.00000	-	-
VAR00010	34	1.0000	0.00000	0.00000	0.00000
VAR00011	34	0.7647	0.43056	0.5630	0.02974
VAR00012	34	0.3824	0.49327	1.2901	0.06814
VAR00013	34	1.9412	0.60006	0.3091	0.01633
VAR00014	34	0.3235	0.76755	2.3724	0.12530
VAR00015	34	0.2647	0.75111	2.8375	0.14986
VAR00016	34	0.1471	0.35949	2.4445	0.12911
VAR00017	34	0.1176	0.32703	2.7798	0.14681
VAR00018	34	0.1176	0.32703	2.7798	0.14681
VAR00019	34	0.1162	0.32301	2.4120	0.13170
有效样本数	34				

确定各项指标权重后，将 34 家企业网站对外话语质量进行量化赋分，网站对外话语质量的分值记为 P_j，

$$P_j = \sum_{i=1}^{n} A_{ij} W_i \qquad (3)$$

8.2 国企网站对外话语质量对企业绩效的影响

8.2.1 国企网站对外话语质量评价结果 [1]

国有企业指企业全部资产归国家所有，并按《中华人民共和国企业法人登记管理条例》规定登记注册的非公司制的经济组织。本次调研对象是湖南省国企网站。根据《湖南统计年鉴（2016）》统计，湖南省国有法人单位的总数为 59 336 家，其中第一产业 298 家，第二产业 1 170 家，第三产业 57 868 家。本次调研主要抽样调查湖南省国企网站对外话语质量是否适应"一带一路"建设的需要，选取了 34 家湖南省国资委监管企业的门户网站。

1. 企业网站对外话语质量评价得分

对湖南省企业网站对外话语质量评价采取变异系数法对 18 项指标进行客观赋权，计算 34 家企业对外话语质量的评分分值 $P_j = \sum_{i=1}^{n} A_{ij} W_i$，具体如表 8-4 所示。

表 8-4　湖南省 34 家企业对外话语质量评价排行（李晨，2018）

序号	企业名称	分值 P_j
1	中联重科股份有限公司	1.6267
2	湖南建工集团	0.9903
3	湖南华升集团有限公司	0.8665
4	长丰集团	0.8503
5	湖南省城市规划研究设计院	0.6950
6	五矿二十三冶建设集团有限公司	0.5639
7	湖南省粮油食品进出口集团有限公司	0.4379
8	湖南新天地投资控股集团有限公司	0.3184

---

1 本调查部分数据统计和分析结果由课题组成员李晨参与完成。

（续表）

序号	企业名称	分值 P_j
9	湖南黄金集团有限责任公司	0.3184
10	湖南发展集团	0.3184
11	湖南省湘绣研究所	0.3021
12	华天实业控股集团有限公司	0.2503
13	湖南省交通水利建设集团有限公司	0.2503
14	湖南省轻工盐业集团	0.2503
15	华菱集团	0.2206
16	高新创投集团有限公司	0.1985
17	湘电集团有限公司	0.1877
18	湖南兴湘投资控股集团有限公司	0.1822
19	湖南湘投控股集团	0.1822
20	湖南省水运建设集团有限公司	0.1785
21	湖南财信金融控股集团	0.1761
22	现代投资股份有限公司	0.1688
23	湖南轨道交通控股集团有限公司	0.1688
24	湖南海利高新技术产业集团有限公司	0.1658
25	天心实业集团有限公司	0.1658
26	湖南省煤业集团有限公司	0.1658
27	湖南担保有限责任公司	0.1598
28	湖南省工艺美术馆	0.1439
29	三湘集团有限公司	0.1439
30	湖南新物产集团有限公司	0.1142
31	湖南国有资产经营管理有限公司	0.1080
32	湖南省国立投资（控股）有限公司	0.0807
33	湖南省兵器工业集团有限公司	0.0782
34	岳阳林纸	0.0758

对 P_j 进行初步的描述统计显示，34 家湖南国有企业网站对外话语质量评分分值的最小值、最大值、均值以及标准差。最小值为 0.08，最大值为 1.63（表 8–5）。

表 8-5 湖南省 34 家国企网站对外话语质量评分分值统计

变量	企业数	最小值	最大值	平均值	标准差
统计值	34	0.08	1.63	0.3266	0.32816
有效网站数	34				

通过概率直方图，可以更直观地观察分值分布情况。下图中横坐标为网站对外话语质量评分分值 P_j，纵坐标为分数出现的频数（图 8-2）。从图中可以看出，27 家企业网站的对外话语质量评分分值都小于 0.33，占总数的 79.41%；仅有一家企业分值大于 1.5，占总数的 2.94%。

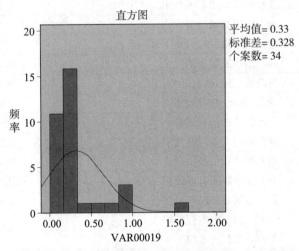

图 8-2 湖南省 34 家国企网站对外话语质量评分分值分布

通过 KS- 检验（Kolmogorov-Smirnov test），检验网站评分分值是否符合正态分布（表 8-6）。假设企业网站数值符合正态分布，由于企业网站对外话语质量分值的显著性取值小于 0.10，故否定原假设，即认为企业网站对外话语质量评分分值不服从正态分布。

表 8-6　湖南省 34 家国企网站对外话语质量评分分值 KS- 检验

		VAR00017
企业数		34
正态参数 [a, b]	平均值	0.3266
	标准差	0.32816
最极端差值	绝对	0.304
	正	0.304
	负	−0.222
检验统计		0.304
渐近显著性（双尾）		0.000[c]

注：a. 检验分布为正态分布。b. 根据数据计算。c. 里利氏显著性修正。

2　网站企业宣传

1）企业历史

人们在网上了解一个企业的主要方式就是访问企业网站，而总体介绍、年度事件可以帮忙人们更好地了解该企业。本调查采用 0 和 1 赋值的虚拟变量统计方法，0 为没有出现该栏目的企业数量，1 为出现该栏目的企业数量（图 8-3）。数据分析显示，34 家国企网站中，所有网站都有"总体介绍"相关的内容，占比为 100%。25 家企业网站设有年度事件内容，占比为 73.53%；9 家企业网站没有"年度事件"等相关内容，占比为 26.47%。

2）经营理念

企业经营理念包括企业宗旨、企业经营战略。企业网站可以查看到企业的经营理念，了解企业的愿景、目标、经营战略等方面的信息。数据分析显示，34 家国企网站中，22 家提供了企业使命介绍，占比为 64.71%，12 家企业网站没有"企业使命"的相关介绍；24 家企业网站设有企业经营战略板块内容，占比为 70.59%，还有 10 家企业网站没有"企业经营战略"的相关内容。

3）组织架构

数据统计显示，全部34家企业网站都提供了关于公司组织架构相关内容的介绍，占比达到100%。

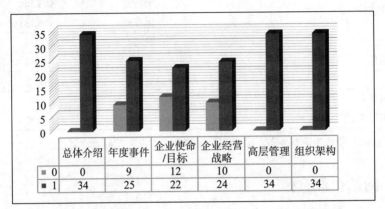

	总体介绍	年度事件	企业使命/目标	企业经营战略	高层管理	组织架构
0	0	9	12	10		
1	34	25	22	24	34	34

图 8-3　湖南省34家国企网站企业宣传三级指标评价分析

3. 网站公共关系

企业网站公共关系管理职能主要体现在提高企业的知名度和美誉度，改善企业形象，争取相关公众的理解与接受等方面。本次抽样调查的湖南省国资委企业官网的公共关系指标包括4个二级指标：文字媒体、多媒体、沟通渠道和财务披露；以及6个三级指标：企业新闻、重要讲话、音视频、留言板／论坛、联系方式、年度报告等。调查结果显示（图 8-4）：

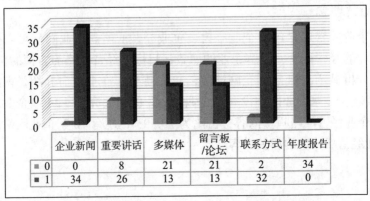

	企业新闻	重要讲话	多媒体	留言板/论坛	联系方式	年度报告
0	0	8	21	21	2	34
1	34	26	13	13	32	0

图 8-4　湖南省34家国企网站公共关系指标评价分析

第一，文字媒体主要包括企业新闻和重要讲话，所有 34 家企业网站都设有企业新闻等资讯类内容，占比达到 100%。26 家企业网站包含重要讲话内容，占比为 76.47%，有 8 家企业网站没有重要讲话的相关内容。

第二，网站多媒体主要包括音频 / 视频，根据数据，13 家企业网站提供了多媒体内容，占比达到 38.24%，然而，21 家企业网站没有任何多媒体相关的内容，企业网站多模态话语传播数量和质量还有待提高。

第三，网站沟通渠道可从两方面来体现，包括留言板 / 论坛以及联系方式。38.24% 的企业网站设置有留言板或者论坛，具有交互话语功能和方式；94.12% 的企业网站可以找到联系方式，说明企业普遍重视与消费者和客户的互动和沟通，但在沟通方式上更重视电话或邮件直接沟通，对留言和论坛等间接沟通方式重视程度不够。

第四，财务披露以企业年报指标进行评价，数据分析显示，全部 34 家湖南省国企网站都没有发布相关报告的内容，即使是上市公司需要强制披露财务信息，企业也没有主动公开公司相关信息，具体原因值得进一步调查分析。

4. 网站国际化程度

企业网站国际化程度包括五个二级指标：国际形象宣传、国际客户服务、国际市场营销、使用便捷和网站推广；以及六个三级指标，具体为：企业 LOGO 标识、网站语种数目、海外招聘栏目、国际化栏目、搜索框 / 导航索引以及新闻更新速度。

1）国际形象宣传

形象的 LOGO 可以让消费者记住公司主体和品牌文化。统计显示，34 家湖南国企中，有 17.65% 的企业网站 LOGO 是全中文，73.53% 的网站 LOGO 是中英文（中文为主），5.88% 的网站 LOGO 是英中文（英文为主），2.94% 的网站 LOGO 是全英文（图 8–5）。

2）国际客户服务

国际客户服务包括网站语种数目和海外招聘栏目，在调查的 34 家国企网站中，76.47% 的调查对象并没有相应的外文版网站，20.59% 的调查对象有英文版网站，仅有一家企业中联重科股份有限公司，网站语言有四种外语可供选择，分别为英语、西班牙语、葡萄牙语和俄语。11.76% 的企业网站设有海外招聘栏目。

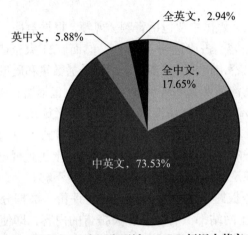

图 8-5　湖南省 34 家国企网站 LOGO 标识中英文占比

3）国际市场营销

统计显示，34 家企业网站中，11.76% 的企业设有国际化栏目，针对国际市场的产品介绍、项目介绍等。

4）使用便捷

使用便捷的衡量指标主要是搜索框和导航索引，14.71% 的网站（外文）设置有搜索框或导航索引，其余的企业网站没有相应的外文网站（默认赋值为 0），即不存在搜索框或导航索引。

5）网站推广

国际化程度中的网站推广三级指标指企业的外文网站，若不存在外文网站或外文网站资讯更新速度为 0，则赋值为 0，更新时间在一个月以上则赋值为 1，一个月内为 2，半个月内为 3，一周内有更新则为 4。根据统计，在 34 家企业网站中，85.29% 的企业没有外文网站或者资讯更新速度为 0，8.82% 的企业更新时间在一个月以上，5.88% 的企业在半个月内有更新。

　　我们进一步对 34 家企业网站的新闻主题抽样调查，聚焦有关"一带一路"主题相关的新闻，考察网站推广的国际化程度。企业网站主题特征度指标计算网站含有主题特征词的网页数与网站总网页数的比值。统计显示，34 家企业中，有 22 家国企网站"一带一路"主题特征度为 0，没有出现任何与"一带一路"相关的信息和新闻，说明这些企业网站在宣传企业"一带一路"建设方面十分薄弱。图 8-6 为主题特征度包含"一带一路"主题词的 12 家国企网站的统计结果，其中网站主题特制度得分最高的是中联重科股份有限公司，为 0.047（图 8-6）。

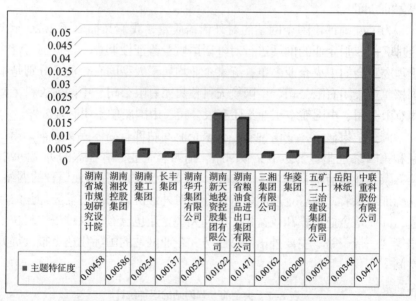

图 8-6　湖南省 34 家国企网站"一带一路"主题特征度

	湖南省城市规划研究设计院	湖南湘投控股集团	湖南建工集团	长丰集团	湖南华升集团有限公司	湖南新天地投资控股集团有限公司	湖南省粮食油品进出口集团有限公司	三湘集团有限公司	华菱集团	五矿二十三冶建设集团有限公司	岳阳林纸	中联重科股份有限公司
■主题特征度	0.00458	0.00586	0.00254	0.00137	0.00524	0.01622	0.01471	0.00162	0.00209	0.00763	0.00348	0.04727

　　统计显示，34 家抽样国企网站中仅有 12 家含有"一带一路"相关的中文关键词。其中，含有"一带一路"相关关键词网页最多的是中联重科股份有限公司，为 130 个；其次是湖南建工集团，为 17 个；排第三位的是湖南新天地投资控股集团有限公司，为 11 个。这部分网页中，"一带一路"主要是作为领导讲话、工作总结、国际考察交流以及"湖南省'一带一路'产业促进基金"等新闻内容中的背景关键词出现。大部分企业的项目工程都在湖南省内或者国内，但也有少数企业参与了"一带一路"的项目建设。比如湖南湘投控股集团在"一带一路"沿线

14 个国家参与了 32 个能源、海水淡化等项目，湖南建工集团六公司中标"中马友谊大桥"连接道路拓宽改造工程，五矿二十三冶建设集团有限公司以联合体的形式中标青海省西海至察汗诺公路工程 XC-2 标段等。

统计显示，在拥有英文网站的 8 家湖南国企中，仅有两家国企的网站含有"一带一路"相关的英文网页。其中，"一带一路"英文网页最多的是中联重科股份有限公司，为 20 个。其次是湖南建工集团，为两个。对于中联重科股份有限公司，"一带一路"主要作为介绍产品以及涉外活动时的背景词出现，湖南建工集团的两篇英文报道则是引用其他媒体的新闻。

为了准确评价国企网站的对外话语质量，我们又抽取了 2020 年央企排名前 5 强企业的网站进行对外话语质量验证性调查。根据国有资产管理委员会的中央企业名单，五家企业均属于大型国有企业，分别是中国核工业集团有限公司、中国航天科技集团有限公司、中国航天科工集团有限公司、中国航空工业集团有限公司、中国船舶集团有限公司。

调查结果显示，从语种看，五家企业网站都有简体中文版本，第二家和第四家企业有繁体中文版网站，前四家企业，有独立的英文网站，第五家企业没有英文网站（表 8-7）。五家企业均没有其他语种的网站。从验证结果看，国有企业网站普遍存在对外经济话语能力需要加强的问题，即使是企业规模和效益领先的超大型企业也没有提供俄语、阿拉伯语等"一带一路"主要外语网站服务，企业网站的国际化还有很大提升空间。

表 8-7 央企前 5 强网站的语种统计

序号	企业名称	简体中文	繁体中文	英文	其他语种
1	中国核工业集团有限公司	√	—	√	—
2	中国航天科技集团有限公司	√	√	√	—
3	中国航天科工集团有限公司	√	—	√	—
4	中国航空工业集团有限公司	√	—	√	—
5	中国船舶集团有限公司	√	—	—	—
合计		5	2	4	—

对 5 家企业网站推广指标进行考察发现，无论是企业网站的对外传

播语种、新媒体传播形式还是信息更新速度都有待改进，进一步验证了
前面对湖南省国企网站调查的结果。

表 8-8　央企前 5 强外语网站的宣传功能统计分析

序号	企业名称	微信公众号	微博	抖音	Facebook	网站
1	中国核工业集团有限公司	√	√	—	√	√
2	中国航天科技集团有限公司	—	—	—	—	√
3	中国航天科工集团有限公司	√	√	√	—	√
4	中国航空工业集团有限公司	—	—	—	—	√
5	中国船舶集团有限公司	—	—	—	—	√
合计		2	2	1	1	5

　　企业宣传推广手段包括网站宣传和新媒体宣传。各网站宣传主要采
用图片与视频的方式。在新媒体层面，五家企业的外文网站涵盖了微
博、微信公众号、抖音和 Facebook。五家企业中，使用微信公众号和微
博平台的有 2 家，拥有抖音账号的有 1 家，第一家企业的网站上显示了
Facebook 图标，说明该企业有 Facebook 账号，可能会在 Facebook 发布
企业相关信息（表 8-8）。

　　微信公众号、微博、抖音、Facebook 和网站为 5 种主要对外宣传
方式，在调查对象中，第一家企业有 4 种方式：微信公众号、微博、
Facebook 和网站；第二家企业仅有网站方式；第三家企业有 4 种方式，
包括微信公众号、微博、抖音和网站；第四家企业和第二家企业一样，
没有在网站上显示其他媒体平台。第五家企业除了网站以外，没有其他
新媒体对外推广平台。

　　在拥有微信公众号和微博平台的第一家和第三家企业当中，在第一
家企业网站，光标放至微信和微博标志，都出现了二维码，可以直接通
过手机扫描关注。第三家企业虽然贴出了微信、微博及抖音的标志，但
是并未给出平台二维码或在标志下方写明用户名称。

　　我们以网站的信息更新频率为观测指标，考察发现 2020 年 1–5 月
五家企业每月的更新次数不同，总更新次数差距也很大（图 8-7）。各
企业更新频率不固定，更新间隔时间较长。但也出现了某一天或某一周
频繁更新新闻和信息的情况，说明企业网站对外宣传推广存在一定的随
意性，组织管理不够。

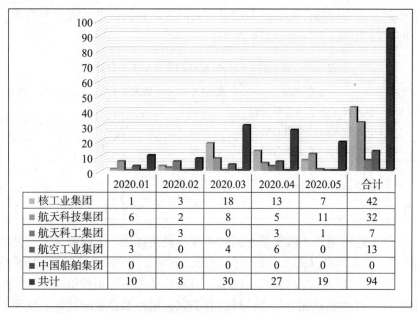

	2020.01	2020.02	2020.03	2020.04	2020.05	合计
■ 核工业集团	1	3	18	13	7	42
■ 航天科技集团	6	2	8	5	11	32
■ 航天科工集团	0	3	0	3	1	7
■ 航空工业集团	3	0	4	6	0	13
■ 中国船舶集团	0	0	0	0	0	0
■ 共计	10	8	30	27	19	94

图 8-7　前 5 强央企网站外文新闻和信息每月更新频率统计

在同一企业网站内部进行对比，可以发现不同版块更新频率不同。因为新闻的时效性，网站新闻版块更新频率最高，其他版块更新频率较低。以社会责任版块为例，第一家企业在社会责任版块的内容分为两部分，社会责任报告和社会责任相关活动，两部分内容的最后一次更新都停留在了 2016 年 2 月 4 日。第二家企业的社会责任版块仅是对社会责任的宏观描述，并没有展示该企业在承担社会责任方面开展了哪些具体活动。第三家企业在社会责任版块给出了两个链接，第一个链接的更新时间为 2013 年 9 月 18 日，是企业对社会责任的简要介绍，其中一张配图上展示的是企业社会责任的具体方面，但图片上的文字说明是中文的，没有给出英文翻译。第二张配图是 2008—2012 年的企业社会责任报告图，但是没有附上报告的查看链接和相应的英文版。第二个链接的更新时间为 2018 年 4 月 10 日，其中包括一张图片和一段英文文字，介绍太空蔬菜示范基地建设。未找到第四家企业的社会责任版块导航栏，也没有找到与社会责任相关的信息入口。第五家企业没有任何英文新闻和信息更新。

5. 小结

1）大多数湖南省国企网站对外话语质量有待提高

大多数抽样国企网站对外话语质量较差，评分平均值仅为 0.3266，79.41% 的网站对外话语质量评分小于 0.33，仅有一家企业评分大于 1.5。20.59% 的国企网站对外话语质量不高，仅提供英语一种语种服务。英语是"一带一路"沿线国家最重要的外语，在"一带一路"建设中，企业网站英文网站建设显得尤为急迫。此外，76.47% 的国企网站没有任何多语种服务，湖南省对外贸易和投资稳步增长，但"一带一路"对外话语能力十分欠缺，亟待加强。

2）64.7% 的湖南省国企网站"一带一路"主题特征缺失

在 34 家湖南省抽样国企网站中，仅有 35.29% 的国企网站有"一带一路"相关的中文内容，多数是作为背景词出现。在 8 家有外文网站的国企中，仅有 2 家国企网站有"一带一路"相关的外文内容。94.12% 的湖南省抽样国企网站没有提供"一带一路"相关的对外话语传播内容。

3）中央企业网站对外宣传语种和形式存在不足

抽样调查的 5 家央企前 5 强企业网站在网站对外传播语种、新媒体传播形式、信息更新速度等指标上均显示有较大改进之处，从而验证了中央和地方国有企业网站对外话语能力不足的假设。

8.2.2 国企网站话语质量对企业绩效的影响

1. 湖南省国企网站话语质量与企业绩效相关性分析

反向链接即其他网站与该企业网站建立连接的数量，其数量可以反映企业网站的价值。企业网站的反向链接数量越多，说明来自其他网站的认可就越多，同时，也说明潜在消费者或客户找到该网站的途径也越多。以往研究表明，网站反向链数与企业营业收入之间存在显著相关性。统计结果显示，网站反向链数最多的是湖南华升集团，为 254 个；其次是中联重科股份有限公司，为 138 个。我们进一步检验样本主要相关变量，包括企业营业收入、网站主题特征度、反向链接数量、网站网页总数以及网站话语质量评分之间的相关性（表 8-9）。

表 8-9　湖南省 34 家国企网站话语质量与企业绩效相关性分析

变量	平均值	标准差	企业网站数	Pearson 相关系数				
				企业营业收入	反向链接数量	网站主题特征度	网站网页总数	评分
企业营业收入	127.17	197.92	23.00	1.00				
反向链接数量	21.71	47.16	34.00	0.16	1.00			
网站主题特征度	0.00	0.01	34.00	0.37	0.446**	1.00		
网站网页总数	1391.09	2547.43	34.00	0.28	0.07	0.04	1.00	
评分	0.33	0.33	34.00	0.522*	0.624**	0.736**	0.15	1.00

* 在 0.05 级别（双尾），相关性显著；** 在 0.01 级别（双尾），相关性显著。

统计显示，企业网站话语质量与企业营业收入之间的相关系数为 0.522，即在 5% 的水平上，两者相关性显著，为中度正向相关。这说明企业网站话语质量高低直接影响到企业营业收入，而其他三个变量与营业收入相关性不显著。其次，企业网站话语质量评分与反向链接数之间的相关系数为 0.624，即在 1% 的水平上显著相关，这说明，企业网站话语质量好坏直接关系到企业网站的价值、企业声誉和形象构建。再次，企业网站话语质量评分与"一带一路"主题特征度之间的相关系数为 0.736，即在 1% 的水平上显著相关，说明企业网站话语质量与"一带一路"信息相关，是否涉及"一带一路"建设的相关信息直接影响到网站对外传播的效果。

2. 国企网站话语质量对企业绩效的影响回归分析

我们对 2019 年《财富》榜上排名前 100 强的中国企业进一步抽样，去除数据不可得企业后，共选取样本企业 62 家，涉及采矿业、金融业、房地产业、制造业、建筑业、信息传播、软件和信息技术服务业等多个行业（依据证监会行业分类）。网站语种数据来自企业官方网站，为企业官网的外文版本数；网站更新次数为半个月内（2019 年 12 月 1 日至 2019 年 12 月 15 日）外文网站更新次数；网站全球排名和海外点击量数据通过 Alexa 网站（www.alexa.com）查询获得（以 2019 年 12 月 15 日数据为准），网站响应时间通过网络爬虫技术获取，并经过多次测试后取得平均值；网站反向链接数通过 AltaVista（www.altavista.com）网站查询获取。本文通过万得资讯金融终端获取企业 2018 年财务数据，净资产收益率（ROE）是指利润额与平均股东权益的比值，是衡量上市公司盈利能力的重要指标。资产收益率（ROA）的计算的方法为公司的年度盈利除以总资产值，用于评估公司相对其总资产值的盈利能力。

构建回归模型检验企业外语网站语种数、海外访客占比、外语网站全球排名对企业净资产收益率和资产收益率的影响。模型如下：

$$ROA_i = \alpha_0 + \alpha_1 lnLan_i + \alpha_2 lnvisit_i + \alpha_3 lnrank_i + \alpha_4 update_i +$$
$$\alpha_5 lnresponse_i + \alpha_6 lnlink_i + \varepsilon_i \qquad （公式 1）$$

$$ROE_i = \beta_0 + \beta_1 lnLan_i + \beta_2 lnvisit_i + \beta_3 lnrank_i + \beta_4 update_i +$$
$$\beta_5 lnresponse_i + \beta_6 lnlink_i + \mu_i \qquad （公式 2）$$

公式（1）和公式（2）分别用于测量企业外语网站表现的六个指标对净资产收益率和资产收益率的影响。其中，被解释变量 ROA_i、ROE_i 分别表示该公司在 2018 财年的资产收益率和净资产收益率；解释变量 Lan_i 是外语网站的语种数（取自然对数）；$visit_i$ 是外语网站的海外访客占比（取自然对数）；$rank_i$ 是外语网站全球排名；$update_i$ 是外语网站更新率，α_0 和 β_0 分别为常数项，ε_i 和 μ_i 分别为随机扰动项。控制变量 $response_i$ 是外语网站的响应时间，$link_i$ 是该外语网站的反向链接数。模型估算使用 STATA 15.0 软件进行回归分析，考察外语网站表现对企业绩效的影响。

本节定量评估企业外语网站表现对企业绩效的影响，为保证检验结果，我们首先对模型进行了相关性和多重共线性检验。表 8-10 相关性检验结果显示，解释变量之间的相关性均小于 0.8，说明变量之间的相关性不高，对模型的影响并不大。

我们通过方差膨胀因子（VIF）检验变量之间的依赖程度，检验结果显示，各变量容差均大于 0.1，且膨胀因子（VIF）均小于 10，因此数据不存在多重共线性问题（表 8-11）。

表 8-10　国企网站话语传播质量相关性检验

	语种数	更新频率	点击量	反向链接数	响应时间	全球排名
语种数	1					
更新频率	0.563**	1				
点击量	0.773**	0.404**	1			
反向链接数	0.413**	0.24	0.577**	1		
响应时间	−0.694**	−0.497**	−0.622**	−0.410**	1	
全球排名	−0.497**	−0.235	−0.272*	−0.156	0.555**	1

表 8-11　国企网站话语质量各变量共线性检验

变量	语种数	更新频率	点击量	反向链接数	响应时间	全球排名
容差	0.25	0.29	0.59	0.64	0.39	0.65
VIF	3.969	3.431	1.681	1.571	2.535	1.527

　　将样本企业的净资产收益率（ROE）和资产收益率（ROA）代入拟回归模型，使用普通最小二乘法对模型进行估计（表 8-12）。

表 8-12　国企网站话语质量影响企业绩效的回归分析

变量	模型一	模型二
	净资产收益率	资产收益率
语种数	0.265*	0.357**
	0.160	（0.207）
点击量	0.742**	0.691**
	（0.415）	（0.371）
全球排名	−0.315**	−0.307**
	（−0.123）	（−0.124）
更新频率	0.272**	0.215*
	（0.103）	（0.078）
响应时间	−0.299**	−0.377**
	（−0.144）	（−0.156）
反向链接数	0.848**	0.897**
	0.316	（0.322）
常量	0.308	0.465

（续表）

变量	模型一	模型二
	（0.417）	（0.602）
网站数量	62	62
R^2	0.95	0.954
R^2_a	0.945	0.949

t statistics in parentheses，$^*p < 0.1$，$^{**}p < 0.05$，$^{***}p < 0.01$

　　研究结果表明，在其他变量不变的情况下，企业外语网站的反向链接数和海外点击量对企业绩效的影响最大。企业外语网站的反向链接数和海外点击量每增加 10%，企业的净资产收益率将分别增加 8.48%和 7.42%，资产收益率将分别增加 8.97% 和 6.91%，说明企业外语网站同其他网站建立的联系和海外客户的用户体验对企业绩效的影响最为明显。

　　企业网站语种数和网站更新率对企业绩效均呈现显著正向影响。我国企业外语网站语种数每提高 10%，企业净资产收益率就相应增长 2.65%，资产收益率就相应增长 3.57%。以中国东方航空公司为例，该公司外语网站的语种数为 7 种，2019 年该公司的净资产收益率为 5.43%，如果外语网站语种数增加至 8 种，则净资产收益率将增加 7.8 个百分点。网站更新率的回归系数为 0.272 和 0.215，说明企业外语网站发布信息越及时，越能吸引海外客户的关注。因此，企业外语网站更新越频繁，企业绩效水平越好。可见，增加企业外语网站语种数和更新率可以扩大企业网站的海外用户群体，进而有效促进企业净资产收益率和资产收益率的增长。企业外语网站排名和网站响应时间对企业绩效均呈现显著负向影响。企业网站排名的回归系数是 −0.315 和 −0.307，表明企业网站排名越靠前，企业绩效越好。企业网站响应时间的回归系数是 −0.299 和 −0.377，表明企业网站响应时间越短，企业绩效越好。

8.3 国企网站对外话语传播质量提升建议

8.3.1 国企网站话语传播存在问题

省级国企网站话语质量调查显示存在以下三个问题：

1）网站英语信息服务不全

湖南省国企网站所提供的英文信息不全，影响了语言服务质量和语言服务有效性。34家湖南省国企网站中，仅有8家有英文网站，其中，6家企业网站有企业宗旨和企业历史介绍等英文内容，4家企业网站有海外营销栏目，3家企业有海外招聘栏目。另外，有2家企业网站并没有提供有效的英文版页面，其链接自动跳转至中文页面。

2）受调国企网站没有提供"一带一路"相关信息

湖南省进出口商品主要产销国国别数据显示，主要产销国的语种为英语，其他语种包括韩语、日语、德语、马来西亚语和阿拉伯语等。面对"一带一路"建设，沿线64个国家中有54种官方语言，其他非通用语种语言服务欠缺，没有面向商品出口产销地区的韩语、日语、德语、马来语、阿拉伯语等相应的语言服务。

3）国企网站话语质量有待改进

综合来讲，湖南省大多数国企网站总体语言服务质量不高，34家国企样本的评分平均值仅为0.3266，79.41%的网站语言服务质量评分小于0.33，仅有一家企业评分大于1.5。故而企业需要加强网站语言服务质量建设。

8.3.2 国企网站话语质量改进建议

根据调查结果，我们提出四点具体建议：

1）加强企业网站基本建设，提升用户体验

完善企业网站内容，从企业宣传角度而言，包括公司介绍、年度事件、企业宗旨、企业经营战略、主营业务介绍等。从结构上而言，加强企业网站信息架构建设，优化搜索引擎，提高对外服务效率。同时，优化企业网站标志，提升形象展示维度。提高企业网站用户体验，主要包括提高网站易用性、友好性、新颖性。加强技术应用，将音视频、直播等多媒体与网站资源融合，充分调查用户业务需求，协调相关资源，配合企业部门实现网上业务处理，加强与其他网上业务应用的集成服务，提高网站易用性。从用户体验的角度而言，加强新技术应用，加强交互技术、智能搜索等服务的应用，加强设计，提高网站的友好性和新颖性。

2）全面加强企业网站语言服务质量建设

企业需要加强网站语言服务质量建设，包括增加企业网站外语语言可选选项，维持网站资讯更新速度，增加海外营销栏目、海外招聘栏目等。结合企业具体进出口需要，增设外文网站选项，通过网站对外窗口，在国际上建立企业形象，提高企业的知名度，有利于拓展营销渠道，接触国外更大的消费群体，扩大市场，提高营销效率，增强企业竞争力。

3）加强特色资源栏目建设或主题策划

由于市场竞争日益激烈，企业网站在扩展新的业务类型的同时，也需要从环境关注、（包括环境责任、环保事迹等）员工关怀（包括健康与安全）、公益事业（包括公益事业类目以及具体介绍）等方面来展现企业文化。企业网站建设过程中，要加强文化理念、社会责任、经营发展、科技创新等特色资源的栏目建设或主题策划，从而加深社会公众对企业的正面印象。

4）加强网站编辑队伍能力建设

结合网站工作需求，合理设置编辑岗位及人员，明确职责，同时语言服务人才队伍建设有待加强，企业网站话语质量提升需要专业人才的支持才能够得以实现。

第 9 章
企业组织话语研究

9.1　组织话语研究框架

9.1.1　企业组织话语分析框架构建

组织话语涉及组织实践中的结构化文本，通过文本的生产、传播和消费实现组织的既定目标（Phillips et al. 2002），包括一切与组织过程（organizing）或与组织（organization）有关的语言素材。这一概念既指向话语的种类，也设置了话语生成的语境条件（吕源、彭长桂，2012）。话语既是组织话语的表现形式，也是组织话语的基本分析单位。话语可以是语言类素材，如面谈、会话、谈话、谈判以及回应公众要求的报告、组织的文件、信件、会议记录、规定、规章等，也可以是非语言符号，如标示、标记、图像、图形乃至人工制造的传递文化信息的实物。组织话语研究剖析组织制度的社会构建过程，如理论化、合法化、制度化及去制度化等，针对该过程中的话语、语篇、语句特征进行分析（彭长桂、吕源，2014，2016；Vaara & Monin，2010），并结合情境剖析话语蕴含的意义与思想（Sahlin & Wedlin，2008）。诸多组织研究领域运用话语分析的理论与方法探讨具体的组织管理问题，组织管理研究中的话语分析涉及文本的收集、文本如何构建意义、意义文本的传播、接收与使用等（Phillips et al.，2004），关注组织话语性质、构成组织话语的文本如何生成、不同文本如何产生不同影响作用等基本问题。早期的研究致力于探讨组织话语的性质及贡献，近年来，越来越多地探讨具体情境下与组织话语相关的主题，包括组织身份认同话语、组织变革话语、战略话语、领导力话语等。

基于前人的研究，我们认为，企业组织话语研究框架探讨组织制度、组织战略、组织身份认同与组织变革四个领域的话语建构和使用，具体包括组织制度话语、组织战略话语、组织身份话语与组织变革话语（见图 9-1）。

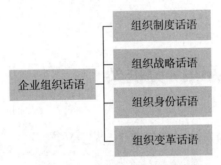

图 9-1　企业组织话语研究框架

在组织日常管理与运营中，话语活动反复作用于组织及组织要素，其产生作用的基础是话语的基本功能，主要包括修辞功能、协调功能、认知功能等。组织研究重视语言本身及其特性，如词汇、句式、语篇、修辞等语言要素，另外还关注语言的功能、使用及情境，强调话语本身及其在组织管理实践中的运用。语言不只是简单地反映、传递语义，而是由各种语义构建组织现实，且与具体的组织惯例相联系。组织话语分析涉及四个领域（张慧玉、杨俊，2016：60）：（1）"组织话语本体分析"，主要揭示组织话语的语言特点，比较词法、句法、结构、语体等与其他话语种类的不同；（2）"组织话语语用分析"，主要探索不同语境中语言的使用问题，关注组织话语的整体功能和效用；（3）"组织话语构建分析"，考察组织话语在建构社会现实事件与活动中的能动作用，偏重语篇与事件之间的关联分析；（4）"组织话语批评分析"，主要研究语言、权力和意识形态之间的关系，考察话语中蕴含的价值体系或意识形态以及隐含的权力等。另外，组织话语理论还探讨组织话语性质、构成组织话语的文本如何生成、不同文本如何产生不同影响等问题（Boje & Ford, 2004；Grant & Hardy, 2004；Grant et al., 1998；Iedema & Wodak, 1999；Keenoy & Grant, 1997；Phillips & Oswick, 2012）。话语类型包括组织身份认同话语（Ybema et al. 2009）、组织变革话语（Grant & Oswick, 2001；Marshak & Grant, 2008）、组织战略话语（Balogun et al., 2014；Knights & Morgan, 1991）和组织领导话语（Fairhurst & Grant, 2010）等。

9.1.2　企业组织话语分析框架解读

1. 组织制度话语

组织制度话语探讨的是组织行动、文本、话语和制度之间的互动关系。话语是通过制度来影响行动的——社会结构体现了一系列的制裁措施，这些制裁措施将矛盾的行动问题化。组织制度化的程度取决于组织自我调节机制的强度（Barley & Tolbert, 1997；Jepperson, 1991）。这就需要明确哪些话语最有可能产生与规定行动的"奖惩"（Jepperson, 1991）相关的社会建构。

一种话语产生制度的可能性取决于一些因素，其中之一涉及话语本身的内部建构。鉴于话语是由一组相互关联的文本构成的，这些文本相互关联的方式和程度在不同的话语中可能存在很大的差异（Fairclough, 1992；Foucault, 1965）。有些话语比其他话语更加连贯，即各种文本在对社会现实的特定方面的描述和解释基本一致。此外，有些话语比其他话语更有条理，因为构成这些话语的文本以既定的、可理解的方式相互借鉴。社会建构越是统一和理所当然，实施不符合社会建构的行为就越是困难，因为很难设想和实施替代方案。当文本之间相互矛盾，或者当它们之间的关系不那么清晰时，它们对行动的影响必然会大打折扣。

例如，公开的财务会计话语是由大量文本组成的，这些文本对会计工作的许多方面，如资产负债表上的内容、如何进行审计以及如何计算特定的成本等，都提出了相对统一的观点，而且这些文本之间的关系也相对明确，并为受众所理解（Carpenter & Feroz, 2001）。这就是社会构建的结果，同时也导致了财务报告中的纰漏很容易被识别与定义，从而产生惩罚或制裁。换句话说，话语导致了制度的产生。当一种话语是跨越多个领域的成熟话语时，将会得到其他高度合法的话语的支持，支持的程度会影响制度的产生（Hardy & Phillips，1999）。一个与其他更广泛的话语一致并得到其支持的话语将产生更强大的制度，因为它们的自我调节机制将相互加强。反之，竞争性话语的存在将降低一种话语产生制度的可能性。所谓竞争性话语，指的是另一套结构化的相互关联的文本，它们对社会现实的同一方面提供了可供选择的社会构架。竞争性话语的存在将趋向于削弱源于焦点话语的制度的力量，因为它们为行动者提供了替代性的制度，从而降低了与不采纳任何特定制度相关的成本。

概括地说，制度既在特定的话语中运作，又由特定的话语产生。因此，制度代表着特定类型的话语对象——那些伴随着自我调节机制的话语对象，使偏离公认的行动模式付出了高昂的代价。一种话语产生强大的制度的可能性将取决于该话语的结构化和连贯性程度，该话语与更广泛的话语的一致程度，以及竞争性话语的存在。反过来，制度通过上述的自我调节机制影响行动，并在此过程中也影响文本的生成。因此，行动、文本、话语和制度之间的关系既是递进的，也是循环的：制度是由话语构成的，为了理解制度化的过程以及制度如何促成和制约行动，我们需要理解它们背后的话语动力。

2. 组织战略话语

战略话语是最早受到关注的组织话语（Knights & Morgan，1991），相关战略研究致力于战略话语的解读及其构建过程的剖析，关注战略管理话语的生成、对组织管理的影响以及相关行动者在战略话语互动中的角色等基本问题。话语分析将战略的规划与制定视为具有生成条件的管理话语构建过程。战略作为管理话语中的一种基本要素，其生成与复制往往以特定的组织及组织管理变革为背景。Knights & Morgan（1991）系统回顾了战略管理话语在美国商业历史上的根源、发展与传播，指出战略话语中存在显著的"权力效应"，赋予管理者独特的个人及组织安全感，向利益相关者证明其管理的合理性，使战略合法化并推动其实施，并使之成为优秀管理的象征，掀起商业界的战略热潮。在后续研究中，

Knights & Morgan（1995）分析保险公司的 IT 战略实施案例指出，战略话语的实施并不具有无条件的普适性，必须符合一定的市场条件和文化条件，战略存在于异质、分散且脆弱的话语中，而能够使战略高层盘踞高位的原因正是战略中使用的语言，因此，话语从基础上影响甚至决定战略的性质及实施效果。话语如何影响企业战略决策，可以通过语境具体化和概念抽象化二种维度，帮助企业识别话语如何影响公司战略灵活性。公司管理层使用的语言深刻影响着他们的世界观，可能会导致其放弃某种战略选择（Brannen & Doz，2012）。企业话语可能变得越来越语境具体化或概念抽象化，从而产生思维定式，无法创新和开拓新的业务或领域，或者，公司管理层在抽象战略方面过于自信，无法灵活调整战略。

权力在战略话语生成及其产生影响效果的过程中发挥着重要作用，从非正式的组织成员交流、员工相互竞争的传闻，到正式的战略会议探讨、组织使命及战略宣言，战略工作本身必须通过各种形式的语言使用来实现（Balogun et al.，2014）。Ezzamel & Willmott（2010）认为组织话语是战略的基本构成要素，而战略制定活动被视为是一种组织话语惯例。他们发现，针对组织中的新做法，企业通过有效的组织话语介绍新的标准及工作方式，不仅影响员工们的工作方式，而且重构企业的整体战略，而权力效应有力地推动了战略话语的生成与传播。Hardy & Thomas（2014）发现，权力效应会在特殊的话语及惯例中得到强化，而多种行动者会通过参与这些惯例传播话语并推动其常态化。在战略话语构建过程中，权力与阻力以错综复杂的方式相连、共存、互动，战略主题及目标由此生成，转而增强、促进话语。话语不仅在战略工作中起到关键的沟通、说服作用，而且能够通过背后的社会、心理、认知内涵影响组织内部成员及外部利益相关者对战略的理解与接受程度（Balogun et al.，2014）。

战略话语的灵活性具有两个维度（Brannen & Doz，2012）：（1）环境具体化。一个公司所使用的语言是否有助于高管对市场、业务系统、业务范围、机构设置保持敏感。（2）概念抽象化。公司使用的语言是否有助于深刻反思和多样化战略发展。Brannen & Doz（2012）指出，判断企业话语具体化有一系列指标，如新员工是否很容易被识别（因为他

们的话语体系与公司不同）；企业领导是否依赖长期形成的共识；企业
话语是否大量使用复杂的缩写和简写；公司内部人士是否非常熟悉核心
业务，但缺乏可供分享和理解的通用商业模式；公司管理层是否重视引
进与公司业务相联系的知识和方法；是否有共享的、但不明确的规则和
规范；公司是否具有固定习惯、行为和程序。企业话语概念抽象化的指
标包括：战略决策是否普遍依赖概念框架、图表、模型等；战略对话是
否难以理解，缺乏具体性和实用性；战略决策者的假设性和原则性话语
的多寡；公司的商业模式表述是否清晰；公司内部是否高度依赖白皮书
等文件；公司战略是否缺少灵活性等。

3. 组织身份话语

话语通过将某些现象变为现实而构成了社会世界（Parker，1992），
包括知识对象、社会主体的类别、"自我"的形式、社会关系和概念框
架（Deetz，1992；Fairclough，1992；Fairclough & Wodak，1997）。因此，
话语分析的重点是文本的主体和文本之间相互关联的方式（Phillips &
Hardy，2002），以及任何单个文本如何"对过去的文本作出回应、
重新强调和重构，并以此帮助创造历史和促进更广泛的变化过程"
（Fairclough，1992: 102）。根据 Hacking（2000）的观点，关于身份建
构的研究已经变得司空见惯、缺少新意，因为人们普遍关注社会建构的
结果，而非过程。话语分析提供了一系列切实可行的方法，使组织研
究者能够探讨身份建构过程的复杂性，从而使建构主义研究重新焕发
活力。

身份与组织相关联，因为组织不仅是构建身份的环境，而且身
份也是"建立更大的、更易识别的'社会'或'机构'身份的素材"
（Antaki & Widdicombe，1998b：10）。话语分析方法也与集体主义或
组织认同的概念相关。在组织研究中，集体认同主要被理解为成员对其
组织的核心、持久和独特属性的趋同信念（Albert & Whetten，1985），
这影响了成员对组织面临的问题的解释和行动方式（Gioia & Thomas，
1996）。话语分析通过将集体身份置于成员间使用的语言中，将注意力
从个人的意图和态度转移到可观察到的语言实践以及这些实践对社会关
系和行动的影响上（Potter & Wetherell，1987）。因此，话语方法把组织

看作是始终处于动态成长过程中，而不是一个离散的实体（Tsoukas & Chia, 2002）。

　　构建身份认同是一个复杂的过程，涉及多种关系和方式：语言、互动、故事和话语的重叠和交织影响；话语制约和行动之间的紧张关系；行为者之间谈判的斗争；更广泛的体制形式在当地谈话中的基础等。身份认同正是在这些复杂关系的交汇中产生的。同样明显的是，身份的建构对组织有着重要的影响。首先，组织是身份建构的一个环境，个人的组织身份是众多身份类别中的一种，而个人的组织身份就是由这些身份类别所构成的。第二，与特定组织相关的集体身份与个人身份一样，是在语言和其他话语行为中形成的。第三，身份和组织相互牵连：随着身份的形成，局部意义被放大和对象化，因此组织也在形成。

4. 组织变革话语

　　社会科学中的语言学转向（Alvesson & Kärreman, 2000）导致了新的组织话语研究领域的出现（Grant et al. 2004），组织话语与组织变革进程的关系越来越受到关注（Marshak & Grant, 2008）。从二十世纪末开始，有些学者对语言在影响组织变革中的作用开展了研究，并取得了一批成果（Buchanan & Dawson, 2007；Bushe & Marshak, 2009；Doolin, 2003；Ford, 1999；Ford & Ford, 1995；Ford et al., 2008；Heracleous & Barrett, 2001；Marshak & Grant, 2008；Robichaud et al., 2004）。同时，从话语角度探析组织变革的研究也不断增多（Barrett et al., 1995；Heracleous, 2002；Heracleous & Barrett, 2001；Marshak, 2002），但大多只关注话语和变革的单个方面，而没有提供或建议对多个层面及其相互关系的更全面的理解。基于这些研究，Grant & Marshak（2011）提出一个包含组织话语和组织变革的多种相互关系的分析框架，来推进对组织变革话语的探索和应用。该框架引导人们关注参与者之间的沟通实践，突出了组织变革的过程性和时间性，从而为如何管理对话等话语实践以提高组织变革的有效性提供了实践解释基础。事件的框架和谈论方式作为重要的语境，塑造了变革者、受影响的员工和其他利益相关者对变革相关问题的思考方式和应对方式，甚至也塑造了变革本身的可能性。

组织变革话语包含四个重要概念：话语、文本、语境和对话。组织话语及其相关的消费、生产和分配实践由一系列相互关联的文本组成，这些文本能够对其他话语作出反应，吸引和改变其他话语。话语使一种思想或对象成为现实，也可以挑战和改变现有的思想或对象。话语中的文本可以是书面或口头行为，也可以是非语言性的，采取图像和符号的形式。具体来说，文本是由对话形成的，参与者在对话中借鉴并同时产生话语对象和思想。组织变革的话语方式本质上是过程性的，也是情境性的。因此，通过那些正在进行的、反复的、迭代的过程，组织变革会随着时间的推移而实施。同时，话语语境产生的话语对象和思想贯穿和影响着参与组织变革的各行为者之间的对话。

9.2　组织制度话语研究

9.2.1　我国央企组织制度话语特征分析

语言转向（ Alvesson & Kärreman，2000）下的制度话语研究肯定了话语在制度与战略合法化中的重要作用，将合法性（Zimmerman & Zeitz，2002）视为一种话语性社会构建（彭长桂、吕源，2016；Phillips et al.，2004），进一步突出了话语（discourse）尤其是话语框架策略（ Sementelli & Herzog，2000）对组织合法性的积极构建作用（Garud et al.，2014；吕源、彭长桂，2012；张慧玉等，2019）。制度化是制度话语的构建过程，其基础不是社会行为，而是描述、传达这些行为的文本（Phillips et al.，2004；Vaara，2014）。对相关事物、实践及现象进行框架化是组织话语实现合法化构建的基本途径之一；框架分析（frame analysis）是使用较为广泛且有效的话语分析视角（Benford & Snow，2000）。

Benford & Snow（2000）指出，框架不仅与话语过程密切相关，即通过表达与强调来促成社会行为，而且可以看作是与话语过程紧密相连的战略过程，包括发挥（amplification）、延伸（extension）、桥接（bridging）与转变（transformation）四个策略。这四个基本框架策略可以拓展到包括组织话语在内的多种情境。彭长桂、吕源（2014）在剖析在位企业合法性的话语性构建过程时指出，组织管理者在发布相关组织文本时，基于差异性的语法结构形成不同的框架策略，从而构建、管理组织合法性。不同的策略之间尽管没有明确的界限划分，但在话语运用方式及功能侧重上存在差异，"以言行事"（Austin，1962）的过程与目的也因此不同。

表 9–1　框架策略的定义（Benford & Snow，2000）

框架策略	定义
发挥策略	通过话语对相关的价值观或信念进行澄清、修饰、增强及美化
延伸策略	通过话语扩大某框架下的基本问题、考量或利益点，以诉诸更广泛的潜在受众
桥接策略	通过话语将观念一致、结构不同的框架连接为统一信息
转变策略	通过话语改变旧有的观念和理解，并产生新的意义

本研究以我国国有四大银行的 2019 年 A 股年报为语料，选取其中的"企业社会责任"部分，通过横向案例对比研究，探讨是何种话语框架策略推动了组织制度话语的合法性构建。基于话语"以言行事"（Austin，1962）的功能，我们首先提炼出本研究的概念分析框架（见表 9–1），作为案例分析的基本思路与逻辑。话语有相应的受众，通过"以言行事"说服受众，实现相应目的，因而具体话语策略的选择是以话语受众，尤其是话语目的为基础。企业制度话语策略的选择是以实现核心利益相关者群体（如：投资方）以及企业合法性需求的匹配为目的，同时受到资源需求、内外部环境等因素的影响。基于此框架，本研究聚焦四大话语框架策略选择（发挥、延伸、桥接与转变）和三类合法性需求（实用、道德与认知）的动态关联与匹配（见表 9–2）。

表 9–2　我国四大国有银行社会责任报告合法性需求和话语框架策略

国有银行	合法性需求	框架策略	话语例证及简要阐释
工商银行	道德、认知合法性	发挥	将加强绿色金融建设作为长期坚持的重要战略，从政策制度、管理流程、业务创新、自身表现等各个方面，全面推进绿色金融建设，积极支持绿色产业发展——构建认知合法性。

（续表）

国有银行	合法性需求	框架策略	话语例证及简要阐释
工商银行	道德、认知合法性	延伸	开展招聘时不得设置歧视性条件，不得设置与岗位要求无关的条件；严格执行女职工权益保护法律法规，落实孕、产期女员工的休息、休假权——构建道德合法性。
		桥接	坚持党建引领，推进全面从严治党、从严治行，完善公司治理体系相结合，进一步优化三会一层运作机制及决策体系，持续推动公司治理能力现代化——构建道德与认知合法性。
		转变	发挥金融优势，探索"融资""融智""融商"等综合性支持方案，帮助地方政府做好统筹规划，谋划好乡村振兴的思路举措——构建道德与认知合法性。
中国银行	道德、认知合法性	发挥	本行紧密围绕"建设新时代全球一流银行"的战略目标，以创新、协调、绿色、开放、共享的新发展理念为引领，深化拓展可持续发展实践，致力于与利益相关方合作共赢，努力在经济、社会、环境等领域作出积极贡献——构建认知合法性。
		延伸	大力拓展普惠金融，帮助民营企业拓宽融资渠道，为中小微企业搭建"中银全球中小企业跨境撮合服务"平台——构建道德合法性。
		桥接	落实全行人才发展规划，组织开展"百人计划""远航项目"等重点人才工程项目，加快优秀人才培养，2019 年，公司已连续十二年获得"中国大学生金融业最佳雇主"称号——构建道德合法性。
建设银行	道德、认知合法性	发挥	以客户为中心，不断创新产品和服务，在实现各项业务稳健发展的同时，努力成为一家服务大众、促进民生、低碳环保、可持续发展的银行——构建认知合法性。

（续表）

国有银行	合法性需求	框架策略	话语例证及简要阐释
		延伸	丰富金融扶贫产品体系和服务模式，加大电商扶贫力度，拓展贫困县网点和自助渠道覆盖，推进各级分支机构定点扶贫村"建行裕农通"普惠金融服务点全覆盖——构建道德合法性。
		桥接	继续推进绿色交通、能源等传统绿色优势领域业务发展，积极拓展新兴绿色领域，加快"节能贷""碳金融""海绵城市建设贷款""综合管廊建设贷款"等绿色信贷产品推广，积极控制温室气体排放——构建道德与认知合法性。
		转变	本行通过"带上员工做公益、带着客户做公益、带动机构做公益、融合业务做公益"，帮助更多需要帮助的人，为社会注入新的正能量——构建道德合法性。
农业银行	道德、认知合法性	发挥	本行秉持"责任为先、兼善天下；勇于担当、造福社会"的责任理念，积极践行社会责任，推进经济、环境与社会协调可持续发展，努力实现与各利益相关方和谐共进——构建道德合法性。
		延伸	聚焦深度贫困地区，构建"五位一体"新型服务渠道网络，实施东西部扶贫协作、消费扶贫、教育扶贫等行动，发挥金融扶贫排头兵作用——构建道德与认知合法性。
		桥接	创新绿色金融产品，大力支持节能环保、清洁生产、清洁能源等绿色产业发展，推动产业结构向资源节约型和环境友好型转变，助力实现"天更蓝、山更绿、水更清、环境更优美"——构建道德与认知合法性。

语料来源：四大银行官网

对四大银行企业社会责任报告主要合法性需求和话语框架策略的分析发现，四大银行皆在公司年报之外独立发布社会责任报告，体现出社会责任报告在企业合法性构建过程中的重要性，并已经成为企业制度话语的重要组成部分。

工商银行将履行社会责任与本行工作思路和愿景结合起来，在此基础上形成主体框架，同时参考最新监管要求，重点阐释了服务实体经济、发展普惠金融、践行绿色金融、提升服务质量、防范化解金融风险、精准扶贫等利益相关方高度关注的问题。工行的报告采用发挥、延伸、桥接、转变这四种合法性话语策略全面构建制度话语合法性，聚焦制度化过程中文本、话语、制度与社会行为之间的关系，充分反映出制度是话语活动影响社会行为的产物，通过话语构建道德与认知合法性，进而影响企业的制度化进程。建设银行的企业社会责任报告涵盖三农和扶贫金融服务、环境保护、消费者权益保护、公益慈善四个部分，综合运用四种合法性话语策略构建制度话语道德与认知合法性。中国银行的报告包括企业对国家、股东、客户、员工、社会、环境的责任这六个部分，运用的话语合法性策略涉及发挥、延伸和桥接，构建道德与认知合法性。农业银行的报告涵盖经济、环境、社会责任三个部分。

总体来看，在话语框架策略方面，四大银行一般都首先采用发挥策略，对企业定位和履行社会责任的情况尽可能做出较为详尽的介绍，通过重复、排比、隐喻等修辞手法对相关信息进行修饰、强调或美化，构建认知合法性；如工商银行的"立足于经济社会发展中各利益相关方的普遍诉求，坚持'诚信、人本、稳健、创新、卓越'的基本价值取向"，中国银行的"紧密围绕'建设新时代全球一流银行'的战略目标，以创新、协调、绿色、开放、共享的新发展理念为引领"等。其次较多采用延伸策略扩大某框架下的基本问题、考量和利益点，触及更广泛的潜在受众，如农业银行聚焦深度贫困地区，构建"五位一体"新型服务渠道网络，实施东西部扶贫协作、消费扶贫、教育扶贫等行动，构建道德与认知合法性；建设银行加大电商扶贫力度，拓展贫困县网点和自助渠道覆盖等。此外，也会采用桥接策略连接观念一致、结构不同的框架，如工商银行将公司治理体系与党建进行连接，提出三会一层运作机制及决策体系，持续推动公司治理能力现代化，构建道德和认知合法性；建设银行将绿色交通、能源等传统绿色优势领域业务与新兴绿色领域，如"节能贷""碳金融""海绵城市建设贷款""综合管廊建设贷款"等绿色信贷产品进行桥接，构建道德与认知合法性。在转变策略方面，工商银行积极探索"融资""融智""融商"等综合性支持方案，谋划乡村振兴的新思路新举措，构建道德与认知合法性；建设银行提出"带上员工做公益、带着客户做公益、带动机构做公益、融合业务做公益"的新理念，为社会注入新的正能量，构建道德合法性。

9.2.2　话语影响企业组织制度建构解读

话语分析为探讨制度的社会建构提供了一个有用的理论框架，因为它明确地关注制度构成的社会建构过程。Phillips et al.（2004）提出一个基于文本生成、类型及关联的制度化话语分析模型（见图 9-2），聚焦制度化过程中文本、话语、制度与社会行为之间的关系，指出制度化的基础是描述、传达这些行为的文本，制度由话语组成，是话语活动影响社会行为的产物，而制度化实际上是制度话语构建的过程，主要涉及文本的生产过程和文本嵌入话语的过程。

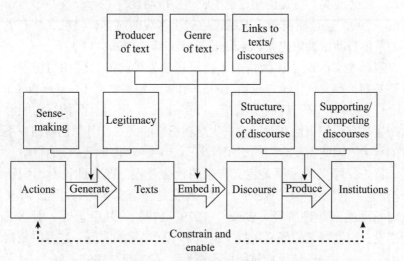

图 9-2　组织制度话语分析模型（**Phillips et al., 2004: 641**）

1. 文本的生产过程

在研究制度化的过程中，那些更有可能产生文本的行动成为研究的重点，而这些文本又会影响话语。这些文本代表的，"不是转瞬即逝的事件，而是经久不衰的意义"（Ricoeur，1981：134）。"话语是逐步建立起来的"（Taylor & van Every，2000：96），只有产生将"组织对话的直接环境与它们所处的（更大）网络的组织属性"联系起来的文本的行动，才有可能影响话语（Cooren & Taylor，1997：223）。虽然组织的日常运行产生了大量的文本，但真正值得研究的是那些具有组织属性和影响话语的潜力的文本，即经由其他行动者进行传播和解释的文本（Philips et al.，2014）。

从话语的角度来看，那些被广泛传播和吸收的文本更有可能被"接受"（Cooren & Taylor，1997），因为它们通过在多个行为者之间传播，经历了"文本化"（Taylor et al.，1996）或"语境重置"（Ledema & Wodak，1999）的连续阶段。只有通过这个过程，狭义的文本才会成为广义的，因为它们重新表达了一个更广泛共享的符号系统，而这些文本必须由说话者进行指示性的解释，以表达意义（Taylor & van Every，2000）。因此，社会现实"在其传播过程中获得了被动性"（Berger & Luckmann，1966：79），通过使符号手段越来越趋于客观的过程，将意义从产生它们的具体行动中抽象出来（Ledema & Wodak，1999：11）。

解释主义的两个流派构成了以语言学为导向的管理和组织理论的重要基础：释义理论（Weick，1995）和社会建构主义（Berger & Luckmann，1966）。基于这两个流派，Philips et al. 提出有两种行动能够导致产生具有组织属性和对话语产生潜在影响的文本：（1）创新的或不寻常的行动，因此需要专门的组织释义；（2）影响组织合法性的行动。

首先，释义的过程是意义产生的社会过程，释义理论对组织话语分析产生了重要影响。Weick 认为，释义是一个文本化的过程。释义涉及对行动的回顾性解释（Weick，1979，1995），并由意外、困惑或问题引发；引发释义的场合包括"组织中不同寻常的时刻，这些时刻持续地引人关注，并促使人们试图做出解释"（Weick，1995：86）。释义同时也是一个语言表达的过程，"词语产生意义，这些词语形成谈话，传达我们当前的经历"（Weick，1995：106），包括叙事（Brown，2000）、隐喻（Donnellon et al.，1986）以及其他象征形式（Rhodes，1997），这些形式产生的文本具有组织属性，并会对话语产生影响。例如，具有创新思想的实践者会主动加入新的组织，并通过撰写报告或工作介绍表达自己的创新见解；管理者通过不断地"讲创新实践故事"来加深员工对新措施或举措的理解（Pfeffer，1981：23）。

其次，社会建构主义对以语言学为导向的组织研究的发展产生了重要影响（Berger & Luckmann，1966；Boyce，1996；Ledema & Wodak，1999；Taylor & van Every，2000）。社会建构主义的学者们制度理论领域也很有影响力，他们强调了社会建构过程中合法化的重要性，因为个人构建了"对他们集体的、制度化存在的基本要素的解释和理由"（Boyce，1996：5）。由于组织领土被占领所产生的利益关系以及对有限资源的争夺，在组织中维护合法性是必要的。因此，导致行为者试图获得、维持或修复合法性的行动，很可能会产生具有组织属性的文本。在这种情况下，文本的产生是为了确立、验证或改变与行动相关的意义。合法性的管理依赖于沟通（Suchman，1995），例如，激进的社会运动组织会举行新闻发布会或非暴力研讨会，以解释非法的抗议行为（Elsbach & Sutton，1992）；加利福尼亚养牛业的发言人在发生质疑牛肉业合法性的事件后，利用口头陈述来引导人们对组织合法性的看法（Elsbach，1994）。

维持合法性的需要也产生了许多例行报告，另外，组织也会定期提供各种行动的报告，例如，组织效率（Scott，1977）、汽车排放标准、医院死亡率、学术考试成绩（Scott & Meyer，1991）、财务业绩和CEO薪酬（Ocasio，1999；Porac et al.，1999）等。换句话说，具有组织属性的文本——包括书面和口头报告，以及其他象征性的沟通形式——很可能是为了确保和维持合法性而产生的；如果没有这些文本，组织就无法向组织内部和外部成员发出信号表明他们的活动是合法的。

2. 文本嵌入话语的过程

嵌入指的是文本被组织采纳和吸收的程度，成为标准化、分类化、泛化意义的一部分。嵌入的文本不再仅仅是一个特定的行为者网络的产物；它已经被转化为"一个事实——组织世界中现实的一部分"（Taylor et al.，1996：27）。换句话说，当一个文本被作为一种组织机制在各个情境中使用时，它就被嵌入了。这些特定的、被嵌入话语中的文本通过框定不同组织中行动者的理解和经验，塑造他们在社会中的行动方式，形成制度的规定性基础。

部分影响文本在话语中嵌入程度和范围的因素与文本生产者的特征有关（Taylor et al.，1996）：（1）话语合法性（Hardy & Phillips，1998），即文本生产者具有发言权或话语权（Hardy et al.，2000；Potter & Wetherel，1987）；（2）使用强制手段增加文本"粘性"，例如通过权力获得稀缺资源（Pettigrew，1973；Pfeffer & Salancik，1978）；（3）文本生产者在构成机构领域的组织网络中的核心地位（Galaskiewicz，1979；Nohria & Eccles，1992；Wasserman & Galaskiewicz，1994），可以更容易地将其文本传播给大量的其他行为者。另一类影响因素是文本的形式或体裁。体裁（Bakhtin，1986）是针对一系列反复出现的情况而采用的特定惯例，如信件、备忘录、会议、培训研讨会、简历和公告等（Fairclough，1992；Yates & Orlikowski，1992，2002），是组织互动的时间、空间和社会维度的重要方式（Yates & Orlikowski，2002），文本通过特定的体裁为其包含的信息和结构方式提供一个容易识别的模板。最后，一个文本与其他文本和现有话语的关系对该文本成为话语的可能性具有重要影响。在这方面，"互文性"（对其他文本的引用）和"互语性"（对其他话语的引用）提供了在文本的接受和解释中可以借鉴的资源（Fairclough，1995）。一个文本如果能关联其他文本，就更有可能对话语产生影响，而互语性（Fairclough，1992）则使文本能够借助其他话语来获得合法性和意义（Fairclough，1992；Livesey，2002）。通过生产一个能关联其他文本和话语的文本，生产者不仅塑造文本的解释方式，还提高了它被其他行为者采纳的几率。

9.3 组织战略话语研究

9.3.1 我国央企组织战略话语特征分析

图9-3展示了在语境特殊性和概念抽象性两个维度下，企业战略敏

捷性的四个象限（Brannen & Doz，2012）。处于象限 1 说明企业战略语言的语境特殊性和概念抽象性的程度都比较低，因此企业的战略敏捷性处于低水平。处于象限 4 说明企业战略语言的语境特殊性和概念抽象性的程度都比较高，这些企业通常具有明确的商业原则与人员管理规范，有丰富的概念和清晰的战略语言，并对所处环境保持高度敏感性，能够根据环境的变化及时调整战略，代表性企业如亚马逊、微软等。但是在实践中，大多数公司很少是平衡的组合，往往处在象限 2 或象限 3。处于象限 2 的代表性企业包括中小型创业型企业，在成长过程中会创造、形成自己的语言，这种语言往往在很大程度上是默契的，由一小部分相当同质的人共享，但是这些企业通常很难超越其原生环境和最初的业务领域。处于象限 3 的代表性企业往往有清晰的战略语言和具体的概念，但在进入其他业务领域时，很可能会对背景或环境视而不见。

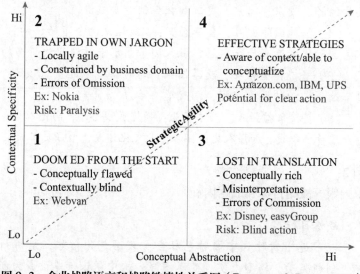

图 9-3　企业战略语言和战略敏捷性关系图（Brannen & Doz，2012）

　　我们从官网收集了我国国有四大银行的企业战略，从语境特殊性和概念抽象性两个维度对四大银行的战略语言进行分析，考察我国国企战略语言的战略敏捷性程度。

例 1:

中国工商银行战略目标和战略内涵 [1]

战略目标:

以**习近平新时代中国特色社会主义思想**为指导,坚持**稳中求进**总基调,贯彻新发展理念,推进治理体系和治理能力现代化建设,把中国工商银行建设成为具有全球竞争力的**世界一流现代金融企业**。

战略内涵:

(1)坚持**党建引领、从严治理**:坚持和加强党对金融工作的领导,深化治理体系和治理能力建设,提高决策科学性和治理有效性。

(2)坚持**客户至上、服务实体**:坚守实体经济本源,致力于满足人民群众对金融服务的新期待新要求,全力打造第一个人金融银行。

(3)坚持**科技驱动、价值创造**:以金融科技赋能经营管理,为实体经济、股东、客户、员工和社会创造卓越价值。

(4)坚持**国际视野、全球经营**:积极运用两个市场、两种资源,完善国际化发展布局和内涵,融入国家高水平对外开放新格局。

(5)坚持**转型务实、改革图强**:与时俱进推进重点领域和关键环节改革,向转型要空间,向改革要活力。

(6)坚持**风控强基、人才兴业**:强化底线思维,防治结合,守住资产质量生命线。加强人文关怀和企业文化建设,增强员工凝聚力。

例 2:

中国银行战略目标和战略内涵 [2]

战略目标:

以**习近平新时代中国特色社会主义思想**为指导,坚持科技引领、创新驱动、转型求实、变革图强,把中国银行建设成为新时代**全球一流银行**。实现战略目标分"三步走":到 2020 年我国**全面建成小康社会**之际,实现"发展基础进一步夯实,特色优势进一步扩大,体制机制进一步完善,综合实力进一步增强"。到 2035 年国家

1　来源:中国工商银行 2019 年 A 股年报。
2　来源:中国银行 2019 年 A 股年报。

基本实现**社会主义现代化**时，中国银行要实现从世界一流大行向世界一流强行的跨越，全面建成新时代全球一流银行。到 2050 年将中国银行打造成为社会主义现代化强国的金融重器，成为全球金融业的一面旗帜。

战略内涵：

——坚持**科技引领**。把科技元素注入业务全流程、全领域，打造用户体验极致、场景生态丰富、线上线下协同、产品创新灵活、运营管理高效、风险控制智能的数字化银行，打造新金融，构建新生态，建设新中行。

——坚持**创新驱动**。紧盯市场趋势和客户需求，加快推动技术创新、产品创新和业务创新，通过颠覆传统、打破常规的行动，在全球范围内成为优质金融服务的提供者、平台连接的缔造者、数据价值的创造者和智能服务的先行者。

——坚持**转型求实**。紧紧围绕实体经济需要和高质量发展要求，落实新发展理念，聚焦"三大攻坚战"，服务供给侧结构性改革，加快推进科技数字化、业务全球化、服务综合化、资产轻型化、机构简约化，切实防范金融风险，打造具有强大价值创造能力和市场竞争能力的高质量发展模式。

——坚持**变革图强**。强化忧患意识，保持战略定力，增强变革勇气，深入推进全行思想变革、机制变革和组织变革，汇聚起推动中国银行事业发展的磅礴伟力。

——坚持**党的领导**。加强党的领导，加强党的建设，全面从严治党，带动全面从严治行，完善治理体系，提升治理能力，为建设新时代全球一流银行提供坚强保障和战略支撑。

战略执行：

激发活力 敏捷反应 重点突破

在新时代全球一流银行建设征程中奋勇前行

例 3：

中国建设银行企业战略 [1]

1　来源：中国建设银行官网（访问日期：2021 年 1 月 1 日）。

本行致力于发展成为专注为客户提供**最佳服务**，为股东创造**最大价值**，为员工提供**最好发展机会**的国际一流银行。

本行计划将资源集中用于目标客户、产品和重点区域：

（1）客户。加强与大型企业客户的传统良好关系，关注电力、电讯、石油和燃气以及基础设施等战略性的龙头企业，以及与主要金融机构和政府机关的传统良好关系，并选择性地发展与中小企业客户的关系。在个人银行业务方面，大力提高来自高收入个人客户市场的收益，同时通过提供更具成本效益和规模经济效益的产品，巩固大众客户基础。

（2）产品。发展批发和零售产品，专注中间业务，包括支付和结算服务、个人理财业务和公司财务管理。积极发展本行的个人银行业务，专注住房按揭和储蓄产品多样化，并建立业内领先的信用卡业务。

（3）重点区域。重点发展长江三角洲、珠江三角洲和环渤海地区等经济较发达地区市场的主要城市，并加快发展中国内陆省份的省会城市。

例4：
中国农业银行战略目标和措施[1]

本行的战略目标是建设成为一家经营特色明显、服务高效便捷、功能齐全协同、价值创造能力突出的**国际一流**商业银行集团。

为实现战略目标，本行将实施以下措施：

（1）强化经营理念。在继续坚持价值创造、资本约束、成本约束、风险约束等现代商业银行经营理念的基础上，本行将着力推动从"以自我为中心"向"**以客户为中心**"转型，从"单一信用中介服务商"向"**全面金融服务商**"转型，从"重资本型业务"向"**轻资本型业务**"转型，以更好地适应经营环境变化。

（2）突出战略定位。本行将进一步突出"服务'三农'、做强县域，突出重点、做优城市，集团合成、做高回报"三大经营定位。

1　来源：中国农业银行官网（访问日期：2021年1月1日）。

继续巩固和扩大"三农"和县域业务阵地，强化和提升"三农"和县域优势；坚持有取有舍、有进有退做优城市业务，将稀缺资源配置到最能创造价值和效益的用途上；强化总与分、城与乡、境内外、行与司、业务间、线上与线下等六方面合成能力，将集团经营优势转化为最大化客户价值创造与财务回报。

（3）加快经营转型步伐。坚持服务到位、风险可控和商业可持续原则，突出做好"三农"重点领域金融服务，创新"三农"金融服务模式。通过强化对公客户基础、创新业务模式和营销方式、提高专业化服务能力等举措，加快推进城市对公业务发展转型。巩固并增强零售客户基础，积极拓展综合性个人金融业务，实现由零售大行向零售强行转变。积极介入战略新兴行业和现代服务业，加快探索建立与新经济轻资产特征相适应的有效金融服务模式，着力提升对新经济的服务能力。加快业务结构调整，大力发展投资银行、金融市场、资产管理、同业业务、托管业务、养老金融、私人银行等低资本消耗、高附加值的新兴业务。按照"互联网化、数据化、智能化、开放化"的思路，坚持以客户为中心，以金融科技和业务创新为驱动，推进产品、营销、渠道、运营、风控、决策等全面数字化转型和线上线下一体化深度融合，着力打造客户体验一流的**智慧银行**、"三农"普惠领域最佳**数字生态银行**。

研究发现（见表 9-3），在"语境特殊性"维度，工行和中行的程度较高，都立足"习近平新时代中国特色社会主义""国家高水平对外开放""全面建成小康社会""社会主义现代化"等具体情境，能够根据外部环境的要求，及时制定战略方案并做出战略决策；相比较而言，建行和农行在表达、阐释其战略目标和内涵时，没有提及当前企业所处的时代大环境，缺乏语境意识和敏感性。在"概念抽象性"维度，四大银行的程度都较高，采用了一系列精心设计的语言来进行表达和阐释，其中又以中行更为突出，创造了与企业发展目标相契合的富有新意的表达方式，考虑、理解并找到与其他情境的链接，建立与新的竞争环境的可能关系，聚焦企业的核心竞争力，促进战略延伸。

从分析结果来看，工行和中行处于企业战略语言和战略敏捷性关系图（Brannen & Doz，2012）的第 4 象限，即在战略语言和战略敏捷性之间维持了相对平衡的关系，企业具有明确的发展战略和规划，并通过合理阐释、精准表达将其融入企业的经营与发展中；企业对所处环境保持高度敏感性，能够根据环境变化及时调整战略。建行和农行处于第三象限，即企业拥有清晰的战略语言和具体的概念，但在进入其他业务领域时，环境敏感性相对较低，面对外界竞争环境的变化，及时调整战略部署和资源配置的能力还有待提高。

表9-3　我国四大国有银行组织战略话语对比

维度\企业	语境特殊性		概念抽象性		象限
	内容	程度	内容	程度	
工商银行	习近平新时代中国特色社会主义；国家高水平对外开放。	高	稳中求进，现代化建设，全球竞争力，世界一流，党建引领、从严治理，客户至上、服务实体，科技驱动、价值创造，国际视野、全球经营，转型务实、改革图强，风控强基、人才兴业。	高	4
中国银行	习近平新时代中国特色社会主义；全面建成小康社会；社会主义现代化。	高	全球一流，科技引领，创新驱动，转型求实，变革图强，新金融、新生态、新中行，优质金融服务的提供者、平台连接的缔造者、数据价值的创造者和智能服务的先行者，科技数字化、业务全球化、服务综合化、资产轻型化、机构简约化。	高	4
建设银行	无	低	最佳服务，最大价值，最好发展机会，国际一流，目标客户、产品、重点区域。	高	3
农业银行	无	低	国际一流，以客户为中心，全面金融服务商，轻资本型业务，服务到位、风险可控、商业可持续，智慧银行，数字生态银行。	高	3

语料来源：四大银行官网

9.3.2 话语影响企业组织战略实施解读

战略的核心是决策和资源分配的流程或顺序。这些决策包括重大的战略行动，如国际化、开拓新市场、业务多样化、收购等。在大多数公司，战略决策都经过广泛的讨论和辩论，往往由高层决策者用一种精心设计的语言来构思、制定、表达和审议。然而，公司的战略语言作为增长和战略敏捷性的促进因素或制约因素的重要性还没有得到广泛重视。战略敏捷性是指能够根据快速变化的竞争环境的要求，及时制定战略备选方案并做出有根据的、深思熟虑的决策。战略敏捷性要求对具体环境中出现的战略情况有敏锐的认识，并能从一般意义上对其进行概念化，以便能够构思、沟通和制定战略备选方案。企业语言的两个维度对战略敏捷性显得尤为重要：（1）语境特殊性：公司所使用的语言是否鼓励高管对市场、业务系统、能力领域或制度环境的细微特征具有语境意识和敏感性；（2）概念抽象性：要对该情境之外的可能的战略选择和决策进行深思熟虑，就需要有一定的概念抽象性，能够拉开一定的距离，考虑、理解并找到与其他情境的联系，并建立与新的竞争环境的可能关系模型，由一种概念上抽象的语言来支持——这种语言能以一种更广泛、更一般的方式来捕捉企业所要提供的核心能力，以促进战略延伸（Brannen & Doz，2012）。

在战略实施中，不同形式的言语交流将对战略理解、沟通以及整个实施过程产生不同的影响（Balogun et al.，2014）。后结构主义者将话语视为知识和权力的基础（Foucault，1972），对组织运营及绩效产生重要的影响。战略话语直接影响内部成员及外界看待组织战略甚至组织本身的方式（Lilley，2001）。Ezzamel & Willmott（2010）发现，公司高层管理者采用的战略话语不仅影响股东价值构建的表达效果与推动效果，而且对战略的具体实施及效果有至关重要的作用。由于话语具有较高的灵活性与模糊性，行动者可以通过话语形式控制战略进程，如通过模糊的话语引导组织成员支持管理层发起的战略项目，推动新项目的实现。Mantere & Vaara（2008）从批判性话语视角聚焦战略参与问题，发现成员参与和战略工作的性质密切相关，而话语不仅影响战略的生成与合法化，而且影响组织成员对战略的理解以及他们在战略实施过程中的角色分配。具体而言，"神秘化""纪律性""技术化"话语对组织成员的战略参与负相关，而"自我实现""对话交流""具体化"话语能够推动组织成员更积极地参与到战略实施过程中。组织话语积极与消极影响并存的事实对组织管理者及组织战略研究者均有重要的启示意义。

  战略话语研究在语言转向的影响下发展迅速，进一步聚焦战略化的话语过程，将战略话语分析与行动者的情绪（Liu & Maitlis, 2014）、目标导向行为（Kwon et al., 2014）、主观决策（Dameron & Torset, 2014）等认知性特征联系起来，强调战略话语模糊性（Abdallah & Langley, 2014）、主观性（Dameron & Torset, 2014）、动态性（Liu & Maitlis, 2014）、权力性（Hardy & Thomas, 2014）等关键特征对战略计划、生成及实施过程的影响。鉴于以往研究较少关注认知因素对战略话语构建过程的影响，Liu & Maitlis（2014）以观察战略话语互动中的情绪呈现为基础，探讨情绪动态对高管团队战略塑造的影响。研究发现，战略话语中的情绪动态在情绪类别、呈现顺序及形式等方面存在差异，与之相伴的战略形成过程在问题提出、探讨、评估以及最终决策等方面存在差异，而团队关系动态是连接情绪动态与战略形成过程的关键机制，同时其关联也受到问题紧迫性的影响。以往研究肯定了战略规划文本模糊性对包容分歧性视角、达成战略一致性的推动作用，却未充分探讨这种模糊性对战略话语接受或战略计划实施的内在作用机制。基于这一不足，Abdallah & Langley（2014）识别出战略文本中三种主要的模糊性，并探讨这些特征如何引发组织成员对战略话语的不同接受形式。研究表明，战略话语的模糊性促使组织成员对战略形成各自的阐释，但从长时间来看，战略话语的模糊性将导致内部矛盾及战略计划的过度延伸。因此，这种模糊性是一把"双刃剑"。这些研究在总结回顾已有战略话语研究的基础上深化了对战略话语特征、性质、构建过程及其前因后果的认识与探索，并通过呈现最新研究成果为未来研究指明方向（Balogun et al., 2014），对战略话语研究具有继往开来的重要意义。

9.4　组织身份话语研究

9.4.1　我国央企组织身份话语特征分析

组织身份话语研究是指用话语分析来探讨身份的话语建构。身份与组织相关联，因为组织不仅是构建身份的环境，而且身份也是"建立更大的、更易识别的'社会'或'机构'身份的材料"（Antaki & Widdicombe，1998b：10）。组织身份话语分析通过将集体身份置于成员间使用的语言中，探讨可观察到的语言实践以及这些实践对社会关系和行动的影响（Potter & Wetherell，1987）。

本研究以我国四大国有银行为研究对象，从其官网收集与组织身份构建相关的内容以及公司 A 股年报（2019），从中提取出"公司定位""经营理念""愿景""宗旨""核心价值观"等内容（见表 9-4），通过定性的内容对比分析，归纳出我国四大国有银行的组织身份话语特征。

表 9-4　我国四大国有银行组织身份话语对比

四大银行组织身份话语	工商银行	中国银行	建设银行	农业银行
公司定位	世界领先大银行，"百年老店"，"大行工匠"	中国持续经营时间最久的银行，国家外汇外贸专业银行，中国全球化和综合化程度最高的银行	中国领先的大型股份制商业银行	中国主要的综合性金融服务提供商之一
经营理念	以服务创造价值	追求卓越	以客户为中心、以市场为导向	以市场为导向，以客户为中心，以效益为目标

（续表）

四大银行组织身份话语	工商银行	中国银行	建设银行	农业银行
愿景	打造"价值卓越、坚守本源、客户首选、创新领跑、安全稳健、以人为本"的具有全球竞争力的世界一流现代金融企业	激发活力、敏捷反应、重点突破，在新时代全球一流银行建设征程中奋勇前行	建设最具价值创造力的国际一流银行集团	建设经营特色明显、服务高效便捷、功能齐全协同、价值创造能力突出的国际一流商业银行集团
宗旨	提供卓越金融服务——服务客户、回报股东、成就员工、奉献社会	建设现代化经济体系、实现中华民族伟大复兴的中国梦、实现人民对美好生活的向往	为客户提供更好服务，为股东创造更大价值，为员工搭建广阔的发展平台，为社会承担全面的企业公民责任	面向"三农"，服务城乡，回报股东，成就员工
核心价值观	工于至诚，行以致远——诚信、人本、稳健、创新、卓越	担当、诚信、专业、创新、稳健、绩效	诚实、公正、稳健、创造	诚信立业，稳健行远

（语料来源：四大银行官网以及 2019 年 A 股年报）

　　研究发现，在公司定位方面，工商银行巧妙地用了两个口语化的表达："百年老店"和"大行工匠"，突显工行在业界的地位和专业化程度；中国银行用了两个"最"："经营时间最久""全球化和综合化程度最高"，强调其悠久的历史和业务范围；建设银行聚焦"股份制"特点；农业银行强调其"综合性"。在经营理念方面，四大银行的侧重点各有不同，工行强调"服务"，中行"卓越"，建行"客户"和"市场"，农行"市场""客户"和"效益"。在愿景方面，中行通过一系列修饰语，构建出"世界一流现代金融企业"的形象；中行通过一系列战争隐喻，如"激发""敏捷""突破""征程""奋勇前行"等，突显公司"全球一流"的战略定位和行动力；建行通过"最具价值创造力""国际一流"等最高级表达，强调其竞争力；农行用四组名词加形容词的名词性短语构成排比结构，强调其"国际一流银行集团"的定位。分析发现，四大银行构建的身份各有特色，工行是要打造"现代金融企业"，建行是"银行集团"，农行是"商业银行集团"，只有中行仍然是使用"银行"这一表达。相同点是四大银行都聚焦全球业务布局，且都瞄准一流水平。说明我国国有银行雄厚的实力和长远的战略眼光。在宗旨方面，除了中行的表达比较宏观抽象外，其他三家银行都全面涵盖了客户、股东、员工、社会这四大利益相关方。在核心价值观方面，四大银行都不约而同选择了"诚信 / 诚实"和"稳健"，除了农行外，其他三家银行还包含了"创新 / 创造"，工行在此基础上还增加了"人本"和"卓越"；中行增加了"担当""专业"和"绩效"。

组织身份的构建促进了组织成员对组织的核心、持久和独特属性的趋同信念（Albert & Whetten，1985）的集体认同，集体身份会通过语言实践潜移默化地影响员工的认知理念和行为方式，进而对组织的绩效和发展产生重要影响。通过对四大国有银行身份话语的对比分析，我们发现，国企组织身份话语与企业的发展阶段以及社会情境息息相关，体现出新时代改革开放的显著成效和巨大成果，带有鲜明的时代烙印。另一方面，企业被视作一个动态发展的有机体，而不是一个离散的实体，企业的成长、发展与利益相关方密不可分；企业的核心价值观对促进集体身份认同至关重要。

9.4.2　话语影响企业组织身份认同解读

身份构建的过程是复杂的，涉及语言、互动、故事和话语的重叠和交织影响；话语约束和行动之间的关联；行为者之间的谈判与协商；更广泛的制度形式在当地谈话中的基础；身份作为这些过程的资源和结果的方式。身份的建构对组织有着重要的影响。第一，组织是身份建构的一个环境，个人的组织身份是众多身份类别中的一种，而个人的组织身份就是由这些身份类别所构成的。第二，与特定组织相关的集体身份与个人身份一样，是在语言和其他话语行为中形成的。第三，身份和组织相互牵连：随着身份的形成，组织也在形成，因为局部或地方意义被放大和对象化。

组织身份话语探讨话语研究的四个主要领域——语言、会话、叙事和互语性对身份构建的作用。对语言的研究是话语分析不可或缺的一部分——不是作为一种透明的、反思性的交流形式，而是作为一种有情境的、可解释的现象，用于建构社会现实，包括身份。此类研究以 Saussure（1993）的理论为基础，将语言概念化为一个关系差异系统：词语的意义不是来自于与所指的关系，而是来自于与其他词语的关系。基于这一理论，话语研究者们探讨语言分类过程如何构建身份，以及这些被构建的身份与其他身份的差异（Gergen，2001；Wodak，1996）。然而，索绪尔语言学关注的是作为抽象系统的语言，而不是"使用中的语言"及其社会背景（Kress，2001）。语言的使用方式和使用的社会语境对于组织身份的话语研究尤为重要。这些研究探讨了基于组织的身份认同构建，以及身份认同的构建如何受到组织语境的影响。在组织语境中，其他社会身份认同，如性别和种族，是重叠的，反映和体现了社会群体之间的权力差异。

会话分析（Schegloff et al.，1996）和人种学（Garfinkel，1974）的研究将身份认同看作是社会互动的结果之一（Antaki & Widdicombe，1998a），关注会话的参与者如何理解并共同促成他们之间的社会互动，以发现"参与者如何在轮流谈话中相互理解和回应，并重点关注互动话轮如何产生"（Hutchby & Woolfitt，1998：14）。传统的会话分析通过识别会话结构，例如话轮转换、谈话的开场和结束（Sacks et al.，1974），或者说话者是否以暗示特定身份或活动的方式进行指代（Pomerantz & Fehr，1997），来研究某些身份或关系影响社会互动的方式。还有一些研究者更广泛地致力于谈话中的互动（Hutchby & Woolfitt，1998；Psathas，1995），以及社会秩序是如何通过谈话的组织方式实现的（Jaworski & Coupland，1999）。

叙事是一种话语资源（Gergen，1994），用于理解经验（Riessman，1990），包括自我的意义和与他人的关系。因此，身份认同是在人们讲述的关于自己的故事中建构起来的（Lieblich et al.，1998）。个人故事不仅仅是"告诉别人自己生活的一种方式，还是塑造身份的手段"（Rosenwald & Ochberg，1992：1），这类故事是一系列相关事件或连贯主题的合理结果（Gergen，1994）。Bourdieu（2000）认为，这样的叙事是一种"修辞幻觉"，目的是为了符合文化对自我理性、一致和统一的期望。在建构自我身份的特定版本时，行为人也建构了他人的身份（Davis & Harré，1990）。此外，由于叙事被更普遍地用于解释、归因等目的，个人和组织的身份都被建构起来（Boje，1995；Cobb，1993）；一个由不同的身份和它们之间的关系构成的"图式世界"（Kitchell et al.，2000）出现了（Gergen，1994）。因此，叙事对身份研究尤其重要，因为它们作为社会行动的一种形式，有助于构建自己和他人的身份。但是，并非所有行为者都有机会讲故事，或者即使有机会讲故事，也并非所有的叙事对特定背景下正在进行的社会关系具有同等的影响力。

互语性是指"在话语实践中创造性的看似无限的可能性"（即文本的生产、分配和消费），以及一个语际事件与话语秩序（或大话语）的关系方式（Fairclough，1995：134）。Foucault 将研究的范围从对文本的关注拓展到语言之外的内容。Tretheway（1999）的研究探讨了 Foucault 关于身体作为权力场所的概念，以及性别话语和组织话语的交叉如何造成一个复杂的话语场。她研究了妇女如何在组织中构建自己的具体身份，即她们如何以常规方式管理和控制自己的身体，以获得职业身份。在工作中暴露身体的"女性化"特征是要冒着被赋予性别而非职业身份的风险，尽管妇女仍然必须以适当的女性化方式进行着装。因此，女性体现身份的专业性是他人监督和判断以及自我管理的产物。Hardy et al.（2000）展示了管理者如何通过话语手段将一个组织的身份从一个"国际"非政府组织转变为一个"地方"组织（再转变回来）。他是通过一系列的话语"声明"来实现的。他引入了新的本土化话语，并越来越多地使用当地的符号和关于本土化的叙事，采取基于之前话语情境的行动。例如，当地非政府组织的概念在这一特定的背景下得到了很好的体现；管理者占据了主体地位和话语权，所使用的符号和叙述在各行为者中得到了普遍的认可。他的活动有助于将现有的组织与一个新的概念——地方非政府组织——联系起来，从而创造了一个新的对象，但这只是因为他的行动在更广泛的话语环境中具有意义。

9.5 组织变革话语研究

9.5.1 我国央企组织变革话语特征分析

"通过随时间推移的情境中的事件序列将后果与前因联系起来的叙事建构似乎与理解复杂的组织变革过程的展开特别相关"（Buchanan & Dawson，2007：672）。在构建和传播变革叙事的过程中，一个关键的话语实践是对话（Buchanan & Dawson，2007；Ford & Ford，1995，2008；Marshak & Grant，2008；Robichaud et al.，2004）。传达与组织变革有关的叙事的对话往往具有故事性。也就是说，它们可能会唤起一个情节，在这个情节中，人物扮演着叙述者经历过的或希望发生的关键事件。叙事将情节凸显出来，试图将事件联系在一起，并使人们能够更好地理解一个事件与其他事件的关系（Czarniawska，1998；Polkinghorne，1988）。叙事或故事情节对实现组织变革至关重要，它们传达了支持变革或稳定的主流或预期理由。要改变意识、思维方式或社会协议——例如关于女性在组织中的作用，或关于等级结构，甚至关于组织中如何发生变革的问题——就需要挑战或改变目前和（或）历史上掌权者所认可的主流叙事、故事等（Marshak & Grant，2008：14）。

Beattie et al.（2004）提出一个企业年报自愿性信息披露叙事分析四维框架（见图9-4），包括文本单元的叙事主题以及三种叙事类型属性：时间导向、财务导向和数量导向。具体而言，提出的叙事信息披露框架包括六种分析形式：单向主题分析；九个独立的单向子主题分析；三个类型维度中每个维度的单向分析；双向交叉类型分析；三方交叉类型分析；主题／类型互动的完全四向分析。

本研究采用自愿性信息披露叙事分析框架，通过对我国央企组织变革话语特征的分析，探讨央企年报话语在组织变革过程中的作用。我们选取中国工商银行从2010—2019年这十年的A股年报作为研究语料，采用语料库分析工具Lancsbox 4.5和定性的内容分析方法，呈现组织变革话语构建过程的关键点及其内在逻辑，考察年报组织变革的叙事主题以及三种叙事类型属性：时间导向、财务导向和数量导向之间的互动关系。

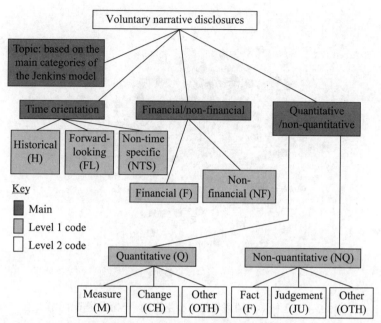

图 9-4　自愿性信息披露叙事分析编码方案结构图（Beattie et al.，2004：217）

　　根据工行官网发布的企业发展历程的数据，我们将这十年按照业务发展情况划分为两个阶段：第一阶段（2010—2014），全球业务拓展期，电子银行业务发展迅速；第二阶段（2015—2019），大力发展数字金融、普惠金融，关注可持续发展和企业社会责任。

　　语义网络搭配分析显示，以改革为关键词提取高频语义搭配词发现，第一阶段与第二阶段的"改革"语义搭配网络高频词发生显著变化：第一阶段的改革重点在市场和管理；第二阶段改革重点转向结构和体制，金融改革向纵深发展。

　　工行第一阶段年报中，组织变革的叙事主题共出现 365 次，其中，"改革"185 次，"变化"98 次，"转变"33 次，"转型"31 次，"变革"9 次，"改变"9 次。与主题词"改革"共现的高频词共 72 个（见图 9-5），按频次从高到低分别是：市场（25）、中心（23）、管理（23）、推进（21）、利率（21）、集中（19）、深化（18）、金融（18）、发展（14）、加快（13）、利润（10）等。

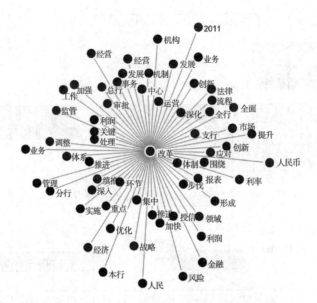

图 9-5　工行第一阶段年报叙事主题词"改革"搭配网络

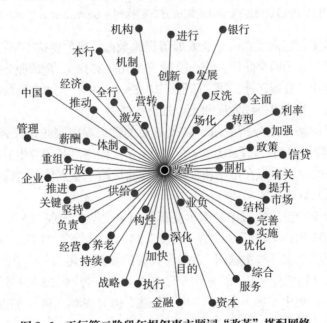

图 9-6　工行第二阶段年报叙事主题词"改革"搭配网络

工行第二阶段年报中，组织变革的叙事主题词"改革"共出现 182

次。与其共现的高频词共 63 个（见图 9–6），按频次从高到低分别是：
（结）构性（33）、金融（25）、发展（23）、创新（22）、政策（20）、
市场（19）、体制（18）、供给（18）、薪酬（15）、深化（14）、经营（14）、
管理（13）、转型（12）、推进（12）、持续（12）等。

我们通过 Lancsbox 的 KWIC 功能进一步考察主题词在语境中的使
用情况，依据自愿性信息披露叙事分析框架（Beattie et al., 2004：217）
的三个类型维度 12 个指标，得到以下发现（见表 9–5）：

表 9–5　工商银行年报组织变革话语叙事分析

指标	语料	工行第一阶段年报（2010—2014）		工行第二阶段年报（2015—2019）	
		频次	叙事内容	频次	叙事内容
时间导向	历时性	133	过去的一年，去年，一年来，当前，报告期内，上市以来等	104	完成，回顾过去一年，这一年，一年来，报告期内等
	前瞻性	41	将，进一步，制定实施未来十年人才发展和未来五年干部制度改革规划纲要，未来三年等	39	继续实施，将，实施"十三五"规划，展望，站在新的历史方位和时间坐标下等
	无明确时间 [5]	11	改革发展，改革创新，推动改革等	42	持续推动改革创新和经营转型，内部审计部分紧密围绕全行改革发展战略，印章综合改革项目等
财务导向	财务性	54	利润中心改革，人民币汇率形成机制改革，全行报表集中改革，金融监管改革深化，利率市场化改革等	13	利率市场化改革步伐加快，票据和同业业务改革，为本行重组改革目的而进行评估的固定资产，持续深化资本管理改革等

1　"时间导向"中的"无明确时间"指标，主要涉及长期性、持续性措施，企业社会责任，内部控制，公司治理，董事会工作情况，固定资产等。

（续表）

指标 ＼ 语料		工行第一阶段年报（2010—2014）		工行第二阶段年报（2015—2019）	
		频次	叙事内容	频次	叙事内容
非财务性		131	后台集中改革，管理体制改革，分层营销体系改革，改革发展目标，业务运营体系改革，机制与流程改革，深化干部制度改革等	172	顺应养老保障体制改革进展、积极开拓市场，完成网点运营标准化改革，深化金融供给侧结构性改革等
数量导向	数量导向 措施	6	业务集中处理改革已推广到全行70%的机构，在14家一级分行组织实施法律事务管理体制改革等	5	在已启动机关事业单位养老保险改革的38个中央和省（区/市）中，本行在26个地区实现省级账户开立，地区覆盖率达68%等
	改变	11	人民币兑美元汇率全年升值3.1%，利润中心增加至6个，把利润中心改革范围扩大到6条产品线，已实施改革的8条重点产品线利润同比增长超过20%，柜面对公非现金业务集中处理比例达到97%等	4	坚持改革创新，全年新增个人客户4000万户，创近年来最好水平，线上平台用户超过4亿户等
	其他	0	无	0	无

（续表）

指标		语料	工行第一阶段年报（2010—2014）		工行第二阶段年报（2015—2019）	
			频次	叙事内容	频次	叙事内容
非数量导向		事实	131	业务运营、后台集中改革，金融监管改革推进，推进分层营销体系改革，全面深入推进县域支行改革，深化人事制度改革等	127	完成分支机构组织架构改革，利率市场化改革取得关键性进展，有序推进涉敏业务合规审查机制改革等
		判断	10	国际金融体系与监管改革加快，金融体制改革将取得重要进展，危机是改革的契机，有利于推动金融行业的市场化改革等	17	我国经济长期向好的基本面和改革发展的新推动，国家新一轮对外开放和深层次金融改革将不断拓宽本行国际化、综合化发展道路等
		其他[6]	27	推进分层营销体系改革，紧密围绕改革发展目标，应对改革挑战，实现改革创新等	37	银行必须加快改革创新，坚定推进金融市场化改革等

语料来源：2010—2019 年工商银行年报

　　分析显示，工行始终将"改革"作为企业发展的重中之重。例如，将 2014 年定为"改革年"，围绕市场和客户需求导向，强化改革的顶层设计，统筹推进八大领域改革；2019 年年报中增加"战略目标和战略内涵"的内容，其中，在"战略内涵"中提到"坚持转型务实、改革图强"，指出"与时俱进推进重点领域和关键环节改革，向转型要空间，

1　"非数量导向"中的"其他"指标，主要涉及未来的规划、措施、对诸如"改革创新"等概念的抽象化解释等。

向改革要活力"，在董事长致辞中提到"2019 年是本行改革发展的奋进之年、收获之年"。

通过对两个发展阶段的组织变革话语对比分析发现，在第一阶段（2010—2014），工行年报采用的变革话语较为多样化，包括诸如"改革""变化""转变""转型""变革""改变"等多种表达。在时间导向维度，以回顾过去一年的改革措施与成绩为主，辅之以对未来的展望和规划；在财务导向维度，以非财务性叙事为主，全面涵盖各层各级改革；在数量导向维度，以非数量导向为主，叙事重点在于陈述事实，展示改革的成果和取得的成就，而前瞻性内容，如对形势的判断、未来的规划、抽象性概念的解释等相对涉及较少。

在第二阶段（2015—2019），工行年报的变革话语进行了规范化，统一采用"改革"这一表达，显示出管理层对组织变革话语标准化、规范化的重视，也从侧面反映了改革在企业发展过程中已上升到战略地位，具有举足轻重的作用。在时间导向维度，同样以回顾过去一年的改革措施与成绩为主，但值得注意的是更加侧重企业发展的长期性和可持续性，在企业社会责任、内部控制、公司治理、董事会工作情况等方面开始更多地进行变革；在财务导向维度，相对于第一阶段年报，第二阶段年报的非财务性叙事比重加大，涉及面更广，体现出决策者通过变革话语反映并影响企业绩效、声誉、规划等方面的倾向；在数量导向维度，以非数量导向为主，叙事重点依然在于陈述事实，但一个比较明显的变化是非数量导向中的"其他"指标比重上升，意味着这个阶段的年报开始更多地关注企业未来的规划和措施，以及对一些关键概念的抽象化或模糊化解释。由于话语具有较高的灵活性与模糊性，行动者可以通过话语形式控制组织变革进程，如通过模糊的话语引导组织成员支持管理层发起的改革项目，推动新项目的实施。

9.5.2 话语影响企业组织变革解读

组织变革话语是由话语的生产者、使用者以及参与这些话语的各种对话者和读者共同构建的（Ybema et al., 2009），是为了达到对预期受众的特定影响而构建的一种表征，因此也是组织变革过程中不可缺少的一部分。为了对预期受众（即那些负责实施和实践变革的人）产生必要的影响，变革推动者需要精心设计、不断反思，并在必要时调整他们的语言。从本质来看，话语影响了人们思考的方式，即他们如何与自己对话，从而影响他们的行为方式；反之，人们行动和思考的方式又影响了他们的话语。因此，诸如叙事、隐喻、修辞、印象管理、归因等话语手段往往会发挥重要的或意想不到的作用（Fairhurst & Sarr，1996；Harvey，2001；Walker & Monin，2001）。

关于组织和组织变革的基本假设是通过话语来创造、维持，并随着时间的推移而转变的（Barrett et al.，1995）。事件的框架和谈论方式在塑造变革者、受影响的员工和其他利益相关者如何思考和应对与组织变革相关的问题或情况方面起着重要作用。Grant & Marshak（2011）提出以话语为中心的组织变革框架的相互关联的六个方面（见图 9-7），强调考虑和理解话语在规划、实施组织变革中的重要性和必要性。该框架由迭代的、相互关联的关系和过程以及线性的、顺序的关系和过程组成。

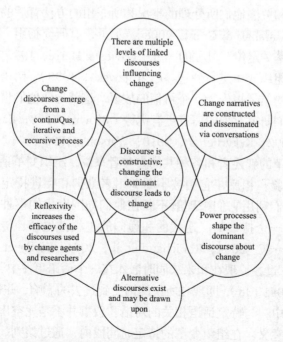

图 9-7　话语与组织变革分析框架（Grant & Marshak, 2011）

组织变革的推动者对话语在变革进程及结果方面的重要性的认识将会使其意识到，在社会制度中实现变革的一个主要方式是改变现行的话语体系。改变话语涉及改变对话、叙事以及其中的文本，这些对话和叙事创造、维持组织的现状并为其提供相关内容和背景。这在本质上增加了"话语"在多个层面上作为组织变革的重要目标和杠杆，并要求变革者进一步反思他们在组织变革中所说和所听到的内容。特别是，变革推动者需要对不同话语的出现保持敏感，并在必要时以有利于变革进程的方式对这些替代性话语作出回应，甚至借鉴和运用这些替代性话语（Ford et al.，2008）。论证、修辞以及其他与印象管理和影响策略相关的语言和符号学手段的概念可能都会发挥作用（Dutton et al.，2001；Fairhurst，2007；Fairhurst & Sarr，1996；Harvey，2001；Walker & Monin，2001）。

考虑到权力和话语之间的相互构成关系，变革推动者还需要反思变革的话语，以及这些话语如何指示和影响他们及其试图影响的人之间的权力关系，以及其他关键行为者之间的权力关系。换句话说，变革推动者需要认识和关注他们所处理的情况和所采用的方法背后的组织权力和政治进程（Marshak & Grant，2008）。另外，有研究指出，组织变革话语的研究者是"定位"过程的一方（Davies & Harré，1990），他们和被试者共同对组织变革进行叙述（Czarniawska，1998）。话语分析要求研究者将他们的结果报告为一个可信的故事，这就导致他们报告的事件版本可能比他们研究对象的声音更有优势（Brown，1998；Easley，2010；Knights，1992；Kykyri et al.，2010；Watson，1995）。

对于变革的叙述者和各种共同参与者来说，组织变革话语不是"一次性"的经验。相反，它们被不断地用来维护和促进特定群体或个人的利益，人们利用它们来理解不断在他们周围发生的事件。多层次的话语是作为一个持续的、迭代的和递归的过程被生产、传播和消费的（Grant & Hardy，2004；Robichaud et al.，2004；Taylor et al.，1996）。这意味着，"过去、现在和未来同时嵌入在一个话语事件中"（Keenoy & Oswick，2004：138），即现在所说的话受到过去的影响，并将影响未来。在这个过程中，与特定话语相关的对话和叙事并不是凭空出现，而是被赋予特定的意义。在组织变革的特定时间段内，通过谈判、权力和各种政治进程，它们所传达的意义以及它们所构建的社会现实、协商和思维都会出现和改变（Grant & Hardy，2004；Mumby，2004）。

任何基于话语的变革框架都必须包括对反复性和动态性的理解。以往的组织话语研究都是相对静态的，没有充分意识到这种反复性和递归性的意义及其发挥作用的实际过程。Brown & Humphreys（2003）的研究试图表明，随着时间的推移，组织变革是如何由参与者叙述中的变化构成的。同样，Vaara et al.（2002）的研究表明，变革的含义和话语不是固定的，而是由关键行为者在对变革本身进行反思、解释和反应时改变的。其他学者如 Rhodes（2001）则表明，在一段时间内，与组织变革相关的特定意义和话语如何成为主导，并通过管理层认可的行为和价值观，成为工作场所的一种社会控制手段。

相关研究已经证实，与组织变革相关叙事的构建以及通过对话进行的沟通，对人们思考、描述和理解变革的方式具有重要意义。同样，组织变革推动者和研究者在共同创造话语现实中的作用也得到了加强。话语的反复性、迭代性和持续性导致了随着时间的推移而发生的改变，这对于理解组织变革的本质同样意义重大。

第四部分
微观经济话语

第 10 章
企业家话语研究

10.1　企业家风险话语定量分析

10.1.1　CEO 风险话语评价模型构建

李琳和王立非（2017）考察英美 CEO 风险话语，将评价系统（Martin & White，2005）、立场理论（Conrad & Biber，2000）、评价参数框架（Bednarek，2006）、概念隐喻（Lakoff & Johnson，1980）和语义韵（Louw，2000）相结合，提出三维话语评价特征框架，涉及功能评价标记语、隐喻载体词、语义韵搭配 3 类评价特征，涵盖功能评价、隐喻评价、语义韵评价 3 个不同维度，CEO 风险话语中的功能评价标记语包括 5 类：判别标记语、鉴赏标记语、确定性标记语、可能性标记语、预期性标记语。CEO 风险隐喻载体词根据 Wmatrix 中的 21 类语义源域分类（Rayson，2012），具体包括 7 类：战争、身体或疾病、天气或地理、建筑或房屋、物体设备或材料、测量、食物，考察 CEO 使用源域认知目标域风险的种类。CEO 风险话语语义韵搭配包括积极、消极、中性语义韵三类。

本研究聚焦 CEO 风险话语，风险话语反映 CEO 风险认知，从而影响企业绩效。CEO 风险认知指企业 CEO 受社会、文化以及个人经历等因素的影响，通过对客观风险的感受，主观上形成对风险的认识，并做出判断和评价。本研究采用"企业风险决策特征"和"CEO 人口统计特征"两类变量作为构成"CEO 风险认知"构念的潜在变量，考察 CEO 风险认知。企业风险决策特征采用 3 类通用指标（Lewellen，1971：525）：（1）净资产收益率（Return on Equity，ROE）波动率；（2）多元化程度；（3）资产负债率。CEO 人口统计特征采用 3 类指标（Pavic & Vojinic，2012：172）：（1）继任年龄；（2）家庭成员；（3）教育背景。

1. 研究问题

本研究回答以下 3 个问题：（1）CEO 风险话语中评价特征的分布有何特点？（2）评价特征是否能够预测 CEO 风险认知？（3）如何解读评价特征对 CEO 风险认知的预测力？

2. 研究语料

本研究的语料来自 12 个不同行业的 56 家英美知名企业 CEO 风险话语，包括每位 CEO 在企业年度报告中"CEO 致股东信函"和"风险因素分析"两部分文本，且时间都在 2000 年之后，每位 CEO 至少包含连续 3 年以上的语料。建立总容量为 2,658,991 形符和 24,037 类符的 CEO 风险话语语料库，考察 CEO 风险话语中的 3 类评价特征，包括功能评价标记语、隐喻载体词和语义韵搭配。

3. 研究方法

本研究使用的工具包括语料库工具 Tree Tagger 3.0、BFSU Power Conc 1.0 Beta 2.0、BFSU Qualitative Coder1.1、Wordsmith，语义赋码工具 Wmatrix 和结构方程软件 A- MOS17.0（吴明隆，2010）。

首先，运用语料库工具 Tree Tagger 3.0、BFSU Power Conc 1.0 Beta 2.0、BFSU Qualitative Coder 1.1 进行语料标注、检索、提取体现 CEO 风险认知的功能评价标记语。其次，运行 Wmatrix 选定目标域检索词。根据 MIPVU 从语料中识别与检索词相关的隐喻载体词（孙亚，2013），再运用 Wmatrix 的语义赋码功能标注隐喻形符的源域并归类，总结出风险隐喻。再次，运用 Wordsmith 提取节点词 risk（s）的显著搭配词，以这些显著搭配词组作为节点词，寻找搭配词所呈现出的语义韵特征。分别统计 56 位 CEO 风险话语中功能评价标记语、隐喻载体词和语义韵搭配的出现频率，运用 AMOS 软件进行结构方程建模，以 3 类评价特征为自变量，考察其对"CEO 风险认知"的预测力。因变量为高阶因子构念"CEO 风险认知"，分别由"企业风险决策特征"和"CEO 人口统计特征"两个二阶潜在变量构成，"企业风险决策特征"潜在变量分别由 3 个可观测变量构成，包括 ROE 波动率数据、多元化程度数据、资产负债率数据；"CEO 人口统计特征"潜在变量分别由 3 个可观测变量构成，包括继任年龄数据、家庭成员数据、教育背景数据，生成结构方程模型。

10.1.2　CEO 风险话语评价指标解读

模型经过多次修正，与实际观察数据的适配情形良好，收敛效度佳。所有可观测变量的因子负荷量均介于 0.30~0.95 之间，模型的基本适配度良好。在整体模型适配度检验方面，绝对适配指标、增值适配指标与简约适配指标统计结果显示，除 GFI 值和 AGFI 值之外，多数适配指标达到模型可接受的标准，模型适配度的卡方值等于 175.46，显著性概率值 $p=0.35>0.05$，理论模型与实际数据基本契合。

标准化估计值的模型图（图 10–1）显示，3 类评价特征中的 15 个可观测指标进入模型，反映 CEO 风险认知。CEO 风险认知的 6 个可观测变量进入模型，CFA 模型绝对拟合指数中的卡方自由度比（CMIN/DF = 1.04）小于 2，p 值大于 0.05，模型拟合度较好。GFI 值接近基准线（GFI=0.80），RMSEA 值小于基准线（RMSEA=0.03）。上述指标基本达到模型适配标准，经测量误差修正后，假设模型与观察数据能适配。

研究结果显示，三维评价特征对"CEO 风险认知"都有一定的预测力，3 类自变量共能解释因变量 35% 的协变，协方差值 $R^2=0.35$。其中"功能评价"的回归系数最高（0.52），说明"功能评价"对"CEO 风险认知"的直接预测力最强，CEO 直接使用大量评价性词语，表达对风险及企业风险管理等方面的态度。这一回归系数为正，说明 CEO 使用功能评价标记语的频率越高，对风险的认知程度越低，行为决策上越趋向于冒险。

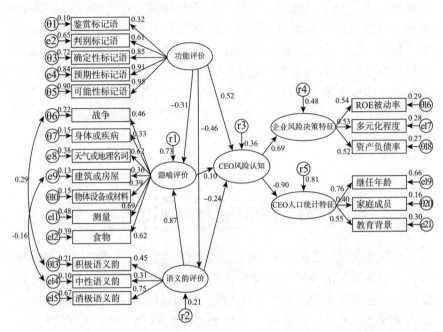

图 10-1 "三维评价特征与 CEO 风险认知"结构模型（李琳、王立非，2017：10）

"隐喻评价"和"语义韵评价"的回归系数偏低，"隐喻评价"对"CEO 风险认知"的直接效应为 0.10；"语义韵评价"对"CEO 风险认知"的直接效应为 0.24，说明二者对"CEO 风险认知"的直接预测力较弱，原因可能是概念隐喻和语义韵均为隐性评价，其影响是间接的，因此较弱，从而验证了 3 类评价特征的分布特点。"隐喻评价"是通过源域和目标域之间的映射，借助要素之间的共性，用其他事物或概念来表达 CEO 对风险的认知，是一种隐性和弱化的评价手段。这一回归系数为正，说明 CEO 使用概念隐喻的频率越高，对风险的认知程度越低，行为决策上越趋向于冒险。"语义韵评价"是通过节点词显著搭配词组所形成的语义趋向来隐秘的表达 CEO 对风险的认知。这一回归系数为负，说明 CEO 使用语义韵的频率越高，对风险的认知程度越高，行为决策上越趋向于规避风险。

统计结果显示，三维评价特征直接或间接地反映 CEO 风险认知，原因可以通过印象管理理论得到合理解释。语言信息为投资者提供了决策增量信息，而信息的接受者对信息的认知具有选择性。印象管理正是企业管理层利用语言信息的特点和相应法律法规不完善之处，有意识地操纵语言信息披露的内容和形式，试图控制企业信息接受者对企业的印象，从而最终影响他们的投资决策（赵敏，2007）。

三维评价特征反映 CEO 风险认知的原因可以从三个方面来解读：

首先，功能评价反映 CEO 风险认知。以 CEO 为代表的企业管理层在陈述风险相关信息时，会慎重选择信息传递策略，如，在信息披露过程中，使用积极话语评价资源描述企业风险管理，褒奖企业核心竞争能力，以不断提升企业的市场价值，通过一定的印象管理行为美化企业形象；使用消极话语评价资源描绘风险多变、难以预测，强调或夸大风险的不可抗力，推卸风险管理失败的责任，达到影响投资者及其他一切利益相关者的判断和决策的目的。因此，CEO 在评价企业风险管理政策、风险管理文化、风险评估、风险监控、风险信息沟通时，多使用积极话语评价资源，如 "well-established risk governance" "dedicated global risk function" 等；在评价企业所面临的风险和风险状况时，多使用消极评价，如 "heightened risk profile" "risk is asymmetrical" 等。可见，CEO 在承认企业面临各种内外部风险，承认风险 "严重" "不对称" 的情况下，通过对企业风险管理、控制的积极性评价，努力创造积极成功的企业风险管理形象。

其次，隐喻评价反映 CEO 风险认知。隐喻的使用可以支配思想和行为，CEO 使用隐喻表达思想，影响认知，帮助交际，并影响决策的结果（Amernic & Craig，2006）。在 CEO 风险话语中，CEO 使用的隐喻资源和概念工具提供了识别企业经营风险和解决方案。如，"风险是疾病" "风险管理框架是地图" "风险管理策略是战略战术" "对抗风险是战斗" 等。通过隐喻，用人们所熟知的词汇和领域映射抽象的词汇和领域，而这种映射实际上是一种操控（Amernic & Craig，2006），目的在于影响感知和社会认知。当 CEO 对风险的认知程度较低，无畏风险带来的损失，敢于冒险时，会尽可能多地使用隐喻，通过把人们熟悉的概念或事物的特性映射到抽象的风险中，表达战胜风险的决心和勇气，以此来操纵信息的可读性，尽量弱化冒险行为给读者带来的担心和焦虑。

第三，语义韵评价反映 CEO 风险认知。词语所体现出的情感倾向与其固定搭配词的共现往往形成惯性的联想，这种联想反映 CEO 自动的、下意识的语言使用习惯，体现隐秘的或暗藏的态度。这种暗藏意义是隐含在文本字里行间的深层意义，是 CEO 不经意的表述下掩盖的真实态度，由 CEO 凭借自己的语言意识，通过语义韵传递。如 "risk management" 具有积极语义韵，传递对评价对象的肯定和赞扬态度。因此我们发现，"to discuss key risk issues and review the effective implementation of the Group's operational risk management framework" 这一句隐含 CEO 对风险管理框架的肯定、认同。他并没有使用褒义色彩明显的词语表达赞扬的态度，而是借助于 "risk management" 的积极语义韵传递自己的赞扬态度。赞扬态度隐含于节点词的语义韵中，隐含于文本的字里行间。本研究进一步验证了评价话语在某种程度上与 CEO 风险认知有关，从而影响企业决策的假设，加深了我们对商务话语和反映企业风险认知的语言因素的认识，对商务话语教学与研究和企业风险研究具有积极的启示。

10.2 企业家风险话语定性分析

10.2.1 任正非风险话语评价特征分析

本研究采用的语料是华为集团的企业年报中"任正非致股东信函"和"风险因素分析"两部分文本，时间跨度为 2009—2013 年[1]。语料容量为 9 035 词符、2 815 类符、2 866 词目的任正非风险话语语料库，考察 3 类评价特征，包括功能评价标记语、隐喻载体词和语义韵搭配。

---

[1] 华为公司官网发布的公司年报最早可追溯时间为 2006 年，但是从 2009 年开始才有"CEO 致辞"这部分内容；从 2011 年开始有"风险要素"这部分内容；从 2014 年开始"CEO 致辞"被"轮值 CEO 致辞"代替。所以语料选取时间为 2009—2013 年。

1. 功能评价标记语

　　研究结果显示，CEO 直接使用大量评价性词语，表达对风险及企业风险管理等方面的态度。功能评价反映 CEO 风险认知，CEO 使用功能评价标记语的频率越高，对风险的认知程度越低，行为决策上越趋向于冒险。以 CEO 为代表的企业管理层在陈述风险相关信息时，会慎重选择信息传递策略，如，在信息披露过程中，使用积极话语评价资源描述企业风险管理，褒奖企业核心竞争能力，以不断提升企业的市场价值，通过一定的印象管理行为美化企业形象；使用消极话语评价资源描绘风险多变、难以预测，强调或夸大风险的不可抗力，推卸风险管理失败的责任，达到影响投资者及其他一切利益相关者的判断和决策的目的（李琳，2016b）。

　　我们采用 CEO 风险认知评价研究框架（见图 10-2），对任正非风险话语中的功能评价标记语进行识别和分析。该研究框架包括六种评价标记语，全面反映了 CEO 对风险可怕性、可控性、可能性和可见性的态度和评价。

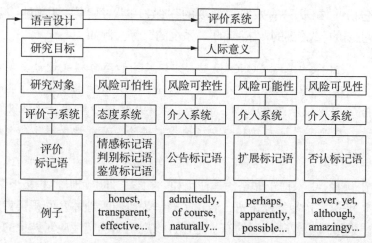

图 10-2　CEO 风险认知评价研究框架（李琳，2016b：372）

　　任正非风险话语中最高频词是"公告标记语"。公告标记语通过将一种意见视作完全正当的、具有很高可信度的观点，从而表明对其他意见的反对，类似于"保证性标记语"。任正非使用的公告标记语包括：

"设计""实施""建立""考虑""控制""保障""进一步""完善""匹配""平衡""可控""致力于""确保""不断""规避""可持续发展"等。例如：

> [1] 信用风险：公司**制定**和**实施**了全球统一的信用管理政策制度、流程、IT 系统和风险量化评估工具，并在各个区域和业务单元**建立**了专门的信用管理组织。同时，公司**利用**风险量化模型，**评定**客户信用等级，**确定**客户授信额度，并通过在端到端销售流程的关键环节**设置**风险管控点形成了闭环的管理机制。

在例 [1] 中，任正非密集地使用诸如"制定""实施""建立""利用"、"评定"等公告标记语，表达相信企业有能力、有决心战胜困难、战胜风险的态度。保证性标记语的使用是企业建立信用凭证的举措。公告标记语体现 CEO 对企业有能力进行合理风险评估和管理的确定性评估，反映了 CEO 对风险可控性的认知。

任正非风险话语中出现频率排在第二位的是"鉴赏标记语"。鉴赏是态度系统的子范畴，涉及对事物或过程的评估。任正非使用的鉴赏标记语包括："初步""有效地""重要的""敞口的""适当""明确地""积极地""主要的""关键的""持续的""系统的"等。例如：

> [2] 华为基于 COSO 模型、组织架构和运作模式设计并实施了企业风险管理体系，发布了企业风险管理政策，**初步**建立了企业风险管理组织和运作机制，在战略决策与规划中**明确地**考虑风险要素、在业务计划与执行中**积极地**控制风险，**有效地**保障了华为的持续经营。

在例 [2] 中，任正非密集地使用如"初步""明确地""积极地""有效地"等一系列鉴赏标记语，表达了对华为风险管理体系的积极肯定的态度。通过风险管理体系的有效运作，以规则的确定性应对结果的不确定性，持续管理内外部风险，力求业绩增长和风险管理之间的最优平衡，实现公司价值最大化和持续发展。

否认标记语在任正非风险话语中出现频率仅次于鉴赏标记语。否认标记语表达对命题在意料之中或意料之外的态度，反映对风险可见性的认知。任正非使用的否认标记语包括："虽然""但是""仍然""然而""并不总是""不确定性""仍将面临"等。例如：

[3] 法律风险：在一些业务所在地区，由于法律环境的复杂性，**虽然**我们力求遵守所有当地法规且无意违反，但仍可能存在各种不利的影响。

[4] 运营风险（供应连续性）：虽然华为力求避免单一来源供应商的采购方案，**但**由于客观因素这**并不总是**可以实现的，因为寻找替代供应商或重新设计产品可能需要大量的时间和成本。

分析显示，任正非较多使用否认标记语，对企业风险发生和风险管理进行预见性评估，体现出渗透在华为企业文化中的"风险意识"和"危机意识"。华为一直高度重视风险管理体系建设，保证了华为在复杂的内外部环境和巨大的不确定性市场中有效控制风险，保障公司持续健康发展。

任正非风险话语中出现频率排在第四位的是"判别标记语"。判别作为态度系统的一个子范畴，涉及对行为的评判，表达作者或说话者对行为的态度。任正非使用的判别标记语包括："重大的""激烈的""更有吸引力的""外部的""较高的""专门的""沿袭的"等。例如：

[5] 战略风险（**激烈**竞争）：华为所面对的市场在价格、功能和服务质量、新产品开发时间等方面都面临着**激烈**的竞争，华为的主要竞争对手在某些地域市场上可能会提供**更有吸引力**的价格、产品、服务或其他的激励。

在例 [5] 中，任正非通过使用诸如"激烈的""更有吸引力的"等判别标记语，从社会性角度来评价其对企业风险行为方式和特征的态度，表达对企业应对风险的能力、企业的风险评估或风险测量等方面的态度，反映出对风险可怕性的认知。通过对来自所在市场以及主要竞争对手两方面风险的分析，体现出华为能够从总体上较为全面地认识到风险的可怕程度，进而在此基础上采取相应措施进行风险管理。

任正非风险话语中出现频率较低的是"情感标记语"。情感是态度系统的子范畴，用来解释语言使用者对行为或过程做出的感情反应。任正非使用的情感标记语包括："明确地""积极地""成熟的""稳健的""充裕的""稳定的"等。例如：

> [6] 流动性风险 公司已经建立**较为成熟的**现金流规划、预算和预测体系，用于评估公司中长期及短期的资金缺口。同时采取**多种稳健的**财务措施满足公司整体流动性需求。

情感标记语体现 CEO 对企业所面临的风险和风险状况的心理感受和反应。CEO 使用情感标记语越多，对风险及企业风险管理的各个方面添加人格化评价越多，越倾向于激起受众的共鸣和认同，使受众更容易认可和接纳企业风险管理策略。在例 [6] 中，任正非使用了带有修饰语的情感标记语，如"较为成熟的""多种稳健的"，表达对企业风险状况感到安全和放心的心理状态，反映对风险可怕性的认知程度以及对管控风险的信心。但是从总体来看，情感标记语使用频率偏少，说明华为的"风险意识"已经渗透进企业管理的方方面面，因此任正非更倾向于采用较为客观公正的态度与语气，而不是过多地添加个人情感和态度。

任正非风险话语中出现频率最低的是表达个人主观意见的"扩展标记语"，主要包括："在很大程度上""可能""将会"等。这说明华为的风险管理体系已经相当成熟，风险管理活动已经嵌入到公司战略规划和业务规划流程中，实现风险管理与业务管理相结合。因此在功能性评价标记语中，与 CEO 个人态度及主观意见相关的情感标记语和扩展标记语使用频率最低。

2. 隐喻评价载体词

CEO 使用概念隐喻的频率越高，对风险的认知程度越低，行为决策上越趋向于冒险，隐喻评价反映 CEO 风险认知。隐喻的使用可以支配思想和行为，CEO 使用隐喻表达思想，影响认知，帮助交际，并影响决策的结果（Amernic & Craig，2006）。在 CEO 风险话语中，CEO 使用的隐喻资源和概念工具提供了识别企业经营风险和解决方案。如，"风险是疾病""风险管理框架是地图""风险管理策略是战略战术""对抗风险是战斗"等。通过隐喻，用人们所熟知的词汇和领域映射抽象的词汇和领域，而这种映射实际上是一种操控（Amernic & Craig，2006），目的在于影响感知和社会认知。当 CEO 对风险的认知程度较低，无畏风险带来的损失，敢于冒险时，会尽可能多地使用隐喻，通过把人们熟悉的概念或事物的特性映射到抽象的风险中，表达战胜风险的决心和勇气，以此来操纵信息的可读性，尽量弱化冒险行为给读者带来的担心和焦虑。

话语隐喻是概念隐喻的具体表征方式，所以需要对这些隐喻表达进行聚类分析，以便探寻更高层级的概念隐喻。在任正非风险话语中，使用频率最高的 5 类隐喻分别是战争隐喻、人体隐喻、物体隐喻、体育隐喻和建筑隐喻（见例 [7]—[10]）。

[7] 我们一定要站在全局的高度来看待整体管理**构架**的**进步**，系统地、建设性地、简单地，**建筑一个有机连接**的管理体系，要端到端地**打通**流程，避免孤立改革带来的**壁垒**。

[8] 公司管控目标要逐步从中央集权式，转向**让听得见炮声的人来呼唤炮火**，让前方组织有责、有权；**后方组织赋能及监管**。

[9] 内部人才市场、**战略预备队**的建设，是公司转换能力的一个重要方式。是以**真战实备**的方式，来建立**后备队伍**的。

[10] 我们要不断**激活**我们的队伍，防止"**熵死**"。我们决不允许出现组织"**黑洞**"，这个黑洞就是惰怠，不能让它**吞噬**了我们的**光和热**，吞噬了**活力**。

任正非较多地采用隐喻来概念化经营企业的风险意识和风险管理，这和任正非的从军经历密切相关，他的军旅生涯对他的个性形成和话语风格都产生了很大影响，在他的概念认知中，商场犹如战场，他也自然会大量使用战争隐喻，如"让听得见炮声的人来呼唤炮火""战略预备队""真战实备""后备队伍""壁垒""前方""后方"等。

人体隐喻的使用体现出任正非将人作为考虑一切问题的出发点和归宿，凸显了 CEO "以人为本"的管理思想，这种管理哲学深受中国传统文化的影响。中国企业家经常把企业当作有肉体、有灵魂、有态度、不断发展的个体来对待（邱辉，2015），如"激活""活力""有机""孤立"等人体隐喻频繁出现。物体隐喻的使用强调客观性和事物之间的关联性，如"闭环""黑洞""吞噬""光和热"等，显示出华为公司的风险忧患意识始终贯穿在公司发展的过程中，能够起到居安思危、有备无患的提醒作用。

体育隐喻传递出体育运动崇尚的迎难而上、勇于拼搏的精神，如"发展""平衡""进步"等，用来鼓励团队合作，传递积极向上、奋发进取的价值理念。在演讲中，任正非使用体育隐喻的频率较高，形式也较为多样，比如，面对严峻的商业竞争，企业要想在竞争中保持领先，就必须提升产品与服务的质量，这样才有机会赢得胜利，否则就会被淘汰；又如，耐力和毅力是企业非常关注的品质，因为竞争是一种进步的常态，企业必须保持耐力和毅力，要为争取最后的胜利而不断努力（邱辉等，2019）。

建筑隐喻是通过将建筑的一些特点投射到目标域上，表达潜在的内涵。在竞争日趋激烈的外部环境和复杂多变的国际形势下，华为公司充分认识到打好基础、构建利益共同体、进行开放合作的重要性。在任正非的风险话语中，"建筑""打通""构架""连接"等建筑隐喻频繁使用，体现出华为公司面对风险做好了充分的准备和防范。

3. 语义韵评价搭配词

"语义韵评价"是通过节点词显著搭配词组所形成的语义趋向来隐秘的表达 CEO 对风险的认知。CEO 使用语义韵的频率越高，对风险的认知程度越高，行为决策上越趋向于规避风险。研究表明，语义韵评价反映 CEO 风险认知。词语所体现出的情感倾向与其固定搭配词的共现往往形成惯性的联想，这种联想反映 CEO 自动的、下意识的语言使用习惯，体现隐秘的或暗藏的态度。这种暗藏意义是隐含在文本字里行间的深层意义，是 CEO 不经意地表述下掩盖的真实态度，由 CEO 凭借自己的语言意识，通过语义韵传递。

任正非风险话语中，"风险"这一节点词左侧显著搭配词包括："抵御""偿债""提及""战略决策""控制""确保""完善""日常""经营性""企业""汇率""流动性""利率""重大""建立了""规避""财务"等。右侧显著搭配词包括："初步""协助""政策""管理体系""年报""架构""监控""可控""负债""合并""计划""要素""执行""浮动""考虑""模型""法律""规划""量化""劳动力"等。

由此可见，节点词显著搭配词形成了积极的语义趋向，传递出对评价对象的肯定和赞扬态度。例如：

[11] 华为……**设计并实施**了企业风险管理体系，**发布**了企业风险管理政策，**初步建立**了企业风险管理组织和运作机制。

[12] 华为在战略规划和业务计划流程中嵌入风险管理要素，通过战略规划，各领域系统化地识别、评估了各自风险，在本年度业务计划中各领域均制定了重要风险的应对方案，以重点工作方式实现日常运营中的风险监控和报告。在战略决策与规划中**明确地考虑**风险要素、在业务计划与执行中**积极地控制**风险，**有效地保障**了华为的持续经营。

分析显示，例句 [11] 和例句 [12] 通过"设计并实施""发布了""初步建立""明确地考虑""积极地控制""有效地保障"等带有积极语义倾向的表达折射出任正非对华为风险管理体系、风险管理政策、风险管理组织和运作机制、战略规划和业务计划流程持肯定、认可的态度。这种积极的语义韵成为华为年报的基调，向股东、员工、利益相关方等传递出华为对风险的认知程度高，有能力控制、规避风险的积极信号。

[13] 不单单是技术、市场上……要**进步**，我们要使管理严格、有序、简单，内部交易逐步电子化、信息化，基于**透明的**数据共同作业。我们要**实现**计划预算核算的闭环管理，以**保障**业务可持续发展，**规避**风险和敢于投资要**平衡**发展。

例 [13] 通过一系列将来时态和"进步""透明的""实现""保障""规避""平衡"等正面表达，任正非向股东和利益相关方展示出对未来的信心以及对风险可控性、可怕性、可见性和可能性的把握，起到稳定情绪、增加信任、激励斗志、促进合作的积极作用。

10.2.2 比尔·盖茨风险话语评价特征分析

本研究采用的语料包括比尔·盖茨在微软公司年度报告中"CEO 致股东信函"和"风险因素分析"两部分文本，时间跨度为 2001—2005 年 [1]。语料容量为 11 767 词符、2 026 类符和 1 766 词目的比尔·盖茨风险话语语料。我们同样采用 CEO 风险认知评价研究框架（见图 10–1），对比尔·盖茨风险话语中的功能评价标记语进行识别和分析，考察 3 类评价特征，包括功能评价标记语、隐喻载体词和语义韵搭配。

1. 功能评价标记语

比尔·盖茨风险话语中按照出现频率由高到低的标记语分别是公告标记语、判别标记语、情感标记语、鉴赏标记语、否认标记语、扩展标记语。

比尔·盖茨风险话语中出现频率排在第一位的是"公告标记语"。公告标记语类似于"保证性标记语"，通过将一种意见视作完全正当的、具有很高可信度的观点，从而表明对其他意见的反对。比尔·盖茨使用的公告标记语包括 "anticipated" "minimize" "hedge" "expose" "estimate" "capture" "produce" "quantify" "allow" 等。从词义来看，这些公告标记语主要传达公司对风险的评估与控制程度，表明企业有能力采取相应措施应对企业当前面临的以及潜在的风险。保证性标记语的使用是企业建立信用凭证的举措，反映了比尔·盖茨对风险可控性的认知。

比尔·盖茨风险话语中出现频率排在第二位的是"判别标记语"，涉及对企业应对风险行为的评判，表达对行为的态度，是态度系统的一个子范畴。比尔·盖茨使用的判别标记语包括："volatile" "operational" "legal" 等。具体例句如下：

[14] However, we use options to hedge our price risk on certain

---

1　微软公司创建于 1975 年，其官方发布的年报可追溯时间最早为 1996 年。2008 年 6 月 27 日，微软创始人、董事长比尔·盖茨（Bill Gates）正式退休。其中比尔·盖茨作为微软 CEO 发布 "Shareholder Letters" 的时间为 1998—2005 年；为了与华为公司选取语料的五年时间跨度一致以及便于分析对比，因此本研究语料选取时间为 2001—2005 这五年。

highly **volatile** equity securities that are held primarily for strategic purposes.

[15] Several risk factors are not captured in the model, including liquidity risk, **operational** risk, credit risk, and **legal** risk.

分析发现，比尔·盖茨较多使用判别标记语表达对风险识别、风险测量等风险特征的态度，如 "highly volatile equity securities"；另外还表达对风险要素的识别与评估，如 "liquidity risk, operational risk, credit risk, and legal risk"。这些判别态度主要是从伦理性和社会性角度出发，反映 CEO 对风险可怕性的认知程度。

比尔·盖茨风险话语中出现频率排在第三位的是 "鉴赏标记语"，涉及对事物或过程的评估，是态度系统的子范畴。比尔·盖茨使用的鉴赏标记语包括："combined""internal" 等。具体例句如下：

[16] The total VAR for the **combined** risk categories is \$835 million at June 30, 2004 and \$987 million at June 30, 2003.

[17] Management began using a 1-day VAR for **internal** risk measurement purposes effective for the quarter-ended March 31, 2005.

分析显示，比尔·盖茨使用鉴赏标记语表达对风险类别和风险测量方法等方面的态度，如 "the combined risk categories""internal risk measurement" 等，反映出对风险可怕性的认知，即微软公司对风险类别进行了明确的识别和划分，采取具体的措施和方法对内部、外部风险进行了准确的测量和评估。

比尔·盖茨风险话语中功能性评价标记语出现频率排在第四位的是 "情感标记语"，用来解释语言使用者对行为、文本/过程做出的感情反应，是态度系统的子范畴。比尔·盖茨使用的情感标记语包括："hedged""expected""confidence" 等，体现了他对微软在发展过程中所面临的风险和风险状况的心理感受和反应。这些情感标记语表明，比尔·盖茨对风险及企业风险管理的各个方面添加了人格化的评价，以期激起受众的共鸣和认同，使读者更容易认可和接纳企业风险管理策略。具体例子如下：

[18] A portion of these risks is **hedged**, but fluctuations could impact our results of operations and financial position.

[19] We use a value-at-risk (VAR) model to estimate and quantify our market risks. VAR is the **expected** loss, for a given **confidence** level, in fair value of our portfolio due to adverse market movements over a defined time horizon.

情感标记语关注的是评价者的心理感受，过多情感意义的表达势必造成观点过于私人化，从而会缺乏一定的客观性和说服力。企业风险话语是对企业风险状况的客观陈述和评价，因此，在这种相对客观的语料中，情感标记语出现频率较低。

比尔·盖茨风险话语中出现频率较低的是"扩展标记语"。扩展标记语表达个人主观意见，承认其他可能性的存在。比尔·盖茨使用的扩展标记语包括："likely""seem""believe"等。例如：

[20] While the initial cost of acquiring a stripped-down, do-it-yourself operating system may **seem** attractive, a growing body of independent research shows that our integrated platform provides not only greater functionality but also lower total cost of ownership in most common business functions.

在例 [20] 中，比尔·盖茨强调，相比较于用户购买的初级操作系统，微软的集成平台不仅提供了更强大的功能，而且还降低了大多数常见业务功能的总拥有成本。一方面承认用户购买的操作系统在初始成本上的优势，但另一方面更突出强调微软集成平台更强大的功能和总成本优势。扩展标记语反映对风险可能性的认知，体现比尔·盖茨评估和管控企业风险状况和各种风险可能性。

比尔·盖茨风险话语中"否认标记语"出现频率最低，包括："however""but""never"等，表达对命题在意料之中或意料之外的态度。例如：

[21] The Company is exposed to foreign currency, interest rate, and securities price risks. A portion of these risks is hedged, **but** fluctuations could impact the Company's results of operations and financial position.

在例 [21] 中，比尔·盖茨用 but 进行语义转折，表示虽然有部分外币、利率和证券价格风险已被对冲，但波动可能会影响公司的经营业绩和财务状况。体现出对风险可见性的认知，表达某种常态或非预期状态，起到警示、提醒的作用。

2. 隐喻载体词

在反映 CEO 风险认知的隐喻评价维度，与任正非相比，比尔·盖茨较多地采用物体隐喻、体育隐喻、人体隐喻、建筑隐喻等来概念化经营企业的风险意识和风险管理。物体隐喻体现比尔·盖茨对风险的客观态度和认知，例如 "transformed" "powerful" "affordable" "dynamic" "hub" "universe" "portfolios" "allocation" "shifts" "exposures" 等；其中 "transformed" "allocation" "shifts" "exposures" 等体现出空间变换性，"powerful" "affordable" "dynamic" 等体现出对风险的可控性，"hub" "portfolios" 等体现出对风险的重视程度以及客观公正的应对态度。体育隐喻突出微软公司在激烈的商业竞争环境中，不断提高品牌和产品的竞争力，保持行业领先地位，例如 "competition" "competitors" "collaboration" "stimulated" "ahead" 等。

[22] While vigorous **competition** will always be a **healthy** hallmark of our industry, we are also committed to **building** relationships—with partners and even **competitors**.

体育隐喻的认知基础主要表现在社会和文化基础以及个人自身经验方面。从社会和文化基础方面来说，体育运动不仅象征积极进取的精神，还代表团结合作；从个人自身经验方面来说，体育运动对于培养德、智、体全面发展的人才来说至关重要。对于企业长远发展而言，体育竞技精神、奋发向上精神和团结进取精神的关键作用不言而喻。美国社会文化强调自由、民主、平等，与体育精神相契合，因此比尔·盖茨风险话语中较多地采用了体育隐喻。人体隐喻的使用一方面体现了相关词条在人体运动与功能中的重要作用，另一方面体现了经济认知域自身的特点，表明企业发展的势头和应对风险的信心，如 "healthy" "grows" 等。

比尔·盖茨将企业视作一个动态成长的有机体，也反映出西方文化中的人本主义思想和重视个体的价值取向。

建筑隐喻体现了社会文化中的建构观，将企业视作建筑，将风险视作外部冲击，比尔·盖茨风险话语中采用诸如"connected""tool"等概念隐喻，映射企业在面对风险时的态度和采取的行动，其中动词如"transform""connect"等体现出企业的行动力，名词如"tool"等体现出具体的应对措施。

[23] Over the past 20 years the personal computer has **transformed** the way people work, communicate, learn and play. It has **stimulated** productivity and **collaboration** in the workplace, **connected** people around the world, and become a **powerful** and **affordable tool** for learning and entertainment.

[24] Even more **amazing** are the opportunities **ahead**. As software **grows** increasingly **dynamic**, **flexible** and responsive, the PC is becoming the hub of an expanding **universe** of software-connected devices that will enable businesses and people to realize their **potential**.

[25] The reasons for the change in risk in **portfolios** include: larger investment portfolio size, asset **allocation shifts**, and changes in foreign exchange **exposures** relative to the U.S. dollar.

与任正非风险话语相比，比尔·盖茨较少采用战争隐喻，这是二者之间的一个显著区别，其中一个主要原因是两人的生活经历差异所致。任正非个人生涯中有过一段很长的从军经历，而比尔·盖茨没有当过兵，他13岁开始计算机编程设计，18岁考入哈佛大学，一年后从哈佛退学，1975年与好友保罗·艾伦一起创办了微软公司，比尔·盖茨担任微软公司董事长、CEO和首席软件设计师。此外，两人所处的文化和商业环境差异较大。从社会文化背景来看，微软公司所处的美国奉行美国文化和价值观，崇尚个体价值实现和自我意识，不强调集体主义精神和团队合作。从所处的商业环境来看，比尔·盖茨语料选取的时间为2001—2005年，这段时间微软公司的产品线和市场占有率迅速扩大，并顺利开拓全球市场，发行的Windows系统成为当时最成功的操作系统，

Internet Explorer 成为使用最广泛的网页浏览器，在 2005 年的市场占有率高达 85%。

相比之下，任正非风险话语语料选取的时间为 2009—2013 年，华为处于改革转型的艰难时期和开拓国际市场的攻坚时期，增强团队凝聚力和鼓舞士气更为重要，因此，他的演讲中会采用战争隐喻，像军官在上战场杀敌前那样，鼓舞士兵振奋精神，冲锋陷阵。

3. 语义韵评价搭配词

语义韵评价指标分析显示，比尔·盖茨风险话语中 "risk" 节点词的左侧显著搭配词包括："credit" "market" "interest" "rate" "legal" "liquidity" "operational" "price" "subject" "used" "hedge" "including" "model" "effective" "minimize" 等。右侧显著搭配词包括："categories" "equity" "securities" "certain" "exposures" "management" "tool" "factors" "company" "diversified" "estimation" "exposed" 等，例如：

[26] And we continued allocating resources to reduce our **legal risks**. Last year we resolved many legal issues and settled class-action lawsuits in several states.

[27] We also made major progress in reducing our **legal risks** and strengthening relationships within our industry and with governments. Building on this progress, we are confident that Microsoft will continue to grow and create long-term value for shareholders.

[28] At Microsoft, we take our responsibilities to shareholders, customers, partners, and employees very seriously. We aim to be open and candid about the condition of our business and **the risks we face**.

[29] The portfolio is diversified and structured to minimize **credit risk**. We routinely use options to hedge a portion of our exposure to **interest rate risk** in the event of a catastrophic increase in interest rates.

分析发现，比尔·盖茨在描述风险外部环境时，较多地使用带有中性或消极语义倾向的搭配词，以强调风险的可怕性和可能性，起到提醒、警示的作用，如"in the event of a catastrophic increase in interest rates"等。在描述内部风险控制和采取的措施时，较多地使用带有积极语义倾向的搭配词，以强调风险的可见性和可控性、突出微软公司对风险的充分认识以及应对风险的信心与把握，例如"continued allocating resources to reduce our legal risks""made major progress in reducing our legal risks""we are confident that Microsoft will continue to grow"" to minimize credit risk"等。

10.3　企业家风险话语对企业绩效的预测力研究

10.3.1　任正非风险话语对华为公司绩效的预测

我们将包含功能评价标记语、隐喻评价载体词和语义韵评价搭配词的企业家风险话语评价模型与华为公司同时期（2009—2013 年）的企业绩效进行相关分析和回归分析，考察企业家风险话语对企业绩效的预测力。皮尔森相关分析显示，任正非风险话语的 3 类评价特征评价值与企业未来业绩显著相关，相关系数分别为 $r=0.101$，$p<0.01$；$r=0.262$，$p<0.001$；和 $r=0.163$，$p<0.01$。该结果表明，在任正非风险话语中，相比较于其他两类评价特征，隐喻载体词对企业绩效影响最大，其次为语义韵搭配和功能评价标记语。

最小二乘法回归分析显示，任正非风险话语的 3 类评价特征评价值对企业未来业绩具有一定的预测作用，评价特征评价值对 $T+1$ 年业绩（ EPS_{iT+1} ）的回归系数为 -0.227（ $t=-1.573$），在 5% 显著性水平下显著负相关，且加入该变量后，修正拟合优度有所增加，说明该变量具有一定解释力。

本研究所选任正非语料的时间跨度为 2009—2013 年，这段时期是华为公司经历变革、走向全球化的时期，其发展过程困难重重、历尽艰辛，充分的风险意识和有效的风险管理是决定企业未来发展的重要保障。任正非强烈的忧患意识充分体现在其一言一行中，深深渗透在华为的企业文化中。他说华为是一个没有历史的公司，因为一个企业，如果总是背负成功与辉煌的包袱，这个企业其实离死亡就不远了。正是他的风险忧患意识成就了今天的华为，这也是华为能够在复杂严峻的国际环境中成长为全球领先的信息与通信技术解决方案供应商的主要原因。

10.3.2　比尔·盖茨风险话语对微软公司绩效的预测

本研究所选比尔·盖茨语料的时间跨度为 2001—2005 年，微软在这段时期不断扩大产品线，相继推出新一代 Microsoft Office 办公软件、新版 Windows 操作系统、Internet Explorer 网页浏览器、第二代家用视频游戏主机，发布用于应用系统开发的集成开发工具等，其产品的市场占有率迅速增加，相继在海外成立研究开发中心、微软全球技术支持中心和研究院等世界级科研、产品开发与技术支持服务机构，在全球建立起庞大的生态系统。因此这个时期的总裁话语多呈现出积极的语义韵倾向，表达企业对内外部风险以及所处环境积极、乐观的态度。

我们将包含 3 类评价特征（功能评价标记语、隐喻载体词和语义韵搭配）的企业家风险话语评价模型与微软公司在同时期（2001—2005 年）的企业绩效进行相关分析和回归分析，考察企业家风险话语对企业绩效的预测力。皮尔森相关分析显示，比尔·盖茨风险话语的 3 类评价特征评价值与企业未来业绩显著相关，相关系数分别为 $r=0.124$，$p<0.01$；$r=0.089$，$p<0.01$；和 $r=0.243$，$p<0.001$。该结果表明，在比尔·盖茨风险话语中，相比较于其他两类评价特征，语义韵搭配对企业绩效影响最大；其次为功能评价标记语和隐喻载体词。

最小二乘法回归分析显示，比尔·盖茨风险话语的 3 类评价特征评价值对企业未来业绩具有一定的预测作用，评价特征评价值对 $T+1$ 年业绩（EPS_{iT+1}）的回归系数为 -0.153（$t=-1.269$），在 5% 显著性水平下显著负相关，且加入该变量后，修正拟合优度有所增加，说明该变量具有一定解释力。

第 11 章
商务谈判话语研究

11.1　商务谈判话语能力评价模型构建

11.1.1　商务谈判的定义

商务谈判指在经济领域中，利益双方为了协调改善彼此的经济关系，满足贸易的需求，围绕标的物的交易条件，彼此交流磋商成交的行为过程。商务谈判有以下几个主要特点：（1）以经济为目的。商务谈判是为了满足经济贸易的需求才开展的谈判。（2）讲求谈判的经济效益。商务谈判本身就是一项经济活动，而经济活动本身要求讲究经济效益。（3）以价格作为谈判的核心。价格在一定条件下可与其他利益相折算。（4）商务谈判注重合同条款的严密性与准确性。而国际商务谈判指的来自不同国家，具有差异化的文化思维形式、感情方式及行为方式的谈判方之间进行的商务谈判。

商务谈判的主流理论包括社会交换理论（social exchange theory）、冲突解决理论（conflict resolution theory）、博弈论（game theory）等（Khakhar & Rammal，2012）。社会交换理论把谈判看成一种社会交换的过程，谈判双方通过想法的交换与沟通，最终达成双赢的方式（Ghauri，1983）。冲突解决理论是社会交换理论的分支，旨在解决社会冲突问题（Schellenberg，1996）。博弈论认为，谈判过程是博弈的过程，一方的胜利必然意味着另一方的失败，最终的获益结果是零和（Duvalett et al.，2004）。

11.1.2 商务谈判评价模型

Agndal（2007）商务谈判评价模型由四个要素组成：谈判环境、谈判各方、谈判过程、谈判结果。商务谈判的四个组成要素之间相互联系、相互影响。首先，就各要素之间的关系而言，谈判环境直接影响谈判各方、谈判过程、谈判结果；谈判各方影响谈判过程和谈判结果；谈判过程影响谈判结果。其次，就各要素内部而言：（1）谈判各方的内部变量包括组织变量（如组织氛围、目标、团队等）、个体变量（如经验与技能、动机与目的、个性、谈判风格、态度、人口统计变量、谈判培训等）、关系变量（如先前的经验与结果、知识与理解、观念与感情、权力关系与地位、二分组合等）；（2）谈判环境包含谈判谈判媒介、文化语境、谈判场景、时间、谈判内容等；（3）谈判过程包含准备、步骤、发盘、策略、技巧、行为、沟通、信息共享等；（4）谈判结果包含数学与经济条款、成交与否、预见的结果等。此模型较全面地总结了商务谈判研究的重要领域，但未涉及商务谈判语言。

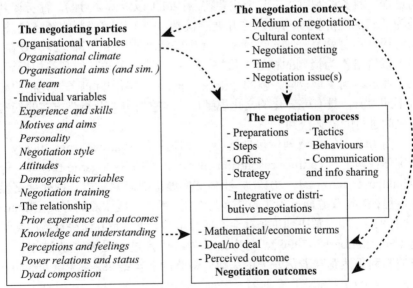

图 11-1 商务英语谈判研究的四个领域（Agndal, 2007）

11.1.3　商务谈判话语评价模型

1. 商务谈判的互动话语模型

商务谈判互动话语模型将商务谈判分为竞争和合作两个阶段（Marriott，1995），商务谈判互动话语事件由九个要素构成，其中除了问候、介绍和收尾是普通互动会话行为外，其他均为商务互动话语，具体包括提出建议（发盘/报价）、寻求信息（询盘）及回应、说明信息、提供案例及答复，总结以前信息、明确有限需求、提供案例及答复、达成协议（合意），商务谈判话语事件在互动中循环重复（Marriott，1995）（见图 11–2）。

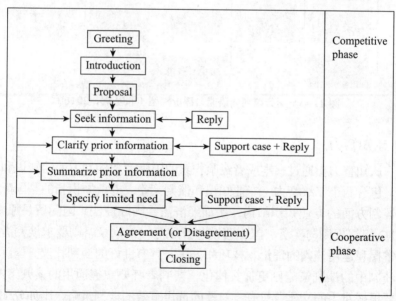

图 11–2　商务谈判互动话语模型（Marriortt，1995）

对商务谈判互动话语理论基础和模型的分析显示，商务谈判作为一种特殊的专业互动话语，具有与普通互动话语不同的特点和规律。

2. 商务谈判话语能力模型

从以上两个模型可以看出，商务谈判话语模型都是以谈判过程为导向的模型，按谈判的不同阶段划分，而张斐瑞（2016）按商务谈判所涉及的不同能力维度，构建出最为全面的商务谈判话语能力评价模型，包含五个子能力：认知智力、文化智力、情绪智力、话语能力和行为智力。

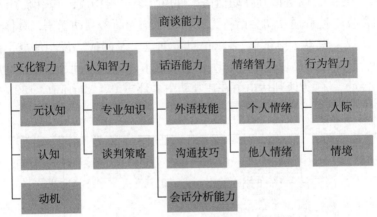

图 11-3　商务谈判话语能力评价模型（张斐瑞，2016）

1）认知智力

认知智力指通过书本或者经验积累的国际商务谈判方面的知识和技巧，包含两个二级智力：专业知识和谈判策略。专业知识指的是国际商务谈判方面的专业知识结构，比如经济法、国际商法、国际贸易原则、WTO 组织规则与实务、国际营销与管理等。谈判策略则要求谈判者充分掌握和运用谈判的理论、技巧和方法，具有良好的谈判礼仪。国际商务谈判中的谈判策略则更加具体化，谈判者既要掌握通用的谈判策略，还要根据对手的文化背景有针对性的选用有效的谈判策略，比如分配性谈判策略或者一体化谈判策略。

2）话语能力

国际商务谈判中所使用的工作语言大多数为国际通用语，通常为英语或者其他语种（法语、德语等），至少对谈判者其中一方来说不是母语，这就要求谈判者对所使用的工作语种的掌握程度要相当高，听、说、读、写四个方面基本要达到交流无障碍，尤其是要掌握谈判中所涉及的一些行业术语和专用词汇等。对中国的商务谈判者来说，外语沟通能力虽然是一个基本能力，但在掌握程度上要达到一定高度还需要付出相应的努力。除了外语技能之外，还有另外两个谈判话语能力，分别是沟通技巧和会话分析能力，商务谈判语言运用的基本原则包括准确性、针对性、灵活性和适应性，在运用策略上可以采用妙语解颐、巧妙应答、投石问路、主动出击、绵里藏针、出奇制胜等谈判语言运用策略。

话语能力对国际商务谈判者来说是一项非常重要的、不可忽视的智力因素，谈判者把谈判过程看作是一种智慧、意志与口才的较量，尤其在"分配性谈判"中，他们会把对手看成是"敌人"，因而他们会在气势和语言上打压对方，立场越坚定、语气越强硬，获得谈判胜利的可能性就越大；但文化不同，对语言运用的要求也不同，在以礼相待的日本文化中，大声呵斥对方会被视为不礼貌的行为，会直接影响到谈判结果。因此在语言沟通技巧方面，跨文化商务谈判者需要针对不同文化背景的对手采用有效的沟通策略。

3）文化智力

是文化智力一个一级智力指标。国际商务谈判从根本上来说是一种跨文化的沟通方式，其中，文化智力主要是指谈判中谈判者对陌生文化的成功适应能力。国外研究者通过实证性研究证实了具有较高 CQ（文化智力）的商务谈判者比低 CQ 的商务谈判者在谈判中更有优势，商务谈判者的 CQ 对谈判的过程和结果都有重要影响，是谈判成功与否的重要预测指标之一（Earley & Ang，2003；Imai & Gelfand，2007，2010）。具体来说，这一智力指标下又包含三个次级智力组成：元认知文化智力、认知文化智力、动机文化智力。

元认知文化智力是在跨文化交际中沟通者对文化的敏感度和察觉度，在跨文化的国际商务谈判中，元认知文化智力较高的谈判者会在谈判过程中较敏感地意识到双方的文化特点，并在谈判中尽量调整和适应新的文化环境，他们会在与对方谈判者的沟通过程中得到启发，创造出新的社交规则，来适应对方的文化取向。

认知智力反映的是跨文化的谈判者通过学习或者个人经验获得的文化准则、实践和规律的知识，因此文化智力中的认知因素是指个人对文化知识或者文化环境知识的了解程度。国际商务谈判者在谈判前就需要深入了解对手的文化背景，这些文化知识可以从书本上获得，也可以从以往的谈判经验中汲取，认知智力水平较高的商务谈判者不仅要了解双方的文化相同特性，更要对差异化的文化特点多加关注。

动机文化智力反映的是个体融入其他人或文化中去的愿望和能力，基于期望价值理论（Eccles & Wigfield，2002），个体完成某项任务的动机是由他对任务成功可能性的期待以及成功的价值决定的，认为目标实现的可能性越大，个体的任务动机也越强。

4）情绪智力

国际商务谈判中的情绪智力可以分为两个方面：对自己的情绪控制和对对方的情绪察觉、解读和反应。情绪智力可以分为四个层面：察觉、使用、理解和控制。情绪察觉是个人对自己和他人情绪的察觉、发现和定性的能力；情绪使用指个人在多样化的认知过程中能够有效使用情绪的能力，比如解决问题、推理问题等；情绪理解是指个人对整个情绪系统的治理能力，确切地说，就是弄懂情绪的起因、进程和构成因素；情绪控制是一个人对自己和他人的情绪以适应化的途径来管理和控制的能力。

5）情境应对能力

情境应对主要指国际商务谈判环境中，谈判者需要尽快适应不同的谈判格局和周遭的谈判环境，包括谈判对手的谈判风格、个人习惯、文化背景、语言使用等方面，以及整个谈判系统的构成，比如谈判进程的快慢，谈判节奏的强弱等。如果发现不能及时适应周围的情境，谈判者应采取适当的方法和策略来有效地改变谈判情境，使自己在整个谈判中处于优势地位，这是一个成功的国际商务谈判者需要具备的较高层次的智力因素。

11.2　商务谈判话语能力对企业外贸出口绩效影响

11.2.1　商务谈判话语能力测评

张斐瑞（2016）发现，商务谈判能力包含的五个二级指标的权重分别为文化智力 0.1005，认知智力 0.3854，话语能力 0.2784，情绪智力 0.1330 和行为智力 0.1027，权重指数最高的是认知智力和话语能力，说明二者在商务谈判能力中比较重要。其中，话语能力的三级智力权重分别是外语技能 0.4609，沟通技巧 0.3337 和会话能力 0.2053，证明谈判话语能力对商务谈判成功至关重要。

表 11-1　国际商务谈判能力指标权重系数（张斐瑞，2016）

一级指标	二级指标	权重	三级指标	权重
商务谈判能力	文化智力	0.1005	元认知	0.2605
			认知	0.4638
			动机	0.2756
	认知智力	0.3854	专业知识	0.5583
			谈判策略	0.4416
	话语能力	0.2784	外语技能	0.4609
			沟通技巧	0.3337
			会话能力	0.2053
	情绪智力	0.1330	个人情绪	0.582
			他人情绪	0.418
	行为智力	0.1027	人际行为	0.4406
			情境行为	0.5593

11.2.2　商务谈判话语能力对外贸出口的影响

1. 样本数据

张斐瑞（2016）选择 2015 年山东省百强外贸企业的进出口相关数据，检验商务谈判话语能力对企业出口是否存在影响。该研究向 100 家山东外贸企业发放了问卷调查，最后得到 92 家企业的调查结果。

该研究选取了评价企业外贸出口绩效的四个变量来构建回归方程，分别是出口额、出口年限、注册资本和企业资源。从获取的 92 份数据中可以看出，年出口额的均值为 2 487.71（百万元），标准差是 3 501.87，最少的有 256，上限达到 27 221；出口年限方面，均值在 13 年左右，这些企业中的最少出口年限为 2 年，最多的达到 29 年；企业注册资本以万美元为单位，平均注册资本约为 5 697.42 万美元，最低注册资本为 15 万美元，最高注册资本达到 45 450 万美元。商务谈判能力（NI）的均值为 30.19，最小值为 18.62，最大值为 36.98（表 11–2）。

表 11–2　92 家抽样企业描述性统计

变量	样本数	均值	标准差	中位数	最小值	最大值
Exports	92	2487.71	3501.87	1402.50	256.00	27221.00
Tenure	92	13.65	5.39	13.00	2.00	29.00
Capital	92	5697.42	7627.57	2892.00	15.00	45450.00
CR	92	56.78	5.35	57.50	46.00	71.00
NI	92	30.19	3.41	30.00	18.62	36.98
CNC	92	38.41	5.17	38.67	25.33	49.67

2. 计量模型

张斐瑞（2016）为了研究商务谈判话语能力所包含的外语技能、沟通技巧和会话能力对企业外贸出口绩效的影响，设计如下计量模型：

$$\ln Exports = \alpha + \beta_1 Tenure + \beta_2 \ln Capital + \beta_3 CR + \beta_4 LI + \beta_5 CulI +$$
$$\beta_6 CogI + \beta_7 EI + \beta_8 BI + \beta_9 CNC + \varepsilon \tag{1}$$

$$\ln Exports = \alpha + \beta_1 Tenure + \beta_2 \ln Capital + \beta_3 CR + \beta_4 FL + \beta_5 CS +$$
$$\beta_6 CA + \beta_7 CulI + \beta_8 CogI + \beta_9 EI + \beta_{10} BI + \beta_{11} CNC + \varepsilon$$

$$（2）$$

其中模型（2）中的解释变量：外语技能（FL），沟通技巧（CS）和会话能力（CA）的加总是模型（1）中的话语能力。

3. 结果分析

Stata 统计结果如下：

表 11-3　商务谈判话语能力对企业外贸出口绩效的影响计量模型分析

变量	lExports（1）	lExports（2）
Tenure	0.00851	0.00780
	（0.00817）	（0.00798）
lCapital	0.0635*	0.0612*
	（0.0334）	（0.0332）
CR	0.00501	0.00492
	（0.00769）	（0.00773）
FL		0.0827***
		（0.027）
CS		0.0670**
		（0.0273）
CA		0.0472*
		（0.0237）
CulI	0.0362*	0.0378*
	（0.0142）	（0.0180）
CogI	0.0781***	0.0735**
	（0.0258）	（0.0224）
EI	0.0397*	0.0369*
	（0.0115）	（0.0104）
BI	0.0543**	0.0437*
	（0.0235）	（0.0209）
CNC	0.0849***	0.0794***

变量	lExports（1）	lExports（2）
	（0.0274）	（0.025）
LI	0.085***	
	（0.0266）	
Constant	2.866***	2.924***
	（0.515）	（0.519）
Observations	92	92
Adjusted R^2	0.855	0.853
F	79.06	64.04

（说明：括号里是稳健标准误，*、** 和 *** 分别表示在10%、5%和1%的显著性水平下显著。）

表11-3 的第2列报告了方程（1）的回归结果。个人商务谈判智力中的话语能力 LI 的回归系数为 0.085，且在 1% 统计水平上显著，这说明话语能力对企业外贸出口绩效具有显著正向影响。具体来说，在其他变量保持不变的情况下，个人的话语能力每提高一个单位，企业出口额将增加约 8.5%。

第3列报告了方程（2）的回归结果，方程（2）进一步研究了言语变量的三个构成因素——外语技能、沟通技巧和会话能力对企业外贸出口绩效的影响。从实证结果来看，外语技能（FL）、沟通技巧（CS）和会话能力（CA）的回归系数分别为 0.0827、0.0670 和 0.0472，分别在 1%、5% 和 10% 统计水平上显著。具体来说，在其他变量保持不变的情况下，外语技能每提高一个单位会使企业出口额增加 8.27%，沟通技巧每提高一个单位会让企业出口额增加 6.7%，相比之下，会话能力的影响较其他两个因素稍弱一些，会话能力每提高一个单位会使企业出口额增加 4.27%。

4. 跨组对比

张斐瑞（2016）按照商务谈判话语能力（LI）强弱，将92家外贸企业分为三组：话语能力排名前30的企业为一组，话语能力排名后30

的企业为一组，剩下的 32 家企业为一组。图 11-4 反映了三组企业的平均出口额情况。

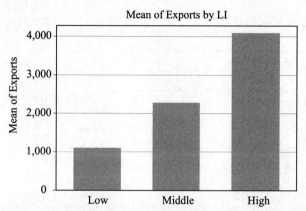

图 11-4　按谈判话语能力分组的企业出口额均值（万美元）

为了进一步分析各组企业外贸出口绩效的差异，在回归模型（3）中引入表示谈判话语能力的虚拟变量 Middle 和 High。其中，Middle 表示谈判话语能力居中的企业组，High 表示谈判话语能力排名前 30 的企业组，谈判话语能力排名后 30 的企业组作为基准组。回归方程如下：

$$\ln Exports = \alpha + \beta_1 Tenure + \beta_2 \ln Capital + \beta_3 CR + \gamma_1 Middle + \gamma_2 High + \beta_4 CulI + \beta_5 CogI + \beta_6 EI + \beta_7 BI + \beta_8 CNC + \varepsilon \qquad （3）$$

回归结果如下：

表 11-4　谈判话语能力对企业外贸出口绩效的影响分组计量模型分析

变量	出口绩效
Tenure	0.0105
	（0.00825）
lCapital	0.0650**
	（0.0294）
CR	8.77e-05
	（0.00754）
Middle	0.263**
	（0.112）
High	0.345***

（续表）

变量	出口绩效
	（0.127）
CulI	2.773***
	（0.423）
CogI	0.0196
	（0.0268）
EI	0.369*
	（0.223）
BI	0.571
	（0.534）
CNC	0.00990
	（0.00893）
Constant	2.216***
	（0.527）
companies	92
Adjusted R-squared	0.860
F	79.68

（说明：括号里是稳健标准误，*、** 和 *** 分别表示在 10%、5% 和 1% 的显著性水平上显著。）

从回归结果可以看出，Middle 组的回归系数为 0.263，且在 5% 统计水平上显著，High 组的回归系数为 0.345，且在 1% 统计水平上显著。这说明，在其他变量保持不变的情况下，与基准组相比，谈判话语能力居中的企业组的出口额相比平均高出 26.3%，谈判话语能力排名前 30 的企业组的出口额相比平均高出 34.5%。

本研究结果显示，商务谈判话语能力可以提升企业外贸出口绩效，企业的商务谈判代表应该具备良好的语言能力和沟通技巧。张斐瑞（2016）认为，国际商务谈判场合对谈判者的经济话语能力要求比较高，不仅要求谈判者对工作外语的熟练掌握，还应对谈判中的沟通技能和会话技巧相当了解。谈判本质上就是人与人之间思想观念、意愿感情的交流过程，这要求谈判人员应该有较强的语言表达能力。一个谈判专家应该言辞准确，技巧性与说服力强、表达方式富有感染力，并且能够熟悉专业谈判用语、合同用语和一些外语俚语。因此，谈判者应该熟练掌握工作外语的听、说、读、写能力，因为谈判语言中有一套约定俗成的习语，包括在谈判活动中通常使用的礼貌用语（如问候语、祝福语、致谢语等）、砍价用语、妥协让步用语等，而谈判桌上使用的外语既有通用语的部分，也有专门用语的特点，很多谈判用语属于规范化的行业术语，比如 "subcontractor's turn-key project（分包商的交钥匙工程）"，这是承包技术工程行话，"In case no settlement can be reached, all the dispute shall be submitted for arbitration"，这是技术合同协议用语（胡庚申，1990）。一名合格的企业国际商务谈判代表不仅要掌握通用的英语，还应熟练运用和理解专门谈判用语和行业术语。

商务谈判是一种语境化的互动话语，机构会话分析、社会互动话语、互动语用学、跨文化交际学等理论构成了国际商务谈判的互动话语理论基础。商务谈判会话即包括交际风格、会话类型、礼貌原则、听者回应、会话参与、间接引语、韵律、会话顺序等言语行为（Östman & Verschueren，2009），同时也包括非言语行为，如话语频率、暂停、音量大小、词汇使用、交谈顺序等（O'Donnell，1990）。在谈判中做出妥协、让步等谈判策略也属于互动语用学的范畴（Chatman et al.，1991；Putnam & Fairhurst，2001）。商务谈判中的会话能力主要是从格赖斯的"会话含意"理论，分析商务谈判互动话语中遵守或违背"合作原则"的数量（quantity）、质量（quality）、关联（relation）、方式（manner）以及与受话者接受信息的关系，对"会话含意"进行有效控制和运用（张斐瑞，2016）。

第五部分
结语

第12章
加快新时代中国特色
经济话语能力建设

12.1　新时代中国特色经济话语能力建设

随着我国迈入中国特色社会主义建设的新时代，新时代中国特色经济话语能力建设要围绕我国的国际经济组织话语能力、"一带一路"经济话语能力、中华文化国际传播的经济话语能力，以及新型高校语言智库能力等重点，加强话语体系、话语能力和话语权建设。

12.1.1　国际经济组织话语能力建设

方小兵（2009）指出，国际组织的官方语言绝大多数是欧洲语言；国际组织官方语言使用率最高的十大语言尚不包括汉语；汉语在国际组织的使用率不到0.5%。中文在联合国系统的影响力调查结果表明，在联合国5个主要机关和15个重要的专门机构中，中文法定地位得到确认的还不到一半；即使在获得法定地位的组织中，中文的法定权利也未得到充分行使，重视我国在联合国等国际组织中的话语权利，加强我国的国际组织话语能力建设任重道远。

国际组织话语能力包含国际经济组织话语能力和话语权，我们应从以下两个方面着手（王立非，2020b）：

一是加强"一带一路"现有的双边和多边经济合作机制中的话语能力建设。这些双边机制包括联委会、混委会、协委会、指导委员会、管理委员会等。多边合作机制包括上海合作组织（SCO）、中国–东盟"10+1"、亚太经合组织（APEC）、亚欧会议（ASEM）、亚洲合作对话（ACD）、亚信会议（CICA）、中阿合作论坛、中国–海合会战略对话、大湄公河次区域经济合作（GMS）、中亚区域经济合作（CAREC）等。中国的话语能力是保证上述双边和多边机构正常沟通和高效运作的前提[1]。

二是继续发挥我国在沿线各国区域、次区域相关国际经济论坛、经贸展会以及博鳌亚洲论坛的主导作用，发挥中国–东盟博览会、中国–亚欧博览会、欧亚经济论坛、中国国际投资贸易洽谈会，以及中国–南亚博览会、中国–阿拉伯博览会、中国西部国际博览会、中国–俄罗斯博览会、前海合作论坛等经济对话平台对我国经济话语权建设的作用。

12.1.2 "一带一路"经济话语能力建设

"一带一路"建设促进和扩大了国际经济合作，面对复杂的语言环境，我们不仅需要熟悉各国官方语言和相关地区通用语言，更要熟练掌握商务英语通用语，在经贸谈判、法规政策咨询、投融资、工程实施、纠纷调解中争取话语权和主动权。调查显示（王立非等，2016：11），与世界前十名贸易国做生意至少需要26种语言支持，如果进入"一带一路"投资、并购和工程承包，涉及的语言就更多[2]。在与"一带一路"各个国家开展经贸往来中，国别众多，地缘复杂，政治、经济、社会、领土、资源、宗教、民族、语言、文化等错综复杂，通过翻译和了解不同沿线国家的贸易政策、贸易需求，帮助企业家、企事业单位开展贸易往来。各国谋求发展的根本利益一致，发展双边和多边经贸关系，加强经贸交往，实现共赢，不断提升我国的国际地位和话语权。

1　转引自《"一带一路"语言服务市场全景式分析与行业及政策建议》（2016）报告。

2　"一带一路"沿线的64个国家的语言约2 488种，占人类语言总数的1/3以上，境内语言在100种以上的国家就有8个，64个国家中的官方语言共54种。

葛海玲（2017）指出，在"一带一路"建设中，金融英语正成为我国克服离岸金融市场和人民币国际化障碍的关键因素之一。国际金融市场和跨国金融交易瞬息万变，风险巨大，金融英语应用能力可能直接影响交易的成败，导致金融信息损耗、变形，甚至产成"意义的差异"，造成不可想象的后果。此外，金融英语障碍也给我国金融监管带来极大的困难和风险，阻碍人民币国际化的进程。比如，我国的金融交易系统 2015 年 10 月上线 CIPS（人民币跨境交易支付系统），一方面是为了从 CNAPS（中国现代化支付系统）当中独立出来，将国内业务与跨境业务进行分离，以便于识别和监管；另一方面是因为 CNAPS 系统使用的是中文，无法与国际通行的报文标准相衔接。语言和金融市场都具有网络性特点，而人民币国际化和中国金融市场日益开放的过程就是融入全球金融市场网络和金融话语体系的过程，在我国金融国际化升级的过程中如何不断提升经济话语能力值得高度重视。

12.1.3 国际传播中的经济话语能力建设

根据国家汉办官网统计数据，截至 2019 年底，中外双方合作共建了 550 所孔子学院，1 172 个孔子课堂，分布在 162 个国家和地区[1]。统计结果显示，美洲和欧洲是全球开办孔子学院最多的地区。可以预测，美国和欧洲经济发达国家与我国的进出口贸易和海外投资增长是驱动孔子学院布点增加的动因之一，我国在这些地区的孔子学院数量的增长又对推动双边经贸往来起到积极的促进作用。汉语言文化传播力是我国文化软实力的具体体现，有利于塑造良好的国家形象，营造中国和平发展的国际舆论环境，拓展中国文化的国际影响力，推动中国文化参与国际交流。语言是文化软实力的重要组成部分，一个国家或民族通过自己的语言传达本民族和本国的经济信息、科技与文化信息等，借助语言推广本国的文化，促进文化理解，正视文化差异，避免文化误解。葛海玲（2017）研究发现，全球孔子学院的开办数和一国开办孔子学院的数量对伦敦人民币离岸市场建设具有正向影响和促进作用，伦敦人民币离

1　数据来源：国家孔子学院总部官网。

岸市场不仅是金融交易的平台，也是我国国际形象和声誉在海外的传播平台和中华文化国际传播的重要窗口，让全世界了解我国的经济发展形势、社会繁荣的现状、人民安居乐业的生活，将会对稳定和维护人民币的国际地位和声誉发挥积极的作用。

12.1.4　新型高校语言智库能力建设

党的十九届五中全会将基本实现国家治理体系和治理能力现代化作为 2035 年远景目标之一，中央印发《关于加强中国特色新型智库建设的意见》（2015），教育部出台《中国特色新型高校智库建设推进计划》（教社科 [2014]1 号），对高校智库建设做出了全面部署和要求，为高校建设中国特色新型语言智库提供了政策依据，指明了方向。面向新时代，中国特色新型高校语言智库建设的关键问题和重点是如何提炼标识性宏微观经济话语概念，创新对外经济话语体系，讲好中国经济发展故事，打造国际社会能理解和接受的经济话语新概念、新范畴、新表达，通过经济话语智库研究和成果转化，不断提升我国的经济话语权。

12.2　新时代中国特色经济话语权建设

新时代中国特色经济话语能力建设的目标是提升我国的全球经济话语权。经济话语权是以国家的综合国力为基础的，经济话语权是以国家利益为核心，就国家和国际经济发表意见的权力，它体现了知情权、表达权和参与权的综合运用。经济话语权是一国的软实力之一，在全球化的竞争与合作的国际关系中，经济话语权软实力在很大程度上影响国家的对外开放和经济发展。经济话语权是国家语言能力的具体表现形式之一，也是一个国家的话语主权，国与国之间的话语权分布是平等的，国家不分大小、强弱、发达或不发达，在处理国际事务及双边经贸关系时，都享有同等的话语权。例如，国际金融话语权是经济话语权的重要组成部分，是现行的国际金融体系中，各国借助多层次的对话平台，具有表达自身金融利益、金融立场、金融义务及责任的权力。而作为经济话语权的金融话语权是由主权国家的硬实力和软实力共同决定的，受金融和经济发展程度以及文化和价值观念等因素的影响，经济话语权的背后必然是主权国家之间的利益关系。

　　加强和提升我国的经济话语权，全面参与全球经济体系治理和国际经济新秩序的重构，建设我国的经济话语权至关重要。要建设强大的经济话语权，就必须对经济话语的特点和规律加强研究，经济话语不仅仅是语言学的问题，也不仅仅是经济学和管理学的问题，单凭任一学科都无法解决经济话语权的问题，而需要将语言与经济融合起来。当今世界经济高度全球化，谁掌握了国际经济话语，谁就掌握了话语的主动权。我们要努力构建中国特色的对外经济话语体系，让全世界听见和听懂中国经济发展的故事。

　　习近平主席指出[1]，"一带一路"互联互通应该是政策沟通、设施联通、贸易畅通、资金融通、民心相通，五通应该齐头并进，其中，"语言互通"是互联互通的重要方面，指人与人之间使用能相互理解的语言进行的沟通。基础设施的互联互通离不开人的沟通，"一带一路"建设中，没有话语互通，没有人的沟通，政府间的政策沟通也无法实现，更谈不上民心相通。同样，没有语言互通也会影响贸易畅通、资金融通（刘丹、胡家英，2016）。因此，"一带一路"经济建设需要经济话语铺路。我国企业顺利开展基础设施招投标和异国施工首先要话语相通；贸易畅通与货币流通也需要话语相通，打通沿线不同国家的贸易壁垒，签订平等贸易往来协定，这些都离不开经济话语；货币流通是市场经济自由贸易的基本体现，了解"一带一路"国家之间的经贸协定，实现资源的优化配置和市场资源的互补，都离不开经济话语。按照最新召开的第三次"一带一路"座谈会的要求，今后经济话语权的目标是为服务"心联通"而不断努力提升经济话语能力。

---

[1]　习近平主席 2014 年 4 月 8 日在"加强互联互通伙伴关系"东道主伙伴对话会上的讲话。

参考文献

白洁, 刘庆林. 2016. TPP 中跨境服务贸易条款的文本解读与政策建议. 山东社会科学, (9): 108–115.

蔡宏波, 朱祎. 2020. 自由贸易协定中技术性贸易措施条款对我国出口贸易的影响. 经济纵横, (9): 77–88, 2.

蔡建军. 2017. 商业品牌与消费者之间共情洞察——评《认同感: 用故事包装事实的艺术》. 江西社会科学, 37 (10): 261.

曹晋, 徐璐, 许一凡. 2015. 网络媒体 "更年期" 修辞与转型中国的市场经济. 陕西师范大学学报 (哲学社会科学版), 44 (3): 144–152.

陈朗. 2018. 基于语料库的英语经济话语隐喻研究. 解放军外国语学院学报, 41 (4): 34–42.

陈良银. 2020. 行业竞争能抑制策略性文本信息披露吗——来自上市公司年报语调的经验证据. 当代财经, (12): 86–98.

陈玲, 段尧清. 2020. 我国政府开放数据政策的实施现状和特点研究: 基于政府公报文本的量化分析. 情报学报, 39 (7): 698–709.

陈世伦, 王一苇. 2019. 媒体报道框架与中国海外形象建构——以柬埔寨主流媒体对 "一带一路" 倡议报道为例. 广西民族大学学报 (哲学社会科学版), 41 (1): 148–157.

陈朔帆, Hu Yidao. 2014. 会计信息的 "烂苹果效应" 与 "老鼠屎效应" ——企业社会责任报告有效性的修辞学分析. 当代修辞学, (6): 77–82.

陈潇潇, 葛诗利. 2016. 商务沟通视域下的过程化商务英语写作能力探索. 外语研究, (2): 58–62.

陈雅, 郑建明. 2002. 网站评价指标体系研究. 中国图书馆学报.

程博, 潘飞. 2017. 语言多样性、信息获取与分析师盈余预测质量. 管理科学学报, 20 (4): 50–70.

程新生, 刘建梅, 程悦. 2015. 相得益彰抑或掩人耳目: 盈余操纵与 MD & A 中非财务信息披露. 会计研究, (8): 11–18, 96.

储江. 2016. 中央银行沟通对股票市场影响的实证研究. 杭州: 浙江财经大学硕士学位论文.

崔璨, 王立非. 2020. 面向企业国际化的语言服务竞争力指数模型构建研究. 北京第二外国语学院学报, 277 (5): 94-104.

崔璐, 申珊, 杨凯瑞. 2020. 中国政府现行科技金融政策文本量化研究. 福建论坛 (人文社会科学版), (4): 162–171.

邓鹂鸣，周韵. 2020. 基于互文策略的中外企业语用身份构建研究——以社会责任报告为例. 暨南学报（哲学社会科学版），42（4）：59–67.

段枫，陈星，许娅，李荣睿. 2020. 当代西方跨媒介叙事学研究述论. 解放军外国语学院学报，43（1）：59–67.

樊林洲. 2016. 隐喻：经济学概念认知和推理的母体. 福建师范大学学报（哲学社会科学版），（2）：107–112，226.

费尔克拉夫，殷晓蓉. 2003. 话语与社会变迁. 北京：华夏出版社.

福柯. 2017. 福柯说权力与话语. 武汉：华中科技大学出版社.

傅巧灵，吴瑾，孙睿芳. 2020. 我国金融扶贫政策的历史演进和区域差异研究——基于政策文本的量化分析. 金融监管研究，（5）：99–114.

付文军，卢江. 2018. 马克思经济危机理论的建构逻辑与价值——基于经典文本的新思考. 江汉论坛，（6）：38–45.

高小平，戚学祥. 2019. 基于政策文本的区块链技术发展趋势与区域差异研究. 理论与改革，（6）：114–129.

高云亮. 2019. 基于经典文本的马克思经济危机理论新思考. 人民论坛·学术前沿，（9）：108–111.

葛海玲. 2017. 在岸金融市场与文化软实力对伦敦人民币离岸市场发展影响的跨学科研究. 北京：对外经济贸易大学博士学位论文.

顾文涛，王儒，郑肃豪，杨永伟. 2020. 金融市场收益率方向预测模型研究——基于文本大数据方法. 统计研究，37（11）：68–79.

郭毅，王兴，章迪诚，朱熹. 2010. "红头文件"何以以言行事？—中国国有企业改革文件研究（2000—2005）. 管理世界，（12）：74–89.

韩洪灵，刘思义，鲁威朝. 2020. 基于瑞幸事件的做空产业链分析——以信息披露为视角. 财会月刊（会计版），（8）：3–8.

韩剑，蔡继伟，许亚云. 2019. 数字贸易谈判与规则竞争——基于区域贸易协定文本量化的研究. 中国工业经济，（11）：117–135.

何兆熊. 2000. 新编语用学概要. 上海：上海外语教育出版社.

贺康，宋冰洁，刘巍. 2020. 年报文本信息复杂性与资产误定价——基于文本分析的实证研究. 财经论丛，（9）：64–73.

赫琳，谭昭. 2017. 古代丝绸之路语言服务 对"一带一路"建设的启示. 文化软实力研究.

衡霞，陈鑫瑶. 2020. 我国农村扶贫政策的演进特征研究——基于中央一号文件的内容分析（1982—2019）. 新疆社会科学，（3）：122–130，152.

胡春雨. 2014. 基于语料库的泡沫隐喻研究. 解放军外国语学院学报，（1）：18–31.

胡庚申. 1990. 国际科技商务谈判：语言特点与言语技巧. 现代外语，（4）：1–8.

黄安平. 2014. 论WTO条约解释的客观文本主义. 南通大学学报（社会科学版），30（6）：52–58.

黄少安，张卫国，苏剑. 2012. 语言经济学及其在中国的发展. 经济学动态，（3）：
41–46.

黄新平，黄萃，苏竣. 2020. 基于政策工具的我国科技金融发展政策文本量化研究.
情报杂志，39（1）：130–137.

黄益平. 2013. 对外直接投资的"中国故事". 国际经济评论，（1）：20–33，4.

冀志斌，周先平. 2011. 中央银行沟通可以作为货币政策工具吗——基于中国数据的
分析. 国际金融研究，（2）：25–34.

姜春磊. 2015. 列宁金融资本理论的再诠释——基于《帝国主义是资本主义的最高阶段》
的文本源流. 南京政治学院学报，31（5）：24–28.

江进林，许家金. 2015. 基于语料库的商务英语语域特征多维分析. 外语教学与研究，
47（2）：225–236，320.

江守义. 2013. 叙事的修辞指向——詹姆斯·费伦的叙事研究. 江淮论坛，（5）：148–155.

江媛，王治. 2019. 董事会报告可读性、制度环境与分析师预测——来自我国上市公司的
经验证据. 财经理论与实践，（3）：88–93.

蒋艳辉，冯楚建. 2014. MD & A 语言特征、管理层预期与未来财务业绩——来自
中国创业板上市公司的经验证据. 中国软科学，（11）：115–130.

金苗. 2018. 基于新世界主义的"一带一路"倡议对外话语体系构建路径. 出版发行
研究，（11）：16–21.

李爱梅，陈春霞，孙海龙，熊冠星，肖晨洁. 2017. 提升消费者体验的故事营销研究
述评. 外国经济与管理，39（12）：127–139.

李晨. 2018. 湖南省国企网站"一带一路"语言服务质量调查及对策建议. 北京：对外
经济贸易大学.

李国梁，甘舒萍. 2020. 新生代农民工培训政策文本计量分析——演进逻辑与优化路径.
广西大学学报（哲学社会科学版），42（5）：131–137.

李琳. 2016a. 基于语料库的商务话语评价建模研究. 外语教学与研究，（3）：370–381.

李琳. 2016b. 英美 CEO 风险话语的隐喻建模研究. 外语学刊，（3）：75–79.

李琳. 2018. 英美总裁风险认知话语对企业绩效的预测建模研究. 北京：对外经济贸易
大学出版社.

李琳，王立非. 2017. 英美 CEO 风险话语的三维评价特征建模研究. 外语教学，（4）：
7–12.

李琳，王立非. 2019. 论经济话语的理论体系与研究领域. 外语教学，40（6）：7–13.

李晓溪，饶品贵，岳衡. 2019. 年报问询函与管理层业绩预告. 管理世界，35（8）：
173–188，192.

李晓园，钟伟. 2020. 中国治贫 70 年：历史变迁、政策特征、典型制度与发展趋势——
基于各时期典型扶贫政策文本的 NVivo 分析. 青海社会科学，（1）：95–108.

李颖轶. 2020. 中国营商环境评估的进路策略与价值选择——以法国应对世行《营商环
境报告》为例. 华东师范大学学报（哲学社会科学版），52（1）：187–195，200.

李云峰，崔静雯，白湘阳. 2014. 金融稳定沟通与金融市场稳定——来自中国《金融稳定报告》的证据. 宏观经济研究，（4）：97–104.

李云峰，李仲飞. 2011. 中央银行沟通、宏观经济信息与货币政策有效性. 财贸经济，（1）：56–63.

梁婧玉. 2018. 中国国家形象的架构隐喻分析——以 2016 年《经济学人》中国专栏为例. 外语研究，35（6）：23–29.

梁凯音. 2014. 中国话语权在经济全球化中的困境及其对策. 国际商务，（2）：111–118.

林建浩，赵文庆. 2015. 中国央行沟通指数的测度与谱分析. 统计研究，（1）：52–58.

林乐，谢德仁. 2017. 分析师荐股更新利用管理层语调吗？——基于业绩说明会的文本分析. 管理世界，（11）：125–145，188.

刘丹，胡家英. 2016. "一带一路"战略下非通用语言政策改革新思考. 边疆经济与文化，（8）：91–93.

刘雷鸣，王艳. 2004. 关于网站评估模式的比较研究. 情报学报，23（2）：198–203.

刘佩. 2015. "走出去"十年：中国企业海外危机西方媒体话语分析——以甘姆森"诠释包裹"框架理论为分析路径. 新闻界，（11）：2–8，25.

卢雅君. 2015. 国际视野下提升中国经济话语权的对策分析——以央视《经济观察》（2012—2014）为例. 对外传播，（5）：41–43.

陆蓉，潘宏. 2012. 上市公司为何隐瞒利好的业绩？——基于市值管理的业绩不预告动机研究. 上海财经大学学报，14（5）：78–86.

吕源，彭长桂. 2012. 话语分析：开拓管理研究新视野. 管理世界，（10）：157–171.

马长峰，陈志娟，张顺明. 2020. 基于文本大数据分析的会计和金融研究综述. 管理科学学报，23（9）：19–30.

马晓玲，金碧漪，范并思. 2013. 中文文本情感倾向分析研究. 情报资料工作，（1）：52–56.

毛薇. 2019. 美国网络舆情中美贸易关系的话语认知和建构——以《华盛顿邮报》进博会报道的网络评论文本分析为例. 情报杂志，38（9）：83–89.

孟雪井，孟祥兰，胡杨洋. 2016. 基于文本挖掘和百度指数的投资者情绪指数研究. 宏观经济研究，（1）：144–153.

孟勇，常静. 2019. 投资者情绪对规模效应的影响. 统计与信息论坛，34（4）：98–104.

苗霞，李秉成. 2019. 管理层超额乐观语调与企业财务危机预测——基于年报前瞻性信息的分析. 商业研究，（2）：129–137.

裴玲，王金桃. 2009. 面向用户的网站信息服务质量评价体系研究. 情报杂志，28（5）：60–64.

彭长桂，吕源. 2014. 组织正当性的话语构建：谷歌和苹果框架策略的案例分析. 管理世界，（2）：152–169.

彭长桂，吕源. 2016. 制度如何选择：谷歌与苹果案例的话语分析. 管理世界，（2）：149–169.

钱俊. 2017. 电视剧的"故事营销"路径探析. 中国电视,（10）: 66–68.

钱毓芳. 2010. 语料库与批判话语分析. 外语教学与研究,（3）: 198–202.

钱毓芳. 2016. 英国主流报刊关于低碳经济的话语建构研究. 外语与外语教学,（2）: 25–35.

钱毓芳, 田海龙. 2011. 话语与中国社会变迁: 以政府工作报告为例. 外语与外语教学,（3）: 40–43.

邱辉. 2015. 概念隐喻与心智模式——基于中国企业家话语语料库的批评隐喻研究. 杭州: 浙江大学博士学位论文.

邱辉, 沈梅英, 于月. 2019. 中国企业家的话语隐喻及其心智模式探析——以马云与任正非话语为例. 浙江外国语学院学报,（3）: 57–64.

曲如晓, 韩丽丽. 2010. 中国文化商品贸易影响因素的实证研究. 中国软科学,（11）: 13.

丘心颖, 郑小翠, 邓可斌. 2016. 分析师能有效发挥专业解读信息的作用吗?——基于汉字年报复杂性指标的研究. 经济学（季刊）, 15（4）: 1483–1506.

任杰, 王立非. 2021. 商务英语研究新领域之跨国语言管理——评《跨国管理与语言》. 外语教学, 42（2）: 46–48.

任孟山. 2016. 中国国际传播的全球政治与经济象征身份建构. 现代传播（中国传媒大学学报）, 38（9）: 67–71.

尚必武. 2010. 修辞诗学及当代叙事理论——詹姆斯·费伦教授访谈录. 当代外国文学, 31（2）: 153–159.

申丹. 1998. 叙述学与小说文体学研究. 北京: 北京大学出版社.

申丹. 2002. 多维进程互动——评詹姆斯·费伦的后经典修辞性叙事理论. 国外文学,（2）: 3–11.

申丹. 2013. 关于叙事"隐性进程"的思考. 中国外语, 10（6）: 1, 12.

申丹. 2018. 叙事的双重动力: 不同互动关系以及被忽略的原因. 北京大学学报（哲学社会科学版）, 55（2）: 84–97.

申唯正, 李成彬. 2016. 反思"新蒙昧主义"金融范式——金融叙事属性背后的危机与不平等. 海南大学学报（人文社会科学版）, 34（6）: 52–56.

沈帅波. 2020. 瑞幸闪电战. 北京: 中信出版集团.

沈艳, 陈赟, 黄卓. 2019. 文本大数据分析在经济学和金融学中的应用: 一个文献综述. 经济学（季刊）, 18（4）: 1153–1186.

石静霞, 杨幸幸. 2013. 中国加入WTO《政府采购协定》的若干问题研究——基于对GPA2007文本的分析. 政治与法律,（9）: 25–37.

史兴松, 万文菁. 2018. 国内外商务英语研究方法探析（2007—2017）. 外语界,（2）: 20–28.

宋佳音, 范志勇. 2017. 央行"对外"沟通的情感态度与经济增长预测. 浙江学刊,（3）: 30–40.

宋磊. 2017.《光变》: 从中国制造的来龙去脉到中国故事的第二种讲法. 中国图书评论,

（7）：124–128.

宋晓梧. 2018. 改革与开放双轮驱动下的中国故事——评《中国对外开放 40 年》. 宏观经济管理，（12）：2.

宋岩，孙晓君. 2020. 企业社会责任与研发投入——基于年报文本分析的视角. 重庆社会科学，（6）：80–96.

苏剑. 2015. 语言距离影响国际贸易的理论机理与政策推演. 学术月刊，（12）：59–64.

苏剑，葛加国. 2013. 基于引力模型的语言距离对贸易流量影响的实证分析——来自中美两国的数据. 经济与管理评论，（4）：61–65.

苏剑，黄少安. 2015. 语言距离的测度及其在经济学中的应用. 江汉论坛，（3）：5–10.

孙蔷. 2017. 把"故事"讲好——漫议营销视角下的图画书阅读推广. 中国出版，（6）：27–30.

孙亚. 2012. 基于语料库工具 Wmatrix 的隐喻研究. 外语教学，（3）：7–11.

孙亚. 2013. 隐喻与话语. 北京：对外经济贸易大学出版社.

孙毅，贺梦华. 2019. 分级显性意义假说视域下经济隐喻的汉译研究. 外语研究，36（1）：72–80.

唐伟胜. 2013. 认知叙事学视野中的小说人物研究. 外国语文，29（2）：38–43.

田春生，郭政. 2011. 对"中国问题"的经济学方法论思考——关于经济学的语言学转向. 中州学刊，（6）：41–47.

田海龙，单晓静. 2020. 政府部门通知中的权威及其话语建构. 北京第二外国语学院学报，42（4）：24–35.

汪炜，蒋高峰. 2004. 信息披露、透明度与资本成本. 经济研究，（7）：107–114.

汪兴东，熊彦龄. 2020. 农村电商上行扶持政策效应评估——基于熵权法的文本分析. 科技管理研究，40（14）：218–226.

王博，高青青. 2020. 中央银行沟通的一致性——来自中国人民银行的证据. 财贸经济，41（7）：51–66.

王传英，卢蕊. 2015. 经济全球化背景下的创译. 中国翻译，36（2）：72–76.

王春辉. 2018. 语言忠诚论. 语言战略研究，（3）：10–21.

王洪涛. 2014. 中国创意产品出口贸易成本的测度与影响因素检验. 国际贸易问题，（10）：12.

王华. 2020. 逃离之殇与文化病理：论伍绮诗《无声告白》的叙事伦理. 外语研究，37（4）：106–111.

王辉，王亚蓝. 2016. "一带一路"沿线国家语言状况. 语言战略研究，1（2）：13–19.

王惠，朱纯深. 2012. 翻译教学语料库的标注及应用——"英文财经报道中文翻译及注释语料库"介绍. 外语教学与研究，44（2）：246–255，321.

王克敏，王华杰，李栋栋. 2018. 年报文本信息复杂性与管理者自利——来自中国上市公司的证据. 管理世界，（12）：120–132.

王立非. 2016. 中国企业"走出去"语言服务蓝皮书. 北京：对外经济贸易大学出版社.

王立非. 2020a. 商务英语论要. 北京：清华大学出版社.

王立非. 2020b. 语言服务产业论. 北京：外语教学与研究出版社.

王立非，部寒. 2016. 中美银行年报语篇结构关系自动描写及功能对比分析. 中国外语，（4）：10–19.

王立非，部寒. 2017. 中美企业话语情感倾向多维评价测量与对比分析. 外语研究，（4）：16–21.

王立非，部寒. 2018. DICTION 文本分析工具及其在情感分析中的应用. 外国语文，34（1）：67–75.

王立非，韩放. 2015. 中英文企业年报体裁的语轮对比分析. 解放军外国语学院学报，（5）：1–9, 107.

王立非，金钰珏. 2018. 我国对外贸易中语言障碍度测量及影响：引力模型分析. 外语教学，（1）：14–18.

王立非，李琳. 2011. 商务外语的学科内涵与发展路径分析. 外语界，（6）：6–14.

王立非，李琳. 2014. 国际商务会话研究现状的计算机可视化分析. 外语电化教学，（1）：21–26.

王立非，王冲，许明. 2017."一带一路"语言服务市场全景式分析及行业与政建议. 北京：中译出版社.

王立非，张斐瑞. 2016. 论商务英语二级学科的核心概念及理论基础. 外语学刊，（3）：63–66.

王少林，林建浩. 2017. 央行沟通的可信性与通货膨胀预期. 统计研究，34（10）：54–65.

王秀丽，齐荻，吕文栋. 2020. 控股股东股权质押与年报前瞻性信息披露. 会计研究，（12）：43–58.

王燕. 2018."一带一路"自由贸易协定话语建构的中国策略. 法学，（2）：150–162.

王艳艳，何如桢，于李胜，庄婕. 2020. 管理层能力与年报柔性监管——基于年报问询函收函和回函视角的研究. 会计研究，（12）：59–70.

王运陈，贺康，万丽梅. 2020. MD&A 语言真诚性能够提高资本市场定价效率吗？——基于股价同步性的分析. 北京工商大学学报（社会科学版），35（3）：99–112.

王运陈，贺康，万丽梅，谢璇. 2020. 年报可读性与股票流动性研究——基于文本挖掘的视角. 证券市场导报，（7）：61–71.

王治，邱妍，谭欢，刘璐. 2020. 管理层利用董事会报告可读性配合盈余管理了吗. 财经理论与实践，41（6）：72–78.

韦森. 2005. 语言与制度的生成. 北京大学学报（哲学社会科学版）.（6）：121–130.

魏路遥，王予钊. 2020. 中美两国央行沟通效果的对比分析——基于对股票市场影响的研究. 北方金融，（2）：32–38.

魏萍，张紫馨，李青樵. 2020. 地方政府融入"一带一路"建设的政策创新扩散研究——基于湖北 294 份政策文本的量化分析. 情报杂志，*39*（4）：82–89, 116.

乌楠，张敬源. 2020. 主题互文视域下企业年报语篇的协变量结构与企业身份建构. 解放军外国语学院学报，*43*（4）：78–86.

吴颉，卢红芳. 2020. 当代西方女性主义叙事学的缘起与流变. 解放军外国语学院学报，*43*（1）：68–76.

吴鹏，黄澄澄. 2013. 贸易摩擦中的话语互动与话语策略——以中美轮胎特保案为例. 贵州社会科学，（10）：85–88.

谢德仁，林乐. 2015. 管理层语调能预示公司未来业绩吗？——基于我国上市公司年度业绩说明会的文本分析. 会计研究，（2）：20–27.

谢孟军，郭艳茹. 2013. 语言交易成本对中国出口贸易的影响. 现代财经（天津财经大学学报），*33*（5）：102–111, 119.

辛斌. 2007. 辛斌语言学选论. 上海：复旦大学出版社.

张茉楠. 2015. 全球经济难逃通货紧缩陷阱：实体经济增长乏力. 9 月 1 日. 来自新浪财经网站.

徐珺，肖海燕. 2016. 基于批评体裁分析（CGA）的商务翻译研究. 中国外语，*13*（4）：20–28.

徐寿福，徐龙炳. 2015. 信息披露质量与资本市场估值偏误. 会计研究，（1）：40–47.

徐有志，贾晓庆，徐涛. 2020. 国家哲学社会科学规划项目：叙述文体学与文学叙事阐释. 外国语（上海外国语大学学报），*43*（5）：29.

许晖，牛大为. 2016. "攻心为上"：品牌故事视角下本土品牌成长演化机制——基于蓝月亮的纵向案例. 经济管理，*38*（9）：108–119.

许文瀚，朱朝晖，万源星. 2020. 上市公司创新活动对年报文本信息影响研究. 科研管理，*41*（11）：124–132.

许亚云，岳文，韩剑. 2020. 高水平区域贸易协定对价值链贸易的影响——基于规则文本深度的研究. 国际贸易问题，（12）：81–99.

颜鹏飞. 2015. 政治经济学"术语革命"或者话语革命——兼论"社会主义调节经济"新话语体系. 政治经济学评论，*6*（1）：51–58.

闫天池，于洪鉴. 2020. "实"与"准"：脱贫攻坚阶段跟踪审计问题研究——基于审计结果公告的文本分析. 首都经济贸易大学学报，*22*（2）：3–12.

杨兵，杨杨. 2020. 企业家市场预期能否激发税收激励的企业研发投入效应——基于上市企业年报文本挖掘的实证分析. 财贸经济，*41*（6）：35–50.

杨国华. 2017.《跨太平洋伙伴关系协定》文本研究. 国际商务研究，*38*（6）：16–25.

杨经建. 2018. "乡土"叙事：京派文学母语写作的典型症候. 福建论坛（人文社会科学版），（8）：119–125.

杨立公, 朱俭, 汤世平. 2013. 文本情感分析综述. 计算机应用, *33*（6）: 1574–1607.

杨敏敏, Gretchen McAllister. 2020. 国际学界"一带一路"研究的热词与最前沿——基于 Web of Science（2014–2018）的文本计量与细读. 西南民族大学学报（人文社科版）, *41*（5）: 234–240.

杨七中, 马蓓丽. 2019. 管理层的"弦外之音", 投资者能听得懂吗?——基于管理层语意的 LSTM 深度学习研究. 财经论丛, （6）: 63–72.

杨先顺, 陈曦. 2011. 互文性与广告话语的生产. 暨南学报（哲学社会科学版）, *33*（5）: 150–154, 164.

杨小平, 张中夏, 王良. 2017. 基于 Word2Vec 的情感词典自动构建与优化. 计算机科学, *44*（1）: 42–47.

杨宇立, 俞云峰. 2019. 中国经济转型何以一枝独秀?——"讲好中国故事"必须挖掘的"中国政治智慧". 上海经济研究, （6）: 19–28.

姚金海. 2018. 习近平新时代中国特色社会主义经济思想探微——基于习近平经济工作系列重要讲话文本挖掘的视角. 商业研究, （8）: 1–11.

于光. 2007. 跨国公司语言战略研究综述. 山东社会科学, （3）: 120–123.

袁军. 2014. 语言服务的概念界定. 中国翻译, *35*（1）: 18–22.

袁鲲, 曾德涛. 2020. 区际差异、数字金融发展与企业融资约束——基于文本分析法的实证检验. 山西财经大学学报, *42*（12）: 40–52.

曾慧, 赖挺挺. 2020. "一带一路"沿线国家营商环境的比较与启示——基于《2020年营商环境报告》. 统计学报, *1*（1）: 55–62.

曾庆生, 周波, 张程. 2018. 年报语调与内部人交易:"表里如一"还是"口是心非"? 管理世界, （9）: 143–160.

翟淑萍, 王敏, 白梦诗. 2020. 财务问询函能够提高年报可读性吗?——来自董事联结上市公司的经验证据. 外国经济与管理, *42*（9）: 136–152.

翟淑萍, 王敏, 张晓琳. 2020. 财务问询函对审计联结公司的监管溢出效应——来自年报可读性的经验证据. 审计与经济研究, *35*（5）: 18–30.

占俊英. 2014. 品牌名称修辞的经济价值分析. 湖南科技大学学报（社会科学版）, （2）: 102–106.

张宝建, 李鹏利, 陈劲, 郭琦, 吴延瑞. 2019. 国家科技创新政策的主题分析与演化过程——基于文本挖掘的视角. 科学学与科学技术管理, *40*（11）: 15–31.

张超, 官建成. 2020. 基于政策文本内容分析的政策体系演进研究——以中国创新创业政策体系为例. 管理评论, *32*（5）: 138–150.

张楚仪. 2020. 从抽象到具体的方法视野中的马克思劳动概念——基于《1857—1858 年经济学手稿》的文本解读. 湖南社会科学, （6）: 42–47.

张方波. 2020. CPTPP 金融服务条款文本与中国金融开放策略. 亚太经济, （5）: 35–42, 150.

张斐瑞. 2016. 企业谈判综合竞争力对外贸出口绩效的影响研究. 北京: 对外经济贸

易大学博士学位论文.

张海柱. 2014. 话语与公共政策：公共决策的话语建构解释途径——以农村合作医疗决策过程（1955—1989）为例. 中国公共政策评论，（1）：26–52.

张慧玉，程乐. 2017. 创业叙事研究述评与展望. 商业经济与管理，（3）：40–50.

张慧玉，沈煜，眭文娟，李华晶. 2019. 创业型企业话语框架策略与合法性构建：基于成长阶段的纵向案例分析. 南方经济，（10）：11–22.

张慧玉，杨俊. 2016. 组织话语研究述评及展望. 外国经济与管理，38（7）：57–75.

张磊，胡正荣，王韶霞. 2015. "软实力"概念在中国的挪用与流变——基于学术话语、媒体话语和官方话语的分析. 郑州大学学报（哲学社会科学版），48（1）：181–186.

张茱楠. 2015. 全球经济十大发展趋势. 瞭望，（9）：42–43.

赵常煜，吴亚平，王继民. 2019. "一带一路"倡议下的 Twitter 文本主题挖掘和情感分析. 图书情报工作，63（19）：119–127.

赵公民，刘金金，武勇杰，杨非非. 2019. 基于扎根理论和文本挖掘的广东省科技金融政策共词网络研究. 科技管理研究，39（3）：51–57.

赵敏. 2007. 上市公司自愿性信息披露中的印象管理行为分析. 当代财经，（3）：117–119.

赵睿，李波，陈星星. 2020. 基于文本量化分析的金融支持科技成果转化政策的区域比较研究. 中国软科学，（S1）：155–163.

赵世举，黄南津. 2016. 语言服务与"一带一路". 北京：社会科学文献出版社.

赵秀凤，冯德正. 2017. 多模态隐转喻对中国形象的建构——以《经济学人》涉华政治漫画语篇为例. 西安外国语大学学报，25（2）：31–36.

郑伟. 2018. 观看者的解读——米克·巴尔的视觉叙事理论. 外语学刊，（6）：122–126.

郑小霞，苏跃辉. 2012. 现代性的经济学叙事. 社会科学家，（12）：67–70.

支永碧，王永祥，李梦洁. 2016. 基于语料库的美国对华经济政策话语批评性研究. 上海对外经贸大学学报，（4）：83–95.

中国翻译协会. 2016. 中国语言服务业发展报告. 北京：中国翻译协会.

中国新经济十年回顾研究报告. 2020. 36 氪研究院.

钟佳娃，刘巍，王思丽，杨恒. 2021. 文本情感分析方法及应用综述. 数据分析与知识发现：1–15.

周锰珍. 2004. 论商务话语系统中的跨文化经济交际. 广西民族学院学报（哲学社会科学版），（2）：105–109.

周兆呈. 2015. 国际舆论视野中的"一带一路"战略. 南京社会科学，（7）：1–5,23.

朱崇科. 2009. 论鲁迅小说中的经济话语. 中山大学学报（社会科学版），（5）：45–52.

朱桂生，黄建滨. 2016. 美国主流媒体视野中的中国"一带一路"战略——基于《华盛顿邮报》相关报道的批评性话语分析. 新闻界，（17）：58–64.

朱梅. 2018. 财经专题片《一带一路投资指南》选题及叙事特点. 电视研究，（10）：

78–80.

Abdallah, C. & Langley, A. 2014. The double edge of ambiguity in strategic planning. *Journal of Management Studies, 51*(2): 235–264.

Abelen, E., Redeker, G. & Thompson, S. A. 1993. The rhetorical structure of US-American and Dutch fund-raising letters. *Text, 13*(3): 323–350.

Abels, E. G., White, M. D. & Hahn, K. 1997. Identifying user-based criteria for web pages. *Internet Research: Electronic Networking Applications and Policy, 7*(4): 252–262.

Achtenhagen, L. & Welter, F. 2011. Surfing on the ironing board-the representation of women's entrepreneurship in German newspapers. *Entrepreneurship and Regional Development, 23*(9/10): 763–786.

Adelberg, A. H. 1979. Narrative disclosures contained in financial reports: Means of communication or manipulation? *Accounting and Business Research, 9*(35): 179–190.

Adelberg, A. H. 1983. The accounting syntactic complexity formula: A new instrument for predicting the readability of selected accounting communications. *Accounting and Business Research,* (7): 163–175 .

Adorisio, M. & Linda, A. 2015. A narrative lens for financial communication: Taking the "linguistic turn". *Studies in Communication Sciences, 15*(1): 77–82.

Aerts, W. 1994. Accounting logic as an explanatory category in narrative accounting disclosures. *Accounting, Organizations and Society, 19*(4–5): 337–353.

Agarwal, R. & Venkatesh, V. 2002. Assessing a firm's web presence: A heuristic evaluation procedure for the measurement of usability. *Information Systems Research, 13*(2): 168–186.

Ahern, K. R. & Dittmar, A. K. 2012. The changing of the boards: The impact on firm valuation of mandated female board representation. *Quarterly Journal of Economics, 127*(1): 137–197.

Ahl, H. & Nelson, T. 2015. How policy positions women entrepreneurs: A comparative analysis of state discourse in Sweden and the United States. *Journal of Business Venturing, 30*(2): 273–291.

Ahmed, Y. & Elshandidy, T. 2016. The effect of bidder conservatism on M & A decisions: Text-based evidence from US 10-K filings. *International Review of Financial Analysis, 46*: 176–190.

Ahrens, T. & Chapman, C. S. 2007. Management accounting as practice. *Accounting, Organizations and Society, 32*(1–2): 1–27.

Aiezza, M. C. 2015. "We may face the risks"... "risks that could adversely affect our face." A corpus-assisted discourse analysis of modality markers in CSR reports. *Studies in Communication Sciences, 15*(1): 68–76.

Aladwani, A. M. & Palvia, P. C. 2002. Developing and validating an instrument for measuring user-perceived web quality. *Information & management, 39*(6): 467–476.

Alber, J. 2012. What is unnatural about unnatural narratology: A response to monika fludernik. *Narrative, 20*(3) : 371–382.

Albert, S. & Whetten, D. A. 1985. Organizational identity. *Research in Organizational Behavior, 7:* 263–295.

Alejo, R. 2010. Where does the money go? An analysis of the container metaphor in economics: The market and the economy. *Journal of Pragmatics,* (4) : 1137–1150.

Alvarez, C. M., Taylor, K. A. & Gomez, C. 2017. The effects of Hispanic bilinguals language use and stereotype activation on negotiations outcomes. *Journal of Business Research, 72:* 158–167.

Alvesson, M. & Kärreman, D. 2000. Taking the linguistic turn in organizational research: Challenges, responses, consequences. *Journal of Applied Behavioral Science, 36*(2): 136–158.

Amadu, L., Jose, E. & Nebojsa, S. D. 2018. What drives foreign direct investment: The role of language, geographical distance, information flows and technological similarity. *Journal of Business Research,* (88): 111–122.

Amel-Zadeh, A. & Faasse, J. 2016. *The Information Content of 10-K Narratives: Comparing MD&A and Footnotes Disclosures.* Cambridge: *University of Cambridge.*

Amernic, J. & Craig, R. 2006. *CEO-Speak: The Language of Corporate Leadership.* London: McGill-Queen's University Press.

Anderson, J. E. & Wincoop, E. V. 2004. Trade costs. *Journal of Economic Literature,* (42) : 691–751.

Antaki, C. & Widdicombe, S. (Eds.). 1998a. *Identities in Talk.* London: Sage.

Antaki, C. & Widdicombe, S. 1998b. Identity as an achievement and as a tool. In C. Antaki & S. Widdicombe (Eds.), Identities in Talk. London: Sage.

Arena, C., Bozzolan, S. & Michelon, G. 2015. Environmental reporting: Transparency to stakeholders or stakeholder manipulation? An analysis of disclosure tone and the role of the board of directors. *Corporate Social Responsibility and Environmental Management, 22:* 346–361.

Arrese, A. 2015. Euro crisis metaphors in the Spanish press. *Communication & Society, 28*(2): 19–38.

Askheim, O. P., Christensen, K., Fluge, S. & Guldvik, I. 2017. User participation in the Norwegian welfare context: An analysis of policy discourses. *Journal of Social Policy, 46*(3): 583–601.

Athanasakou, V., Eugster, F., Schleicher, T. & Walker, M. 2020. Annual report narratives and the cost of equity capital: U.K. evidence of a u-shaped relation. *European Accounting Review, 29*(1): 27–54.

Austin, J. 1962. *How to Do Things with Words*. Oxford: Oxford University Press.

Aziz, N. S. & Kamaludin, A. 2015. Development of instrument for evaluating website usability focusing on university website. *Proceedings of the 5th International Conference on Computing and Informatics*.

Aziz, N. S., Kamaludin, A. & Sulaiman, N. 2014. Assessing web site usability measurement. 06–04. From Open Edu website.

Bailey, J. & Pearson, S. W. 1983. Development of a tool for measuring and analyzing computer user satisfaction. *Management Science, 29*(5): 530–545.

Baker, P. 2006. *Using Corpora in Discourse Analysis*. London & New York: Continuum.

Bakhtin, M. M. 1986. *Speech Genres & of Her Late Essays*. Austin: University of Texas Press.

Ball, R. & Brown, P. 1968. An empirical evaluation of accounting income numbers. *Journal of Accounting Research, 6*: 159–178.

Balogun, J., Jacobs, C. & Jarzabkowski, P. 2014. Placing strategy discourse in context: Sociomateriality, sensemaking, and power. *Journal of Management Studies, 51*(2): 175–201.

Bamber, L. S., Jiang, J. & Wang, I. Y. 2010. What's my style? The influence of top managers on voluntary corporate financial disclosure. *The Accounting Review*, (4): 1131–1162.

Bargiela-Chiappini, F. (Ed.). 2009. *The Handbook of Business Discourse*. Edinburgh: Edinburgh University Press.

Bargiela-Chiappini, F., Nickerson, C. & Planken, B. 2007. *Business Discourse*. Basingstoke: Palgrave.

Barley, S. R. & Tolbert, P. S. 1997. Institutionalization and structuration: Studying the links between action and institution. *Organization Studies, 18*: 93–117.

Barrett, F. J., Thomas, G. F. & Hocevar, S. P. 1995. The central role of discourse in largescale change: A social construction perspective. *Journal of Applied Behavioral Science, 31*: 352–372.

Basu, L. 2019. Living within our means: The UK news construction of the austerity frame over time. *Journalism, 20*(2): 313–330.

Baxter, J. 2003. *Positioning Gender in Discourse: A Feminist Methodology.* Basingstoke: Palgrave.

Bayerlein, L. & Davidson, P. 2015. Are user perceptions of chairman addresses managed through syntactical complexity and rationalisation? *Australian Accounting Review,* (73): 192–203.

Beattie, V. 2014. Accounting narratives and the narrative turn in accounting research: Issues, theory, methodology, methods and a research framework. *The British Accounting Review,* (46): 111–134.

Beattie, V., McInnes, B. & Fearnley, S. 2004. A methodology for analysing and evaluating narratives in annual reports: A comprehensive descriptive profile and metrics for disclosure quality attributes. *Accounting Forum, 28*(3): 205–236.

Beattie, V. A. & Jones, M. J. 2000. Changing graph use in corporate annual reports: A time series analysis. *Contemporary Accounting Research, 17*(2): 213–226.

Bednarek, M. 2006. *Evaluation in Media Discourse: Analysis of a Newspaper Corpus.* New York / London: Continuum.

Beelitz, A. & Merkl-Davies, D. M. 2012. Using discourse to restore organisational legitimacy: "CEO-speak" after an incident in a German nuclear power plant. *Journal of Business Ethics, 108*(1): 101–120.

Benford, R. D. & Snow, D. A. 2000. Framing processes and social movements: An overview and assessment. *Annual Review of Sociology, 26*: 611–639.

Bentley, K. A., Omer, T. C. & Sharp, N. Y. 2013. Business strategy, financial reporting irregularities, and audit effort. *Contemporary Accounting Research, 30*: 780–817.

Bentley-Goode, K. A., Newton, N. J. & Thompson, A. M. 2017. Business strategy, internal control over financial reporting, and audit reporting quality. *Auditing: A Journal of Practice and Theory, 36*: 49–69.

Bentley-Goode, K. A., Omer, T. C. & Twedt, B. J. 2019. Does business strategy impact a firm's information environment?. *Journal of Accounting, Auditing and Finance, 34*(4): 563–587.

Berger, P. & Luckmann, T. 1966. *The social construction of reality: A treatise in the sociology of knowledge.* London: Penguin Books.

Bermiss, Y. S., Burris, E. & Harrison, D. 2019. Gender, voice, and perceived effectiveness in boards of directors. *Paper presented at the SMS Special Conference,* March 28–30, Las Vegas, USA.

Bhatia, V. K. 2006. Discursive practices in disciplinary and professional contexts. *Linguistics and the Human Sciences*, (2): 5–28.

Bhatia, V. K. 2008. Towards critical genre analysis. In V. K. Bhatia, J. Flowerdew & R. H. Jones (Eds.), *Advances in Discourse Studies*. London / New York: Taylor & Francis Group, 166–177.

Biber, D. 1988. *Variation Across Speech and Writing*. Cambridge: Cambridge University Press.

Biber, D. 1989. A typology of English texts. *Linguistics, 27*(1): 3–43.

Bickes, H., Otten, T. & Weymann, L. C. 2014. The financial crisis in the German and English press: Metaphorical structures in the media coverage on Greece, Spain and Italy. *Discourse & Society, 25*(4): 424–445.

Boje, D. M. 1995. Stories of the storytelling organization: A postmodern analysis of Disney as "Tamara-land". *Academy of Management Journal, 38*(4): 997–1035.

Boje, D. M., Ford, J. & Oswick, C. 2004. Language and organization: The doing of discourse. *Academy of Management Review, 29*: 571–577.

Bonsall, S. B. & Miller, B. P. 2017. The impact of narrative disclosure readability on bond ratings and the cost of debt. *Review of Accounting Studies, 22*: 608–643.

Bonsall, S. B., Leone, A. J., Miller, B. P. & Rennekamp, K. 2017. A plain English measure of financial reporting readability. *Journal of Accounting and Economics, 63*: 329–357.

Borriello, A. 2017. "There is no alternative": How Italian and Spanish leaders' discourse obscured the political nature of austerity. *Discourse & Society, 28*(3): 241–261.

Bounegru, L. & Forceville, C. 2011. Metaphors in editorial cartoons representing the global financial crisis. *Visual Communication, 10*(2): 209–229.

Bourdieu, P. 2000. The biographical illusion. In P. du Gay, J. Evans & P. Redman (Eds.), *Identity: A reader*. London: Sage, 297–310.

Bouton, L., Everaert, P. & Roberts, R. W. 2012. How a two-step approach discloses different determinants of voluntary social and environmental reporting. *Journal of Business Finance and Accounting, 39*(5/6): 567–605.

Bowles, H. 2012. Analyzing language for specific purposes discourse. *The Modern Language Journal*, (96): 43–58.

Boyce, M. E. 1996. Organizational story and storytelling: A critical review. *Journal of Organizational Change Management, 9*(5): 5–26.

Brannen, M. Y. & Doz, Y. L. 2012. Corporate languages and strategic agility.

California Management Review, 54(3): 77–97.

Brennan, N. M. & Merkl-Davies, D. M. 2014. Rhetoric and argument in corporate social and environmental reporting: The dirty laundry case. *Accounting, Auditing and Accountability Journal, 27*(4): 602–633.

Brennan, N. M., Merkl-Davies, D. M. & Beelitz, A. 2013. Dialogism in corporate social responsibility communications: Conceptualising verbal interactions between organisations and their audiences. *Journal of Business Ethics, 115*(4): 665–679.

Brown, A. D. & Humphreys, M. 2003. Epic and tragic tales: Making sense of change. *Journal of Applied Behavioral Science, 39*: 121–144.

Brown, A. D. 1998. Narrative, politics and legitimacy in an IT implementation. *Journal of Management Studies, 35*: 40–57.

Brown, A. D. 2000. Making sense of inquiry sensemaking. *Journal of Management Studies, 37*: 45–75.

Brown, G. & Yule, G. 1983. *Discourse Analysis*. Cambridge: Cambridge University Press.

Brown, N. C., Crowley, R. M. & Elliott, W. B. 2020. What are you saying? Using topic to detect financial misreporting. *Journal of Accounting Research, 58*(1): 237–291.

Bruce, H. 1998. User satisfaction with information seeking on the Internet. *Journal of the American Society of Information Sciences, 49*(6): 541–556.

Buchanan, D. & Dawson, P. 2007. Discourse and audience: Organizational change as multistory process. *Journal of Management Studies, 44*: 669–686.

Bushe, G. R. & Marshak, R. J. 2009. Revisioning organization development: Diagnostic and dialogic premises and patterns of practice. *Journal of Applied Behavioral Science, 45*: 348–368.

Bushee, B. J., Gow, I. D. & Taylor, D. J. 2018. Linguistic complexity in firm disclosures: Obfuscation or information? *Journal of Accounting Research, 56*: 85–121.

Cabeza-García, L., Fernández-Gago, R. & Nieto, M. 2018. Do board gender diversity and director typology impact CSR reporting? *European Management Review, 15*(4): 559–575.

Carlson, L., Marcu, D., Rieg, N., Romera, M., Watanabe, M. & West, M. 2021. *Discourse Tagging Reference Manual*. From Information Sciences Institute website.

Carpenter, V. L. & Feroz, E. H. 2001. Institutional theory and accounting rule choice: An analysis of four U.S. state governments' decisions to adopt generally accepted accounting principles. *Accounting, Organizations and Society, 26*: 565–596.

Chatman, J. 1991. Matching people and organizations: Selection and socialization in public accounting firms. *Administrative Science Quarterly, 36*: 459–484.

Chen, F. & Wang, G. 2020. A war or merely friction? Examining news reports on the current Sino-U.S. trade dispute in *The New York Times* and *China Daily*. *Critical Discourse Studies*, 1–18.

Chen, L., Zhang, D., He, Y. & Zhang, G. 2020. Transcultural political communication from the perspective of proximization theory: A comparative analysis on the corpuses of the Sino-US trade war. *Discourse & Communication, 14*(4): 341–361.

Chen, Y., Eshleman, J. D. & Soileau, J. S. 2017. Business strategy and auditor reporting. *Auditing: A Journal of Practice and Theory, 36*: 63–86.

Chen, Z. T. & Cheung, M. 2020. Consumption as extended carnival on Tmall in contemporary China: A social semiotic multimodal analysis of interactive banner ads. *Social Semiotics*, 1–21.

Cheng, W. & Ho, J. 2015. A corpus study of bank financial analyst reports: Semantic fields and metaphors. *International Journal of Business Communication*, 1–25.

Cho, C. H., Roberts, R. W. & Patten, D. M. 2010. The language of US corporate environmental disclosure. *Accounting, Organizations and Society, 35*(4): 431–443.

Chudzikowski, K., Gustafsson, S. & Tams, S. 2019. Constructing alignment for sustainable careers: Insights from the career narratives of management consultants. *Journal of Vocational Behavior, 117*: 103312.

CILT (National Center for Languages). 2006. *ELAN: Effects on the European Economy of Shortages of Foreign Languages Skills in Enterprises*. Brussels: European Commission.

Clatworthy, M. & Jones, M. J. 2003. Financial reporting of good news and bad news: Evidence from accounting narratives. *Accounting and Business Research*, (3): 171–185.

Clatworthy, M. A. & Jones, M. J. 2006. Differential patterns of textual characteristics and company performance in the chairman's statement. *Accounting, Auditing & Accountability Journal*, (4): 493–511.

Cleveland, M., Laroche, M. & Papadopoulos, N. 2015. You are what you speak? Globalization, multilingualism, consumer dispositions and consumption. *Journal of Business Research, 68*(3): 542–552.

Cobb, S. 1993. Empowerment and mediation: A narrative perspective. *Negotiation Journal, 7:* 245–59.

Conrad, S. D. & Biber. 2000. Adverbial marking of stance in speech and writing. In S. Hunston & G. Thompson (Eds.), *Evaluation in Text: Authorial Stance and the Construction of Discourse.* Oxford: Oxford University Press, 56–73.

Cooren, F. & Taylor, J. R. 1997. Organization as an effect of mediation: Redefining the link between organization and communication. *Communication Theory, 7:* 219–259.

Core, J. E. 2001. A review of the empirical disclosure literature: Discussion. *Journal of Accounting and Economics, 31*(1–3): 441–456.

Courtis, J. & Hassan, S. 2002. Reading ease of bilingual annual reports. *The Journal of Business Communication,* (4): 394–413.

Craig, R. J. & Brennan, N. M. 2012. An exploration of the relationship between language choice in CEO letters to shareholders and corporate reputation. *Accounting Forum, 36*(3): 166–177.

Cukier, W., Jackson, S., Elmi, M. A., Roach, E. & Cyr, D. 2016. Representing women? Leadership roles and women in Canadian broadcast news. *Gender in Management: An International Journal, 31*(5/6): 374–395.

Curme, C., Preis, C., Stanley, H. E. & Moat, H. S. 2014. Quantifying the semantics of search behavior before stock market moves. *Proceedings of the National Academy of Sciences, 111:* 11600–11605.

Czarniawska, B. 1998. *A Narrative Approach to Organization Studies.* Thousand Oaks: Sage.

Dameron, S. & Torset, C. 2014. The discursive construction of strategists' subjectivities: Towards a paradox lens on strategy. *Journal of Management Studies, 51*(2): 291–319.

Daniels, S. E. & Hagen, M. R. 1999. Making the pitch in the executive suite. *Quality Progress, 32*(4): 25.

Darker, I. 1992. *Discourse Dynamics: Critical Analysis for Social and Individual Psychology.* London: Routledge.

Davis, A. 2018. Whose economy, whose news? In L. Basu, S. Schifferes, & S. Knowles (Eds.), *The Media and Austerity: Comparative Perspectives.* Abingdon: Routledge, 157–170.

Davis, A. K., Piger, J. M. & Sedor, L. M. 2012. Beyond the numbers: Measuring the information content of earnings press release language. *Contemporary Accounting Research, 29*(3): 845–868.

Davis, B. & Harré, R. 1990. Positioning: The discursive production of selves. *Journal for the Theory of Social Behaviour, 20* (1): 43–65.

Davis, F. D. 1989. Perceived usefulness, perceived ease of use, and user acceptance of information technology. *MIS Quarterly, 13*(3): 319–339.

Davis, F. D., Bagozzi, R. P. & Warshaw, P. R. 1989. User acceptance of computer technology: A comparison of two theoretical models. *Management Science, 35*(8): 982–1003.

de Franco, G., Hope, O., Vyas, D. & Zhou, Y. 2015. Analyst report readability. *Contemporary Accounting Research, 32*: 76–104.

de Saussure, F. 1993. Saussure's *Third Course of Lectures on General Linguistics* (1910–1911): *From the Notebooks of Emile Constantin*. Oxford: Pergamon Press.

Deetz, S. 1992. *Democracy in an Age of Corporate Colonization*. Albany: State University of New York Press.

Demers, E. A. & Vega, C. 2010. Soft information in earnings announcements: News or noise?. *SSRN Electronic Journal*, 1–42.

Devaraj, S. M. & Kohli, R. 2002. Antecedents of B2C channel satisfaction and preference: Validating e-commerce metrics. *Information Systems Research, 13*(3): 316–333.

di Ruggiero, E., Cohen, J. E., Cole, D. C. & Forman, L. 2015. Competing conceptualizations of decent work at the intersection of health, social and economic discourses. *Social Science and Medicine*, (3): 120–127.

DiMaggio, J. (Ed.). 1991. *The New Institutionalism in Organizational Analysis*. Chicago: University of Chicago Press.

Domaradzki, M. 2016. Conceptualizing the economy as a living organism: Vivification in Arab economic discourse. *Text & Talk*, (4): 417–443.

Donnellon, A., Gray, B. & Bougon, M. G. 1986. Communication, meaning and organized action. *Administrative Science Quarterly, 31*: 43–55.

Doolin, B. 2003. Narratives of change: Discourse, technology and organization. *Organization, 10*: 751–770.

Doudaki, V. 2015. Legitimation mechanisms in the bailout discourse. *Javnost–The Public, 22*(1): 1–17.

Dutton, J. E., Ashford, S. J. & O'Neill, R. M. 2001. Moves that matter: Issue selling and organizational change. *Academy of Management Journal, 44*(4): 716–736.

Dyer, T., Lang, M. & Stice-Lawrence, L. 2017. The evolution of 10-K textual disclosure: Evidence from latent dirichlet allocation. *Journal of Accounting* and Economics, 64: 221–245.

Dyreng, S. D., Mayew, W. J. & Williams, C. D. 2012. Religious social norms and corporate financial reporting. *Journal of Business Finance and Accounting*, (7/8): 845–875.

Easley, C. A. 2010. Expanding a conversation: Is how we live as a culturally diverse society congruent with our underlying assumptions, methodologies and theories regarding change? *Journal of Applied Behavioral Science*, 46: 55–72.

Egger. P. H. & Toubal, F. 2016. Common spoken languages and international trade. In V. Ginsburgh & S. Weber (Eds.), *The Palgrave Handbook of Economics and Language*. London: Palgrave, 263–264.

Ehrmann, M. & Fratzscher, M. 2007. Communication by central bank committee members: Different strategies, same effectiveness? *Journal of Money, Credit and Banking*, 39(2–3): 509–541.

Eikhof, D. R., Summers, J. & Carter, S. 2013. Women doing their own thing: Media representations of female entrepreneurship. *International Journal of Entrepreneurial Behavior and Research*, 19(5): 547–564.

Elsbach, K. D. & Sutton, R. I. 1992. Acquiring organizational legitimacy through illegitimate actions: A marriage of institutional and impression management theories. *Academy of Management Journal*, 35: 699–738.

Elsbach, K. D. 1994. Managing organizational legitimacy in the California cattle industry: The construction and effectiveness of verbal accounts. *Administrative Science Quarterly*, 39: 57–88.

Erkan, K. 2018. Consequences of linguistic distance for economic growth. *Oxford Bulletin of Economics and Statistics*, (8): 625–658.

Ertugrul, M., Lei, J., Qiu, J. & Wan, C. 2017. Annual report readability, tone ambiguity, and the cost of borrowing. *Journal of Financial and Quantitative Analysis*, 52: 811–836.

Eshraghi, A. & Taffler, R. 2013. Heroes and victims: Fund manager sense-making, self-legitimisation and storytelling. *Paper Presented at the APIRA Conference, Kobe, Japan*.

Essers, C. & Tedmanson, D. 2014. Upsetting "others" in the Netherlands: Narratives of Muslim Turkish migrant businesswomen at the crossroads of ethnicity, gender and religion. *Gender, Work and Organization*, 21(4): 353–367.

Ezzamel, M. & Willmott, H. 2010. Strategy and strategizing: A poststructuralist perspective. *Advances in Strategic Management*, 27(27): 75–109.

Fairclough, N. 1989. *Language and Power*. London & New York: Longman.

Fairclough, N. & Wodak, R. 1997. Critical discourse analysis. In T. A. van Dijk (Ed.), *Discourse Studies: A Multidisciplinary Introduction*. London: Sage, 258–284.

Fairclough, N. 1992. *Discourse and Social Change*. Cambridge: Polity Press.

Fairclough, N. 1995. *Critical Discourse Analysis: The Critical Study of Language*. London: Longman.

Fairclough, N. 2003. *Analysing Discourse: Textual Analysis for Social Research*. London / New York: Routledge.

Fairhurst, G. & Cooren, F. 2004. Organizational language in use: Interaction analysis, conversation analysis and speech act schematics. In D. Grant, C. Hardy, C. Oswick, & L. Putnam (Eds.), *The Sage Handbook of Organizational Discourse*. London: Sage, 131–152.

Fairhurst, G. T. & Grant, D. 2010. The social construction of leadership: A sailing guide. *Management Communication Quarterly, 24*(2): 171–210.

Fairhurst, G. T. & Sarr, R. A. 1996. The art of framing: Managing the language of leadership. *American Journal of Health-System Pharmacy, 53*(21): 2670–2671.

Fairhurst, G. T. 2007. *Discursive Leadership: In Conversation with Leadership Psychology*. Thousand Oaks: Sage.

Fama, E. F. 1965. The behavior of stock-market prices. *The Journal of Business*, (1): 34–105.

Feely, A. & Harzing, A. 2003. Language management in multinational companies. *Cross-cultural Management: An International Journal*, (6): 1–26.

Feely, A. & Reeves, N. 2001. *Suspected Language Problems: Your Company Needs Language Checkup*. Birmingham: Aston University, 1–10.

Feldman, G. & Schram, S. F. 2019. Entrepreneurs of themselves: How poor women enact asset-building discourse. *Journal of Social Policy, 48*(4): 651–669.

Feldman, R., Govindaraj, S., Livnat, J. & Segal, B. 2010. Management's tone change, post earnings announcement drift and accruals. *Review of Accounting Studies, 15*(4): 915–953.

Files, R. 2012. SEC enforcement: Does forthright disclosure and cooperation really matter? *Journal of Accounting and Economics, 53*: 353–374.

Fina, A. D. & Georgakopoulou, A. 2015. *Handbook of Narrative Analysis*. Hoboken: Wiley-Blackwell.

Firth, J. 1957. A synopsis of linguistic theory. In F. Palmer (Ed.), *Selected*

Papers of J. R. Firth 1952–59. London/Harlow: Longmans, Green and Co.: 168–205.

Fitzgerald, J. K. & O'Rourke, B. K. 2016. Legitimising expertise: Analyzing the legitimation and strategies used by economics experts in broadcast interviews. *Journal of Multicultural Discourses,* (3): 260–282.

Ford, J. D. & Ford, L. W. 1995. The role of conversations in producing intentional change in organizations. *Academy of Management Review, 20*: 541–570.

Ford, J. D. & Ford, L. W. 2008. Conversational profiles: A tool for altering the conversational patterns of change managers. *Journal of Applied Behavioralence, 44*(4): 445–467.

Ford, J. D. 1999. Organizational change as shifting conversations. *Journal of Organizational Change Management, 12*: 480–500.

Ford, J. D., Ford, L. W. & D'Amelio, A. 2008. Resistance to change: The rest of the story. *Academy of Management Review, 33*: 362–377.

Foucault, M. 1965. *Madness and Civilization: A History of Insanity in the Age of Reason.* New York: Vintage Books.

Foucault, M. 1972. *The Archaeology of Knowledge.* New York: Pantheon.

Francis, J., Schipper, K. & Vincent, L. 2002. Expanded disclosures and the increased usefulness of earnings announcements. *Accounting Review, 77*(3): 515–546.

Fredriksson, R. 2005. *Effects of Language Diversity in a MNC.* Master's Thesis, The Aalto University School of Business.

Gabriel, Y. 2000. *Storytelling in Organizations: Facts, Fictions, and Fantasies.* New York: Oxford University Press.

Gabriel. Y. 2004. *Myths Stories and Organizations: Postmodern Narratives of Our Times.* Oxford: Oxford University Press.

Galaskiewicz, J. 1979. *Exchange Networks and Community Politics.* Beverly Hills: Sage.

Garfinkel, H. 1974. On the origins of the term "ethnomethodology". In R. Turner (Ed.), *Ethnomethodology.* Harmondsworth: Penguin, 15–18.

Garrett, P. M. 2017. *Welfare Words: Critical Social Work & Social Policy.* Thousand Oaks: Sage.

Garud, R., Schildt, H. A. & Lant, T. K. 2014. Entrepreneurial storytelling, future expectations, and the paradox of legitimacy. *Organization Science, 25*: 1479–1492.

Gergen, K. J. 1994. *Realities and Relationships: Soundings in Social Construction.*

Cambridge: Harvard University Press.

Gergen, K. J. 2001. *Social Construction in Context*. London: Sage.

Gertsen, M. C. & Søderberg, A. M. 2011. Intercultural collaboration stories: On narrative inquiry and analysis as tools for research in international business. *Journal of International Business Studies, 42*(6): 787–804.

Gioia, D. A. & Thomas, J. B. 1996. Identity, image, and issue interpretation: Sensemaking during strategic change in academia. *Administrative Science Quarterly, 41*(3): 370–403.

Goatly, A. 2011. Metaphor as resource for the conceptualization and expression of emotion. In K. Ahmad (Ed.), *Affective Computing and Sentiment Analysis: Metaphor, Ontology, Affect and Terminology*. New York: Springer, 19–27.

Goel, S. & Gangolly, J. 2012. Beyond the numbers: Mining the annual reports for hidden cues indicative of financial statement fraud. *Intelligent Systems in Accounting, Finance, and Management, 19*: 75–89.

Gómez, L. M. & Chalmeta, R. 2011. Corporate responsibility in US corporate websites: A pilot study. *Public Relations Review, 37*(1): 93–95.

Grant, D. & Hardy, C. 2004. Struggles with organizational discourse. *Organization Studies, 25*(1): 5–14.

Grant, D. & Marshak, R. J. 2011. Toward a discourse-centered understanding of organizational change. *The Journal of Applied Behavioral Science, 47*(2): 204–235.

Grant, D. & Oswick, C. 1996. *Metaphor and Organization*. London: Sage.

Grant, D., Hardy, C., Oswick, C. & Putnam, L. 2004. Introduction: Organizational discourse: Exploring the field. In D. Grant, C. Hardy, C. Oswick & L. Putnam (Eds.), *The Sage Handbook of Organizational Discourse*. London: Sage.

Grant, D., Keenoy, T. W. & Oswick, C. 1998. *Discourse and Organization*. London: Sage.

Grin, F. 1996. Economic approaches to language and language planning. *International Journal of Sociology of Language*, (1): 1–16.

Guay, W., Samuels, D. & Taylor, D. 2016. Guiding through the Fog: Financial statement complexity and voluntary disclosure. *Journal of Accounting and Economics, 62*: 234–269.

Gul, F. A., Srinidhi, B. & Ng, A. C. 2011. Does board gender diversity improve the informativeness of stock prices? *Journal of Accounting and Economics, 51*(3): 314–338.

Haas, A. & Rozario, P. D. 2020. Making change happen: Exploring the change discourse of managers in a CSR context. *International Journal of Business Communication*, (28): 1–22.

Habib, A. & Hasan, M. M. 2020. Business strategies and annual report readability. *Accounting and Finance, 60*: 1–35.

Hacking, I. 2000. *The Social Construction of What?*. Boston: Harvard University Press, 272.

Hájek, P. & Olej, V. 2013. Evaluating sentiment in annual reports for financial distress prediction using neural networks and support vector machines. The 14th International Conference on Engineering Applications of Neural Networks, Halkidiki, Greece.

Hajer, M. A. 1997. *The Politics of Environmental Discourse: Ecological Modernization and the Policy Process*. Oxford: Oxford University Press.

Hammon, L. & Hippner, H. 2012. Crowdsourcing. *Business & Information Systems Engineering, 4*(3): 163–166.

Hansen, C. D. & Kahnweiler, W. M. 1993. Storytelling: An instrument for understanding the dynamics of corporate relationships. *Human Relations, 46*(12): 1391–1409.

Hardy, C. & Phillips, N. 1998. Strategies of engagement: Lessons from the critical examination of collaboration and conflict in an interorganizational domain. *Organization Science, 9*: 217–230.

Hardy, C. & Phillips, N. 1999. No joking matter: Discursive struggle in the Canadian refugee system. *Organization Studies, 20*: 1–24.

Hardy, C. & Thomas, R. 2014. Strategy, Discourse and practice: The intensification of power. *Journal of Management Studies, 51*(2): 320–348.

Hardy, C., Palmer, I. & Phillips, N. 2000. Discourse as a strategic resource. *Human Relations, 53*(9): 1227–1248.

Harjuniemi, T. 2019. The Economist's depoliticisation of European austerity and the constitution of a "euphemised" neoliberal discourse. *Critical Discourse Studies, 17*(5): 494–509.

Harvey, A. 2001. A dramaturgical analysis of charismatic leader discourse. *Journal of Organizational Change Management, 14*: 253–265.

Harvey, D. 2005. *A Brief History of Neoliberalism*. Oxford: Oxford University Press.

Harvey, D. 2010. *The Enigma of Capital and the Crises of Capitalism*. London: Profile Books.

Hasan, L. & Abuelrub, E. 2011. Assessing the quality of websites. *Applied Computing and Informatics, 9*(1): 11–29.

Hayo, B. & Neuenkirch M. 2010. Do Federal Reserve communications help predict federal funds target rate decisions? *Journal of Macroeconomics*, 32(4): 1014–1024.

Henderson, W. 1994. Metaphor and economics. In R.E. Backhouse (Ed.), *New Directions in Economics Methodology*. London: Routledge, 343–367.

Henderson, W. 2000. Metaphor, economics and ESP: Some comments.*English for Specific Purposes*, (2): 167–173.

Henry, E. 2008. Are investors influenced by how earnings press releases are written? *The Journal of Business Communication*, 45(4): 363–407.

Heracleous, L. & Barrett, M. 2001. Organizational change as discourse: Communicative actions and deep structures in the context of information technology implementation. *The Academy of Management Journal*, 44(4): 755–778.

Heracleous, L. 2002. The contribution of discourse in understanding and managing organizational change. *Strategic Change*, 11: 253–261.

Herbst, A. 2013. Welfare mom as warrior mom: Discourse in the 2003 single mothers' protest in Israel. *Journal of Social Policy*, 42(1): 129–145.

Herman, D. 1999. *Narratologies: New Perspectives on Narrative Analysis*. Columbus: The Ohio State University Press.

Herman, D. 2014. Cognitive narratology. In P. Hühn, J. Pier, W. Schmid & J. Schönert (Eds.), *Handbook of Narratology*. Berlin/Boston: Mouton de Gruyter, 46–64.

Herrera-Soler, H. & White, M. (Eds.). 2012. *Metaphor and Mills: Figurative Language in Business and Economics*. Berlin/Boston: Mouton de Gruyter.

Hildebrandt, H. W. & Snyder, R. D. 1981. The Pollyanna hypothesis in business writing: Initial results, suggestions for research. *Journal of Business Communication*, 18(1): 5–15.

Hillier, M. 2003. The role of cultural context in multilingual website usability. *Journal of Electronic Commerce Research and Applications*, 2(1): 2–14.

Hinton, G., Deng, L. & Yu, D. 2012. Deep neural networks for acoustic modeling in speech recognition. *IEEE Signal Processing Magazine*, 29(6): 82–97.

Hoberg, G. & Lewis, C. M. 2017. Do fraudulent firms produce abnormal disclosure? *Journal of Corporate Finance*, 43: 58–85.

Hofstede. 1984. *Culture's Consequences, International Differences in Work-related Values*. Beverly Hills: Sage.

Holmqvist, J., van Vaerenbergh, Y. & Grönroos, C. 2017. Language use in services: Recent advances and directions for future research. *Journal of*

Business Research, 72: 114–118.

Horváth, R. & Vaško, D. 2016. Central bank transparency and financial stability. *Journal of Financial Stability, 22*: 45–56.

Houser, L., Schram, S., Soss, J. & Fording, R. 2015. Babies as barriers: Welfare policy discourse in an era of neoliberalism. In S. Haymes, M. Vidal de Haymes & R. Miller (Eds.), *The Routledge Handbook of Poverty in the United States*. New York: Routledge.

Huang, S. L. & Ku, H. H. 2016. Brand image management for nonprofit organizations: Exploring the relationships between websites, brand images and donations. *Journal of Electronic Commerce Research, 17*(1): 80–96.

Huang, X., Teoh, S. H. & Zhang, Y. 2014. Tone management. *The Accounting Review, 89*(3): 1083–1113.

Humpherys, S. L., Moffitt, K. C., Burns, M. B., Burgoon, J. K. & Felix, W. F. 2011. Identification of fraudulent financial statements using linguistic credibility analysis. *Decision Support Systems, 50*(3): 585–594.

Hunston, S. 2002. *Corpora in Applied Linguistics*. Cambridge: Cambridge University Press.

Hutchby, I. & Woolfitt, R. 1998. *Conversation Analysis: Principles, Practices and Applications*. Cambridge: Polity Press.

Hutchinson, W. & William, K. 2002. Does ease of communication increase trade? Commonality of language and bilateral trade. *Scottish Journal of Political Economy*, (49): 544–556.

Iedema, R. & Wodak, R. 1999. Organizational discourses and practices. *Discourse and Society, 10*(1): 5–20.

Jackson, P. C. 1987. *Corporate Communication for Managers*. London: Pitman.

Jahn, M. 1997. Frames, preferences, and the reading of third-person narratives: Towards a cognitive narratology. *Poetics Today, 18*(4): 441–468.

Janssens, M., Lambert, J. & Steyaet, C. 2004. Developing language strategies for international companies: The contribution of translation studies. *Journal of World Business*, (4): 414–430.

Jaworski, A. & Coupland, N. 1999. *Introduction: Perspectives on Discourse Analysis*. London / New York: Routledge.

Jepperson, R. L. 1991. Institutions, institutional effects, and institutionalism. *New Institutionalism in Organizational Analysis, 4*(2): 147–158.

Jernudd, D. B. & Neustupný, J. V. 1987. Language planning: For whom? *Proceedings of the International Colloquium on Language Planning*. Québec City: Les Presses de I'Université Laval, 70–84.

Johnstone, B. 2002. *Discourse Analysis*. Hoboken: Wiley-Blackwell.

Jorgensen, M. & Phillips, L. 2002. *Discourse Analysis as Theory and Method*. London: Sage.

Juska, A. & Woolfson, C. 2017. The moral discourses of post-crisiś neoliberalism: A case study of Lithuania's labour code reform. *Critical Discourse Studies*, *14*(2): 132–149.

Kapasi, I., Sang, K. J. C. & Sitko, R. 2016. Gender, authentic leadership and identity: Analysis of women leaders' autobiographies. *Gender in Management*. Bingley: Emerald, *31*(5/6): 339–358.

Kay, J. & Salter, L. 2014. Framing the cuts: An analysis of the BBC's discursive framing of the ConDem cuts agenda. *Journalism*, *15*(6): 754–772.

Keeney, R. L. 1999. The value of internet commerce to the customer, *Management Science*, *45*(4): 533–542.

Keenoy, T. & Oswick, C. 2004. Organizing textscapes. *Organization Studies, 25*: 135–142.

Kelsey, D., Mueller, F., Whittle, A. & KhosraviNik, M. 2016. Financial crisis and austerity: Interdisciplinary concerns in critical discourse studies. *Critical Discourse Studies*, *13*(1): 1–19.

Kitchell, A., Hannan, E. & Kempton,W. 2000. Identity through stories: Story structure and function in two environmental groups. *Human Organization*, *59*(1): 96–105.

Knights, D. & Morgan, G. 1991. Strategic discourse and subjectivity: Towards a critical analysis of corporate strategy in organizations. *Organization Studies, 12*(2): 251–73.

Knights, D. & Morgan, G. 1995. Strategy under the microscope: Strategic management and it in financial services. *Journal of Management Studies*, *32*(2): 191–214.

Knights, D. 1992. Changing spaces: The disruptive power of epistemological location for the management and organizational sciences. *Academy of Management Review, 17*: 514–536.

Kogut, B. & Singh, H. 1988. Industry and competitive effects on the choice of entry mode. *Academy of Management Proceedings*, 116–120.

Koller, V., Hardie, A. & Rayson, P. 2008. Using a semantic annotation tool for the analysis of metaphor in discourse. *Metaphorik*, *15*(1): 141–160.

Koufaris, M. & Sosa, W. H. 2004. The development of initial trust in an online company by new customers. *Information & Management*, *41*: 377–397.

Kress, G. 2001. From Saussure to critical sociolinguistics: The turn towards a social view of language. In M. Wetherell, S. Taylor & S. J. Yates (Eds.), *Discourse Theory and Practice: A Reader*. London: Sage, 29–38.

Kwon, W., Clarke, I. & Wodak, R. 2014. Micro-level discursive strategies for constructing shared views around strategic issues in team meetings. *Journal of Management Studies, 51*(2): 265–290.

Kykyri, V. L., Puutio, R. & Wahlström, J. 2010. Inviting participation through ownership talk. *Journal of Applied Behavioral Science, 46*: 92–118.

Labov, W. 1972. *Sociolinguistic Patterns*. Philadelphia: University of Pennsylvania Press.

Lakoff, G. & Johnson, M. 1980. *Metaphors We Live By*. Chicago: The University of Chicago Press.

Lang, M. & Stice-Lawrence, L. 2015. Textual analysis and international financial reporting: Large sample evidence. *Journal of Accounting and Economics, 60*: 110–135.

Lang, R. & Rybnikova, I. 2016. Discursive constructions of women managers in German mass media in the gender quota debate 2011–2013. *Gender in Management*. Bingley: Emerald.

Lanser, S. 1992. *Fictions of Authority: Women Writers and Narrative Voice*. Ithaca: Cornell University Press.

Lanser, S. 2015. Introduction. In R. Warhol & S. Lanser (Eds.), *Narrative Theory Unbound: Queer and Feminist Interventions*. Columbus: The Ohio State University Press, 1–22.

Lawrence, A. 2013. Individual investors and financial disclosure. *Journal of Accounting and Economics, 56*(1): 130–147.

Lawrence, T. B., Winn, M. & Jennings, P. D. 2001. The temporal dynamics of institutionalization. *Academy of Management Review, 26*: 624–644.

Lehavy, R., Li, F. & Merkley, K. 2011. The effect of annual report readability on analyst following and the properties of their earnings forecasts. *The Accounting Review, 86*: 1087–1115.

Leung, S., Parker, K. & Courtis, J. 2015. Impression management through minimal narrative disclosure in annual reports. *The British Accounting Review*, (47): 275–289.

Lewellen, W. 1971. A pure financial rationale for the conglomerate merger. *Journal of Finance*, (2): 521–537.

Li, F. 2006. The implications of annual report's risk sentiment for future earnings and stock returns. *Social Science Electronic Publishing*, (3): 22–28.

Li, F. 2008. Annual report readability, current earnings, and earnings persistence. *Journal of Accounting and Economics, 45*(2–3): 221–247.

Li, F. 2010. The information content of forward-looking statements in corporate filings—a naive Bayesian machine learning approach. *Journal of Accounting Research*, (5): 1049–1102.

Lieblich, A., Tuval-Mashiach, R. & Zilber, T. 1998. *Narrative Research: Reading, Analysis and Interpretation*. Thousand Oaks: Sage.

Lilley, S. 2001. The language of strategy. In S. Linstead & R. Westwood (Eds.), *The Language of Organization*. London: Sage, 66–88.

Liu, F. & Maitlis, S. 2014. Emotional dynamics and strategizing processes: A study of strategic conversations in top team meetings. *Journal of Management Studies, 51*(2): 202–234.

Liu, L. A., Adair, W. L. & Bello, D. C. 2015. Fit, mistfit and beyond it: Relational metaphors and semantic fit in international joint ventures. *Journal of International Business Studies*, (46): 830–849.

Liu, M. 2015. Scapegoat or manipulated victim? Metaphorical representations of the Sino-US currency dispute in Chinese and American financial news. *Text & Talk, 35*(3): 337–357.

Liu, M. 2017. "Contesting the cynicism of Neoliberalism": A corpus-assisted discourse study of press representations of the Sino-U.S. currency dispute. *Journal of Language and Politics, 16*(2): 242–263.

Livesey, S. M. 2002. Global warming wars: Rhetorical and discourse analytic approaches to ExxonMobil's corpo rate public discourse. The *Journal of Business Communication, 39*(1): 117–148.

Lo, A. Y. & Howes, M. 2015. Power and carbon sovereignty in a non-traditional capitalist state: Discourses of carbon trading in China. *Global Environmental Politics, 15*(1): 60–82.

Lo, K., Ramos, F. & Rogo, R. 2017. Earnings management and annual report readability. *Journal of Accounting and Economics, 63*: 1–25.

Lohmann, J. 2011. Do language barriers affect trade? *Economics Letters*, (110): 159–162.

Lopatta, K., Jaeschke, R. & Yi, C. 2017. The strategic use of language in corrupt firms' financial disclosures. *Social Science Electronic Publishing*, 1–48.

López, A. M. R. & Llopis, M. A. O. 2010. Metaphorical pattern analysis in financial texts: Framing the crisis in positive or negative metaphorical terms. *Journal of Pragmatics, 42*(12): 3300–3313.

Loughran, T. & Mcdonald, B. 2011. When is a liability not a liability? Textual analysis, dictionaries, and 10-Ks. *The Journal of Finance, 66*: 35–65.

Loughran, T. & McDonald, B. 2014. Measuring readability in financial disclosures. *The Journal of Finance, 69*: 1643–1671.

Louw, B. 2000. Contextual prosodic theory: Bringing semantic prosodies to life. In C. Heffer & H. Saunston (Eds.), *Words in Context: Discourse Analysis Monograph*. Birmingham: University of Birmingham, *18*: 48–94.

Lüdering, J. & Winker, P. 2016. Forward or backward looking? The economic discourse and the observed reality. *Journal of Economics and Statistics*, (4): 483–515.

Lundholm, R. J., Rogo, R. & Zhang, J. 2014. Restoring the tower of babel: How foreign firms communicate with US Investors? *The Accounting Review, 89*: 1453–1485.

Maesse, J. 2018. Austerity discourses in Europe: How economic experts create identity projects. *The European Journal of Social Science Research*, (1): 8–24.

Mäkelä, H. & Laine, M. 2011. A CEO with many messages: Comparing the ideological representations provided by different corporate reports. *Accounting Forum, 31*(5): 217–231.

Makkonen, H., Aarikka-Stenroos, L. & Olkkonen, R. 2012. Narrative approach in business network process research—Implications for theory and methodology. *Industrial Marketing Management, 41*(2): 287–299.

Mann, W. C. & Thompson, S. A. 1987. Rhetorical structure theory: A framework for the analysis of texts. *Decision Support Systems, 3*(4): 360–360.

Mantere, S. & Vaara, E. 2008. On the problem of participation in strategy: A critical discursive perspective. *Organization Science, 19*(2): 341–358.

Marschan-Piekkari, R., Welch, D. & Welch, L. 1997. Language: The forgotten factor in multinational management. *European Management Journal, 15*(5): 591–598.

Marschan-Piekkari, R., Welch, D. & Welch, L. 1999. In the shadow: The impact of language on structure, power and communication in the multinational. *International Business Review, 8*(4), 421–440.

Marshak, R. J. & Grant, D. 2008. Transforming talk: The interplay of discourse, power, and change. *Organization Development Journal*, (3): 133–139.

Marshak, R. J. & Grant, D. 2010. Organizational discourse and new organization development practices. *British Journal of Management, 19*(1):7–19.

Marshak, R. J. 2002. Changing the language of change: How new concepts are challenging the ways we think and talk about organizational change. *Strategic Change, 11*: 279–286.

Martin, J. R. & White, P. 2005. *The Language of Evaluation: Appraisal in English*.

London: Palgrave.

McCarthy, R. V. & Aronson, J. E. 2000. Activating consumer response: A model for website design strategy. *Journal of Computer Information Systems*, 41(2): 2–8.

McCloskey, D. N. 1998. *The Rhetoric of Economics*. Wisconsin: University of Wisconsin Press.

McEnery, A., Xiao, R. & Tono, Y. 2006. *Corpus-based Language Studies: An Advanced Resource Book*. London: Routledge.

McKinney, V., Yoon, K. & Zahedi, F. M. 2002. The measurement of web-customer satisfaction: An expectation and disconfirmation approach. *Information Systems Research*, 13(3): 296–315.

McKnight, D. H., Choudhury, V. & Kacmar, C. 2002. Developing and validating trust measures for e-commerce: An integrative typology. *Information Systems Research*, 13(3): 334–359.

Melitz, J. 2008. Language and foreign trade. *European Economic Review*, (52): 667–699.

Meng, B. & Huang, Y. 2017. Patriarchal capitalism with Chinese characteristics: Gendered discourse of 'Double Eleven' shopping festival. *Cultural Studies*, 31(5): 659–684.

Merkl-Davies, D. & Brennan, N. 2007. Discretionary disclosure strategies in corporate narratives: Incremental information or impression management? *Journal of Accounting Journal*, (26): 116–194.

Merkl-Davies, D. M. & Koller, V. 2012."Metaphoring" people out of this world: A critical discourse analysis of a chairman's statement of a defence firm. *Accounting Forum*, 36(3): 178–193.

Merkl-Davies, D. M., Brennan, N. M. & McLeay, S. J. 2011. Impression management and retrospective sense-making in corporate narratives: A social psychology perspective. *Accounting, Auditing and Accountability Journal*, 24(3): 315–344.

Mills, A. J. & Robson, K. 2019. Brand management in the era of fake news: Narrative response as a strategy to insulate brand value. *Journal of Product & Brand Management*, 29(2):159–167.

Morgan, J. L. 1993. Observations on the pragmatics of metaphor. In A. Ortony (Ed.), *Metaphor and Thought*. Cambridge: Cambridge University Press, 124–134.

Morton, J. R. 1974. Qualitative objectives of financial accounting: A comment on relevance and understandability. *Journal of Accounting Research*, 12(2): 288–298.

Mughan, T. 2015. Introduction: Language and languages—moving from the periphery to the core. In N. Holden, S. Michailova & S. Tietze (Eds.), *The Routledge Companion to Cross-cultural Management*. New York: Routledge.

Mullany, L. 2007. *Gendered Discourse in the Professional Workplace*. Basingstoke: Palgrave.

Mumby, D. K. 2004. Discourse, power and ideology: Unpacking the critical approach. In D. Grant, C. Hardy, C. Oswick & L. Putnam (Eds.), *Sage Handbook of Organizational Discourse*. London / Thousand Oaks: Sage, 237–258.

Mylonas, Y. 2014. Crisis, austerity and opposition in mainstream media discourses of Greece. *Critical Discourse Studies, 11*(3): 305–321.

Nantel, J. & Glaser, E. 2008. The impact of language and culture on perceived website usability. *Journal of Engineering and Technology Management, 25*(1–2): 112–122.

Neelotpaul, B. 2010. A study on interactivity and online branding. *Advances in Management, 3*: 13–17.

Nekvapil, J. 2007. On the relationship between small and large Slavic languages. *International Journal of the Sociology of Language*, (183): 141–160.

Nekvapil, J. & Nekula, M. 2006. On language management in multinational companies in the Czech Republic. *Current Issues in Language Planning, 7*(2&3): 302–327.

Nekvapil, J. & Sherman, T. 2009. *Language Management in Contact Situations: Perspectives from Three Continents*. Frankfurt: Peter Lang.

Nielsen, J. 2000. *Designing for the Web*. Indianapolis: New Riders Publishing.

Nohria, N. & Eccles, R. G. 1992. *Network and Organizations: Structure, Form and Action*. Boston: Harvard Business School Press.

Noruzi, A. 2006. The Web impact factor: A critical review. *Proceedings of the American Society for Information Science & Technology, 24*(4): 490–500.

Novak, T. P., Hoffman, D. L. & Yung, Y. F. 2000. Measuring the customer experience in online environments: A structural modeling approach. *Marketing Science, 9*(1): 22–42.

O'Dwyer, B., Owen, D. & Unerman, J. 2011. Seeking legitimacy for new assurance forms: The case of assurance on sustainability reporting. *Accounting, Organizations and Society, 36*(1): 31–52.

Ocasio, W. 1999. Institutionalized action and corporate governance: The reliance on rules of CEO succession. *Administrative Science Quarterly, 44*:

384–416.

Ochs, E. & Capps, L. 2001. *Living Narrative: Creating Lives in Everyday Storytelling.* Cambridge: Harvard University Press.

Ojala, M. & Harjuniemi, T. 2016. Mediating the German ideology: Ordoliberal framing in European press coverage of the eurozone crisis. *Journal of Contemporary European Studies, 24*(3): 414–430.

Östman, J. & Verschueren, J. (Eds.). 2009. *Culture and Language Use.* Amsterdam & Philadelphia: John Benjamins.

Owalla, B. & Al Ghafri, A. 2020. "Bitten by the entrepreneur bug"—critiquing discourses on women owner-managers/entrepreneurs in the Kenyan and Omani newspapers. *Gender in Management: An International Journal, 35*(6): 529–551.

Pavic, I. & Vojinic, P. 2012. The influence of demographical and professional characteristics on managers' risk taking propensity. *Advances in Management & Applied Economics,* (4): 171–184.

Pettigrew, A. M. 1973. *The Politics of Organizational Decision Making.* London: Tavistock.

Pfeffer, J. & Salancik, G. R. 1978. *The External Control of Organizations: A Resource Dependence Perspective.* New York: Harper & Row.

Pfeffer, J. 1981. *Power in Organizations.* Marshfield, MA: Pitman.

Phelan, J. 1996. *Narrative as Rhetoric: Technique, Audiences, Ethics, Ideology.* Columbus: The Ohio State University Press.

Phelan, J. 2017. *Somebody Telling Somebody Else: A Rhetorical Poetics of Narrative.* Columbus: The Ohio State University Press.

Phillips, M. 1985. *Aspects of Text Structure: An Investigation of the Lexical Organisation of Text.* Amsterdam: North-Holland.

Phillips, N. & Hardy, C. 2002. *Discourse Analysis: Investigating Processes of Social Construction.* Newbury Park: Sage.

Phillips, N. & Oswick, C. 2012. Organizational discourse: domains, debates, and directions. *The Academy of Management Annals, 6*(1): 435–481.

Phillips, N., Lawrence, T. B. & Hardy, C. 2004. Discourse and institutions. *The Academy of Management Review, 29*(4): 635–652.

Piekkari, R. & Tietze, S. 2011. A world of languages: Implications for international management research and practice. *Journal of World Business, 46*(3): 267–269.

Piekkari, R., Welch, D. & Welch, L. 2014. *Language in International Business.* Cheltenham: Edward Elgar Publishing.

Piekkari, R., Welch, D. E. & Welch, L. S. 2013. Translation behavior: An exploratory study within a service multinational. *International Business Review*, 22(5): 771–783.

Polkinghorne, D. E. 1988. *Narrative Knowing and the Human Sciences*. Albany: State University of New York Press.

Pomerantz, A. & Fehr, B. J. 1997. Conversation analysis: An approach to the study of social action as sense making practices. In T. van Dijk (Ed.), *Discourse as Social Interaction*. London: Sage Publications.

Porac, J. F., Wade, J. B. & Pollock, T. G. 1999. Industry categories and the politics of the comparable firm in CEO compensation. *Administrative Science Quarterly*, 44: 112–145.

Potter, J. & Reicher, S. 1987. Discourses of community and conflict: The organization of social categories in accounts of a "riot". *British Journal of Social Psychology*, 26: 25–40 .

Potter, J. & Wetherell, M. 1987. *Discourse and Social Psychology: Beyond Attitudes and Behaviour*. London: Sage.

Pragglejaz Group. 2007. A practical and flexible method for identifying meta-phorically-used words in discourse. *Metaphor and Symbol*, 22(1): 1–40.

Price, S. M., Doran, J. S., Peterson, D. R. & Bliss, B. A. 2012. Earnings conference calls and stock returns: The incremental informativeness of textual tone. *Journal of Banking & Finance*, (4): 992–1011.

Prior, L., Hughes, D. & Peckham S. 2012. The discursive turn in policy analysis and the validation of policy stories. *Journal of Social Policy*, 41(2): 271–289

Psathas, G. 1995. *Conversation Analysis: The Study of Talk-in-Interaction*. Thousand Oaks: Sage.

Putnam, L. L. & Fairhurst, G. T. 2001. Discourse analysis in organizations. In F. M. Jamblin & L. L. Putnam (Eds.), *The New Handbook of Organizational Communication*. Thousand Oaks: Sage Publications.

Qian, L. L. 2018. The "inferior" talk back: Suzhi (human quality), social mobility, and e-commerce economy in China. *Journal of Original Ecological National Culture*, 27(2): 887–901.

Ranganathan, C. & Ganapathy, S. 2002. Key dimensions of business-to-consumer sites. *Information & Management*, 39(6): 457–465.

Rayson, P. 2012. Wmatrix: A web-based corpus processing environment. From Wmatrix website.

Reeves, N. & Wright, C. 1996. *Linguistic Auditing: A Guide to Identifying Foreign Language Communication Needs in Corporations*. Bristol: Multilingual Matters.

Reissman, C. K. 1993. *Narrative Analysis*. Newbury Park: Sage.

Reissner, S. C., Pagan, V. & Smith, C. 2011. "Our iceberg is melting": Story, metaphor and the management of organisational change. *Culture & Organization, 17*(5): 417–433.

Rhodes, C. 1997. The legitimation of learning in organizational change. *Journal of Change Management, 10*: 10–20.

Rhodes, C. 2001. *Writing Organization (Re)presentation and Control in Narratives at Work (Advances in Organization Studies Series 7)*. Philadelphia: John Benjamins.

Ricento, T. (Ed.). 2015. *Language Policy and Political Economy: English in a Global Context*. Oxford: Oxford University Press.

Richardson, B. 2006. *Unnatural Voices: Extreme Narration in Modern and Contemporary Fiction*. Columbus: The Ohio State University Press.

Richmond, B. *Ten C's For Evaluating Internet Sources*. From DATA RECOVERY LABS website.

Ricoeur, P. 1981. *Hermeneutics and the Human Sciences: Essays on Language, Action and Interpretation*. New York: Cambridge University Press.

Riessman, C. K. 1990. Strategic uses of narrative in the presentation of self and illness: A research note. *Social Science & Medicine, 30*(11): 1195–1200.

Robichaud, D., Giroux, H. & Taylor, J. 2004. The metaconversation: The recursive property of language as a key to organizing. *Academy of Management Review, 29*: 617–634.

Roca, B. 2015. Development discourse under the economic crisis: An analysis of the communication strategy of Spanish NGO. *The Anthropologist,* (2): 431–439.

Rogers, J., Van Buskirk, A. & Zechman, S. 2011. Disclosure tone and shareholder litigation. *The Accounting Review, 86*(6): 2155–2183.

Rose, G. H. & Khoo, D. S. 1999. Current technological impediments to business-to-consumer electronic commerce. *Communications of the AIS, 1*(16): 1–74.

Rosenwald, G. C. & Ochberg, R. L. 1992. *Storied Lives: The Cultural Politics of Self Understanding*. New Haven: Yale University Press.

Rutten, K. & Flory, M. 2020. Managing meanings, coaching virtues and mediating rhetoric: Revisiting the role of rhetoric and narratives in management research and practice. *Journal of Organizational Change Management, 33*(4): 581–590.

Ryan, M. L. & Grishakova, M. 2010. *Intermediality and Storytelling*. Berlin: Mouton de Gruyter.

Sacks, H., Schegloff, E. & Jefferson, G. 1974. A simplest systematics for the organisation of turn-taking for conversation. *Language, 50* (4): 696–735.

Sahlin, K. & Wedlin, L. 2008. Circulating ideas: Imitation, translation and editing. In C. Oliver, K. Sahlin, R. Suddab & G. Royston (Eds.), *Handbook of Organizational Institutionalism*. London: Sage, 218–242.

Sanden, G. R. 2014. Language management x 3: A theory, a sub-concept, and a business strategy tool. *Applied Linguistics, 37*(4): 1–17.

Sapir, E. 1949. The unconscious patterning behavior in society. In D. G. Mandelbaum (Ed.), *Selected Writings of Edward Sapir in Language, Culture, and Personality*. Berkeley: University of California Press, 554–559.

Scharber, H. & Dancs, A. 2016. Do locavores have a dilemma? Economic discourse and the local food critique. *Agriculture and Human Values*, (1): 121–133.

Schegloff, E. A, Ochs, E. & Thompson, S. A. 1996. Introduction. In E. Ochs, E. A. Schegloff & S. A. Thompson (Eds.), *Interaction and Grammar*. Cambridge: Cambridge University Press, 1–51.

Schmidt, V. A. 2008. Discursive institutionalism: The explanatory power of ideas and discourse. *Annual Review of Political Science, 11*(1): 303–326.

Schneider, A. L. & Ingram, H. M. 1997. *Policy Design For Democracy*. Lawrence: University Press of Kansas.

Scott, M. 2004. WordSmith Tools Version 4. Oxford: Oxford University Press.

Scott, W. R. & Meyer, J. W. 1991. The organization of societal sectors. In W. W. Powell & P. J. DiMaggio (Eds.), *The New Institutionalism in Organizational Analysis*. Chicago: University of Chicago Press, 108–140.

Scott, W. R. 1977. Effectiveness of organizational effectiveness studies. In P. S. Goodman & J. M. Jennings (Eds.), *New Perspectives on Organizational Effectiveness*. San Francisco: Jossey-Bass, 63–95.

Searle, J. 1995. *The Construction of Social Reality*. New York: Free Press.

Searle, J. 2008. *Social Ontology and Political Power*. 6–23. From California website.

Sementelli, A. J. & Herzog, R. J. 2000. Framing discourse in budgetary processes: Warrants for normalization and conformity. *Administrative Theory & Praxis, 22*(1): 105–116.

Sergi, P. P. & Inaki, S. 2016. The political conditioning of subjective economic evaluations: The role of party discourse. *British Journal of Political Science*, (4): 799–823.

Shiller, R. J. 2019. *Narrative Economics*. Princeton: Princeton University Press.

Shneiderman, B. 1998. *Designing the User Interface: Strategies for Effective Human-Computer Interaction*. Reading: Addison-Wesley.

Silaški, N. & Đurović, T. 2017. Saving the euro—A multimodal analysis of metaphors depicting the Eurozone crisis. *Iberica, 22* (Spring): 125–146.

Silaški, N. & Kilyeni, A. 2011. The money is a liquid metaphor in economic terminology—A constrastive analysis of English, Serbian and Romanian. *Professional Communication and Translation Studies, 4*(1–2): 63–72.

Simoes, C., Singh, J. & Perin, M. G. 2015. Corporate brand expressions in business-to-business companies' websites: Evidence from Brazil and India. *Industrial Marketing Management, 51*(11): 59–68.

Simon, S. & Hoyt, C. L. 2013. Exploring the effect of media images on women's leadership self-perceptions and aspirations. *Group Processes & Intergroup Relations, 16*(2): 232–245.

Smith, M. & Taffler, R. J. 2000. The chairman's statement: A content analysis of discretionary narrative disclosures. *Accounting Auditing & Accountability Journal,* (5): 624–646.

Song, L. et al. 2018. Corporate social responsibility (CSR) practices by sin firms. *Asian Review of Accounting, 26*(3): 359–372.

Soper, F. J. & Dolphin, R. Jr. 1964. Readability and corporate annual reports. *The Accounting Review, 39*(4): 358–362.

Spolsky, B. 2009. *Language Management*. Cambridge: Cambridge University Press.

Steen, G. J. 2010. *A Method for Linguistic Metaphor Identification*. Amsterdam: John Benjamins.

Stevenmayews, M. 2011. Fear of new financial crisis grows as European contagion spreads. *The Australian*, 26 November.

Subramanian, R., Insley, R. G. & Blackwell, R. D. 1993. Performance and readability: A comparison of annual reports of profitable and unprofitable corporations. *The Journal of Business Communication,* (30): 49–61.

Suchman, M. C. 1995. Managing legitimacy: Strategic and institutional approaches. *Academy of Management Review, 20*: 571–611.

Sun, Y. & Jiang, J. 2014. Metaphor use in Chinese and US corporate mission statements: A cognitive sociolinguistic analysis. *English for Specific Purposes, 33*: 4–14.

Sun, Y., Jin, G. & Yang, Y. 2018. Metaphor use in Chinese and American CSR reports. *IEEE Transactions on Professional Communication,* (3): 1–16.

Szlezak, N. A., Bloom, B. R. & Jamison, D. T. 2010. The global health system: Actors, norms, and expectations in transition. *PLOS Medicine, 7*(1): e1000183.

Tannen, D. 1989. *Talking Voices: Repetition, Dialogue and Imagery in Conversational Discourse*. Cambridge: Cambridge University Press.

Tarafdar, M. & Zhang, J. 2008. Determinants of reach and loyalty—A study of website performance and implications for website design. *The Journal of Computer Information Systems, 48*(2): 16–24.

Taylor, A. & Bonner, M. D. 2017. Policing economic growth: Mining, protest, and state discourse in Peru and Argentina. *Latin American Research Review*, (1): 22–28.

Taylor, J. R. & van Every, E. J. 2000. *The Emergent Organization: Communication as Its Site and Service*. Mahwah: Erlbaum.

Taylor, J. R., Cooren, F., Giroux, N. & Robichaud, D. 1996. The communicational basis of organization: Between the conversation and the text. *Communication Theory*, 6: 1–39.

Teerikangas, S. 2006. *Silent forces in cross-border acquisitions: An integrative perspective on post-acquisition integration*. Doctoral dissertation, Helsinki University of Techonology.

Thompson, M. & Anthonissen, C. 2019. Transnational traders' discourse: Informal language policy emerging in a South African Chinatown. *Language Matters, 50*(1): 3–24.

Tietze, S., Holden, N. & Barner-Rasmussen, W. 2016. Language use in multinational corporations: The role of special languages and corporate idiolects. In V. Ginsburgh & S. Weber (Eds.), *The Palgrave Handbook of Economics and Language*. London: Palgrave, 312.

Tijani-Adenle, G. 2016. She's homely, beautiful and then, hardworking!: Critiquing the representation of women leaders and managers in the Nigerian press. *Gender in Management: An International Journal, 31*(5/6): 396–410.

Touchstone, E. E., Koslow, S., Shamdasani, P. N. & D'Alessandro, S. 2017. The linguistic servicescape: Speaking their language may not be enough. *Journal of Business Research*, 72: 147–157.

Trethewey, A. 1999. Disciplined bodies: Women's embodied identities at work. *Organization Studies, 20*(3): 423–450.

Tsoukas, H. & Chia, R. 2002. On organizational becoming: Rethinking organizational change. *Organization Science, 13*(5): 567–582.

Tuckett, D. & Taffler, R. J. 2012. *Fund Management: An Emotional Finance*

Perspective. Charlottesville: The Research Foundation of CFA Institute.

Vaara, E., Balogun, J. & Jacob, C. 2014. Placing strategy discourse in context: Sociomateriality, sensemaking, and power. *Operations Research*, (4): 319–320.

Vaara, E. & Monin, P. 2010. A recursive perspective on discursive legitimation and organizational action in mergers and acquisitions. *Organization Science, 21*(1): 3–22.

Vaara, E. & Tienari, J. 2011. On the narrative construction of multinational corporations: An antenarrative analysis of legitimation and resistance in a cross-border merger. *Organization science, 22*(2): 370–390.

Vaara, E. 2002. On the discursive construction of success/failure in narratives of post-merger integration. *Organization Studies, 23*: 211–248.

Venkatesh, V. & Davis, F. D. 2000. A theoretical extension of the technology acceptance model: Four longitudinal studies. *Management Science, 46*(2): 186–204.

von, D. G. M., Zhang, P. & Small, R. 2002. Quality websites: Anapplication of the Kano model to website design. *Proceedings of the Fifth Americas Conference on Information Systems*.

Wakefield, R. J., Stocks, M. H. & Wilder, W. M. 2004. The role of website characteristics in initial trust formation. *Journal of Computer Information Systems, 45*(1): 94–103.

Walker, R. & Monin, N. 2001. The purpose of the picnic: Using Burke's dramatistic pentad to analyse a company event. *Journal of Organizational Change Management, 14*(3): 266–279.

Walsh, R. 2007. *The Rhetoric of Fictionality: Narrative Theory and the Idea of Fiction*. Columbus: The Ohio State University Press.

Wang, H. & Ge, Y. 2020. Negotiating national identities in conflict situations: The discursive reproduction of the Sino-US trade war in China's news reports. *Discourse & Communication, 14*(1): 65–83.

Wasserman, S. & Galaskiewicz, J. 1994. *Advances in Social Network Analysis: Research in the Social and Behavioral Sciences*. Thousand Oaks: Sage.

Watson, T. J. 1995. Rhetoric, discourse and argument in organizational sense making: A reflexive tale. *Organization Studies, 16*: 805–821.

Weick, K. E. 1995. *Sensemaking in Organizations*. Thousand Oaks: Sage.

Weick, K. E. 1979. *The Social Psychology of Organizing*. 2nd ed. Reading: Addison-Wesley.

Westin, S. 2020. Un-homing with words: Economic discourse and displacement as alienation. *Cultural Geographies, 28*(2): 239–254.

Whittington, R. 2006. Completing the practice turn in strategy research. *Organization Studies, 27*(5), 613–634.

Widdicombe, S. (Ed.). 2001. *Identities in Talk*. London and Thousand Oaks: Sage, 1–14.

Wilczewski, M., Soderberg, A. M. & Gut, A. 2019. Storytelling and cultural learning—An expatriate manager's narratives of collaboration challenges in a multicultural business setting. *Learning, Culture and Social Interaction, 21*: 362–377.

Wodak, R. 1996. The genesis of racist discourse in Austria since 1989. In C. R. Caldas-Coulthard & M. Coulthard (Eds.), *Texts and Practices: Readings in Critical Discourse Analysis*. London: Routledge, 107–128.

Xia, J. 2020. "Loving you": Use of metadiscourse for relational acts in WeChat public account advertisements. *Discourse, Context & Media, 37*: 100416.

Yang, Y. & Zhang, Z. 2014. Representation meaning of multimodal discourse— A case study of English editorials in The Economist. *Theory and Practice in Language Studies, 4*(12): 2564–2575.

Yates, J. & Orlikowski, W. J. 1992. Genres of organizational communication: A structurational approach to studying communication and media. *Academy of Management Review, 17*: 299–326.

Yates, J. & Orlikowski, W. J. 2002. Genre systems: Structuring interaction through communication norms. The *Journal of Business Communication, 39*(1): 13–35.

Ybema, S., Keenoy, T. & Oswick, C. 2009. Articulating identities. *Human Relations, 62*(3): 299–322.

Yekini, L. S., Wisniewski, T. P. & Millo, Y. 2015. Market reaction to the positiveness of annual report narratives. *The British Accounting Review*, (2): 1–16.

Yen, J., Li, S. & Chen, K. 2016. Product market competition and firms' narrative disclosures: Evidence from risk factor disclosures. *Asia-Pacific Journal of Accounting and Economics, 23*: 43–74.

Yoshihara, H., Okabe, Y. & Sawaki, S. 2001. Top management and English language: Findings from questionnaire survey. *Journal of Economics & Business Administration, 183*: 19–36.

Yu, D. 2020. Corporate environmentalism: A critical metaphor analysis of Chinese, American, and Italian corporate social responsibility reports. *IEEE Transactions on Professional Communication, 63*(3): 244–258.

Yu, L. C., Wu, J. L., Chang, P. C. & Chu, H. S. 2013. Using a contextual entropy model to expand emotion words and their intensity for the sentiment classification of stock market news. *Knowledge-Based Systems, 41*(3): 89–97.

Zheng, X. 2019. Narrating terroir: The place-making of wine in China's southwest. *Food Culture and Society An International Journal of Multidisciplinary Research, 22*(3): 1–19.

Zimmerman, M. A. & Zeitz, G. J. 2002. Beyond survival: Achieving new venture growth by building legitimacy. *Academy of Management Review,* 27: 414–431.